U0120118

華志文化

全世界
都在用的
智慧定律

序 言

影響人類的197則智慧定律

　　這是一本濃縮了人類智慧精華的鉅著，在這個瞬息萬變、資訊爆炸的時代，你讀了什麼樣的書，就會產生什麼樣的思維，進而決定了你未來的命運。這「197則的智慧定律」，像人類的一面鏡子，透過它，你可以瞭解人類的種種「陋習」。

　　約瑟夫・福特說過：「上帝和整個宇宙玩骰子，但這些骰子是被動了手腳的；我們的主要目的，是去瞭解它是怎樣被動手腳，以及如何使用這些手法，完成自己的目標。」

　　本書選取的「197則的智慧定律」，涵蓋個人的發展目標及公司發展的指標，這些定律就像人類智慧的一盞明燈，透過它，你可以瞭解紛繁複雜的智慧真相，

　　在茫茫大海的經商叢書中，能打開本書是你的幸運，想想看這世界有多少人在茫然中辛苦學習，縱然他們翻閱了無數成功學的經商書籍，尋遍各種導引成功的道路，仍毫無方向。真正對你有價值的是這些知識，它們經過時間的歷練，經過無數人的經驗而成為亙古不變的「智慧定律」。因此有了它你將……

　　（1）可以輕易地完成工作，獲得晉升。

　　（2）可以成為領袖人物，使朋友喜悅，使敵人驚愕。

　　（3）可以享受簡單生活，讓生活更豐富，充滿活力。

　　（4）可以避免慘痛的錯誤。

　　（5）可以贏得更多得利潤。

　　（6）可以讓自己的事業蒸蒸日上。

　　（7）可以讓自己的團隊和諧且高效率地運作。

經過無數的事實證明，只要你能掌握並運用本書中的197則智慧定律，它

將會改變你的命運，突破你一生的頓悟，並使你的命運發生無窮的變化！

各位讀者，本書提供了有價值的道理，有計劃的學習，你的人生將開啟新的一頁！

Contents 目錄

目錄
Contents

目錄 Contents

目錄 Contents

第一章
人 際 篇

001 互惠原則

> 當他人做出友好姿態以示接納和支持我們時，我們會覺得「應該」對別人
> 報以相應的行為，進而產生一種心理壓力，迫使我們對他人也做出相應的
> 友好姿態。否則，我們以某種觀念為基礎的心理平衡就會被破壞，我們就
> 會感到不安。
>
> 評析：在問他人能給與我們什麼之前，先問自己能給與他人什麼？

　　人是三分理智、七分情感的動物。大量研究發現，人際關係的基礎是人與人之間的相互重視與相互支持。也就是人們常說的「給予就會被給予，剝奪就會被剝奪；信任就會被信任，懷疑就會被懷疑；愛就會被愛，恨就會被恨。」這就有了互惠原則：當他人做出友好姿態以示接納和支持我們時，我們會覺得「應該」對別人報以相應的行為，進而產生一種心理壓力，迫使我們對他人也做出相應的友好姿態。否則，我們以某種觀念為基礎的心理平衡就會被破壞，我們就會感到不安。

　　2005年4月，某國不顧美國當局的強烈譴責，以壓倒性的票數同意一位前世界國際象棋冠軍、同時也是逃犯的巴比·費雪加入該國國籍。是什麼樣的國家甘冒與世界強國斷交的風險，也要保護一名公開為911劫機犯說話的逃犯？是伊朗？敘利亞？還是韓國？

　　其實都不是以上3個國家。那個透過國會匿名投票的方式、決定給予巴比·費雪本國國籍的國家，是向來與美國保持親密盟友關係的冰島。世界上這麼多國家，為何竟然是冰島敞開懷抱接納巴比·費雪，特別是在他違反美國法律、在前南斯拉夫賭了一場500萬美元的國際象棋賽後？

　　為弄清答案，我們需要先來回想一下30年前那場著名的國際象棋大賽——1972年的世界國際象棋冠軍賽。當時，費雪作為挑戰者，挑戰衛冕冠軍——前蘇聯國際象棋大師伯里斯·斯帕斯基。歷史上沒有哪一場比賽能受到如此廣泛的關注，世界各地對這場比賽傾注了極大的熱情。在處於冷戰巔

峰的當時，該比賽被稱為「世紀之戰」。

奇怪的是，費雪並未出席在冰島召開的比賽開幕式。幾天後，因為費雪提出了諸多主辦方不可能滿足的要求，如禁止電視轉播，30％的收視收入歸自己等，人們開始懷疑這場比賽是否能如期舉行。費雪的職業生涯與私生活正如他的行為一樣，處處充滿矛盾。

最後，在比賽獎金加倍和美國國務卿季辛吉的勸說下，費雪終於飛往冰島參加了比賽。這場賽事在國內外的報紙上被大肆報導，小小的冰島也為世人所熟知。事實上，冰島之所以忍受飽受爭議的費雪，用他們當地媒體的話說，是因為「他讓冰島在世界地圖上佔有了一席之地」。

冰島人民顯然把這看成是費雪送給他們的一份厚禮。這份厚禮重到讓冰島人民在30年後仍銘記於心。

一位冰島外交部人員表示：「30年前費雪對這裡做出的傑出貢獻，我們至今還銘記在心。」儘管許多當地人並不認為費雪討人喜歡，但他們還是接納了他。對此，英國廣播公司分析說：「冰島人民十分迫切地希望，能用提供庇護的方式來報答費雪先生。」

這件事點出了互惠守則的重要性與普遍性，它使人們想要報答幫助過自己的人，促使人們用公平的方式對待日常生活、工作和親密朋友，以建立起人與人之間的信任。

鄧尼斯·雷根教授還做過一個關於互惠原則的經典實驗。他讓喬（實驗人員）化裝為獎券銷售員，並在正式銷售前先發放免費可樂給顧客。結果他們發現，事先獲得免費可樂的顧客，後來購買彩券的張數比未事先獲得免費可樂的人要多兩倍。

儘管贈送免費可樂和推銷彩券並不是同時進行的，而且喬向顧客兜售彩券時也並未提及免費可樂的事，但顧客還是記住了他先前的好意，並願意對此禮尚往來。

此外，這個實驗還說出了為何有些冰島人不喜歡費雪，但還是會接納他的原因。實驗表明，儘管讓人喜歡和讓人認同之間有緊密聯繫，但對那些獲贈可樂的顧客來說，是否喜歡喬並不是他們是否會購買彩券的參考。也就是說，那些拿了免費可樂的顧客，不管喜不喜歡喬，購買的彩券數量是一樣

的。這表明由受人恩惠產生的虧欠心理，比對那人的喜歡程度更能影響人們的行為。

可見，互惠原則的影響力凌駕於喜歡原則之上的效力，即使不能產生近期效益，人們也會樂意給別人施以巨大幫助。

社會經驗和道德因素告訴我們，最好先為他人提供幫助或向他人妥協。如果我們幫助過某位隊員、同事或熟人，就等於在他們心裡埋下了一種責任感，促使他們在將來回報我們；幫助上司也會讓他們心存感激，當我們需要幫助時，他們自然也不會袖手旁觀。

此外，如果員工想早點下班去看牙醫，作為經理最好也網開一面。這種件法其實是種投資，員工會找機會還這個人情，也許日後他會主動要求加班幫你完成某個重要項目。

然而，人們尋求幫助時通常會這樣問：「這裡有誰能幫我呢？」其實，這是種目光短淺的作法。我們建議你先問問自己：「我可以幫助誰？」因為互惠原則的原理是，先提供幫助給他人所帶來的社會責任感，能令你的請求收效更好。當你主動幫助他人時，別人就會覺得有責任回報你。

此外，如果管理就是組織隊員朝一個目標邁進，那一個互相幫助過的團隊，比如某些人曾從同事那裡得到過有用的資訊、或是得到過同事的認同、又或曾有同事聆聽過自己的苦惱，那這樣的搭配組合對完成目標將會很有幫助。

同樣，當我們為他人提供過幫助後，那些受過幫助的朋友、鄰居、搭檔甚至孩子會更有可能在日後認同我們的請求。

最後，我們要記住：人際交往中的喜歡與厭惡、接近與疏遠是相互的。幾乎沒有人會無緣無故地接納和喜歡另外一個人。被別人接納和喜歡必須有一個前提，那就是我們也要喜歡、承認和支持別人。一般來說，喜歡我們的人，我們才會喜歡他們；願意接近我們的人，我們才願意接近他們；疏遠、厭惡我們的人，我們也會疏遠、厭惡他們。

產生這種現象的原因是，每個人都有維護自身心理平衡的本能傾向，都要求人際關係保持一定程度的合理性和適當性，並力圖根據這種適當性、合理性解釋自己與他人的關係。

002 翹翹板原則

人與人之間的互動，就像坐翹翹板一樣，不能永遠固定在某一高度，只有高低交替，整個過程才會好玩，才會快樂！

評析：一個永遠不願吃虧、不願讓步的人，即使得到不少好處，也不會快樂。

彼得是一位會計師，一位滿懷雄心壯志的企業新貴，他告訴自己，凡事一定要精打細算，絕不浪費任何資源，絕不放棄任何機會，要讓自己隨時保持在優勢狀態，無論大小事情，絕不能讓別人超越一步！他甚至還運用了一些詭譎的手段，將許多同業人士壓在下面，以確保自己的地位。

果然，彼得獲得了豐富的收入，佔盡了所有的好處，成了一個高高在上的商場大亨。可是他並不快樂，總覺得生活中似乎缺少了什麼。於是他愈來愈鬱悶，臉上的笑容愈來愈少，最後，他得了憂鬱症。

朋友介紹他去看心理醫生，醫生在瞭解他的情況後，只在他的處方上寫了一句話：「每天放下身段，去幫助一個身邊的人。」便要他將這份處方拿回去，兩個星期後再來回診。彼得雖然覺得奇怪，但還是將處方拿回家了。

兩個星期後，彼得又來到心理醫生面前，但這次卻是笑容滿面。心理醫生問：「情況怎麼樣？」彼得開心的回答：「真是太奇妙了！當我犧牲自己的時間、精力去為別人服務時，反而得到一種說不出的喜悅！」

這則故事為「助人為快樂之本」做了最貼切的詮釋，人與人之間的互動，就像坐翹翹板一樣，不能永遠固定在某一高度，只有高低交替，整個過程才會好玩，才會快樂！

一個永遠不願吃虧、不願讓步的人，即使得到不少好處，也不會快樂。因為，自私的人如同坐在一個靜止的翹翹板頂端一般，雖然維持了高高在上的優勢位置，但整個人際互動卻失去了應有的樂趣，對自己或對方來說，都是一種遺憾。所以，「翹翹板原則」是我們在同僚、朋友、夫妻……之間相

處時，不可缺少的一門藝術。

003 照鏡子定律

你怎麼看世界，世界就怎麼看你。你是怎樣的，你的世界就是怎樣的。你喜歡別人，別人也會喜歡你；你不喜歡別人，別人也不會喜歡你。你愛錢，錢也會愛你；你不愛錢，錢也不會愛你。

評析：把別人想像成天使，你就不會遇到魔鬼。

　　一隻烏鴉急忙的搬家，鴿子疑惑不解的問：「這樹林不是你的老家嗎？你為什麼還要再遷徙呢？」烏鴉嘆著氣說：「在這個樹林裡，我實在住不下去了，這裡的人都討厭我的叫聲。」

　　鴿子帶著同情的口氣說：「你唱歌的聲音的確聒噪，令人不敢恭維，所以大家都把你當成討厭的烏鴉。其實，你只要把聲音改變一下，或者閉上嘴巴不再唱歌，你還是可以住在這個林子裡的。但是如果你不改變自己的叫聲，即使搬到另外一個地方，那裡的人還是照樣會討厭你。」

　　看人就像照鏡子，看到的都是自己。說別人的是非就像是對著山谷罵，罵聲總會反彈到自己耳邊。

　　聯合國的一位親善大使到非洲的一個國家，回來以後他就宣稱那裡的人是全世界最差勁的一群人：海關人員板著一張臉，計程車司機態度惡劣，餐廳侍者傲慢無禮，市民不耐煩而又有敵意。

　　後來，這位親善大使看到一段話：「世界是一面鏡子，每個人都在其中看到自己的影像。」於是下次再去那個國家時，他決定一路掛著笑容，結果竟看不到任何不高興的海關人員、計程車司機、侍者……人人都是面帶微笑，親切友善，他這時才發現，糾正別人態度最有效的方法，就是先改變自

己的態度。

在人際交往中，每個人都希望遇到天使般熱情善良的人，為自己帶來幸運和快樂，而不喜歡和冷漠兇惡的人打交道。但是，在現實生活中，天使和魔鬼同在，有時候，善良的天使也可能會變得魔鬼似的，而兇惡的魔鬼也可能會像天使一般。那麼，我們該如何讓自己多遇到一些天使，而少遇到一些魔鬼呢？

心理學家告訴我們：把別人想像成天使，你就不會遇到魔鬼。這個經驗絕對不是隨口說說的，而是建立在科學實驗基礎上。曾有心理學家做過這樣一個巧妙的實驗：實驗人員讓兩組參加者打電話給同一位女士打電話，並告訴第一組：對方是一位冷酷、呆板、枯燥、乏味的女人。第二組得到的訊息是：對方是一個熱情、活潑、開朗、有趣的人。結果發現，第一組的參加者很難與那位女士順利的交談，而第二組的人則與那位女士談的非常投機，通話時間也明顯比第一組的人長，這是為什麼呢？道理很簡單，第二組的參加者將那位女士想像成一個幸運的「天使」，把她看成是一位「熱情、活潑、開朗、有趣」的人，並以同樣的態度交往，而第一組則相反，得到的結果當然也就相反。

將別人想像成天使，你就不會遇到魔鬼。在人際交往中，人們都有保持心理平衡的需要。你怎麼看待別人，別人就會怎麼看待你，否則對方會感到不平衡。所以，如果你事先對別人有一種消極的看法，那麼，這種看法勢必會流露出來，並表現在你的語言和非語言的態度上。而對方察覺到你發出的訊息後，當然也會做出相應的反應。有人曾經這樣說，你對別人的態度，和別人對你的態度是一樣的，我們往往能夠從別人的臉上讀到自己的表情。

在生活與工作中，常有人抱怨環境或周圍的人與自己不融洽，所以就想藉由換個工作環境，或結交新朋友來改變尷尬的境遇。但是他們卻很少反省：自己人際關係的不順暢或職場的不如意，究竟是自己的因素，還是別人的因素所造成的呢？

如果原因是出自本身的話，唯有改變自己，才能讓問題迎刃而解；否則，不斷的轉換工作或認識新朋友，只是對生命的浪費，對問題的解決沒有絲毫裨益。一個能夠時刻鞭策自己的人，才能在社會中立於不敗之地，在事

業上取得更輝煌的成就。

004 第一印象效應

最初接觸到的資訊所形成的印象，對日後的行為活動和評價有著直接的影響。

提出者：心理學家庫利、戈夫曼

評析：人只要神志正常，沒有不要面子的，都想在人前保持「形象」，他願意為此付出一定代價。

　　一位心理學家曾經做過這樣的實驗：他讓兩名學生都做對30道題中的一半，讓學生A做對的題目盡量出現在前15題，而讓學生B做對的題目盡量出現在後15題，然後讓其他人對這兩個學生進行評價：透過對比，看誰更聰明一些。實驗結果發現，多數人都認為學生A更聰明。

　　1957年，美國心理學家洛欽斯也進行了一個類似的實驗，他設計了四篇不同的短文，分別描寫一位名叫傑姆的人。第一篇文章整篇都將傑姆描述成一個開朗而友善的人；第二篇文章前半段描述傑姆開朗友善，後半段則描述他孤僻不合群；第三篇與第二篇相反，前半段說傑姆孤僻不合群，後半段卻說他開朗友好；第四篇文章則是整篇都將傑姆描述得孤僻而不友好。洛欽斯請四組受試者分別讀這四篇文章，然後在一個計量表上評估傑姆的為人是否友好。結果表明，篇幅的前後是至關重要的，開朗友好在先，評估為友好者為78％；在後，則降至18％。

　　英國科學家大衛‧佩倫特和費奧納‧摩爾專門研究過「人臉之謎」。結果表示：人們第一次見到某人時，在最初的幾秒之內就會對他（她）做出某種評價。如：是否容易相處、是否可靠、性格如何等。

兩個素不相識的人，第一次見面時彼此留下的印象，對日後的行為活動和評價有著直接的影響，心理學家稱這種影響為「首因效應」，亦稱「第一印象效應」。「首因效應」是雙方再次交往的依據，如果當下留下的是正面、良好的印象，人們會希望繼續交往，增進關係；而若是負面、不好的印象，人們則拒絕繼續交往。

　　現實生活中，我們會因為對方良好的印象，而與一些素不相識的人結為朋友。在許多場合，例如車上、船上的鄰座旅客，入學時遇見新同學，出席會議首次邂逅與會者等。我們雖然對他們的個性品德一無所知，卻會由對方的衣著、容貌、談吐、舉止和表情等各方面印象，決定是否與之交往。

　　一般情況下，我們覺得一個人的體態、姿勢、談吐、衣著打扮等，都在一定程度上反映著這個人的內在素養和其他個性特徵。無論暴發戶怎麼刻意修飾自己，舉手投足之間都不可能有世家子弟的優雅，總會在不經意中露出馬腳，因為文化的素養是裝不出來的。

　　留下良好的第一印象是一個眾人皆知的道理。根據第一印象效應，心理學家庫利、戈夫曼等人提出了印象管理。他們認為一個個體總是希望獲得別人或社會的贊同，並想控制社會交往的結果。所以，我們每個人都非常注意自己在他人面前和社交場合中的形象。這種形象包括語言、儀態、穿著、動作等。

　　參加重要的會議、會見重要的人物或做報告，都要西裝革履，穿戴整齊；情侶在約會前都要對鏡梳妝，刻意打扮一番；在求職的場合，除了穿著得體、儀態大方之外，還要仔細考慮如何介紹自己、表達自己的才能；在與他人談話時，往往以微笑、皺眉、語音、語調等，來使別人瞭解自己的看法或意見；主管者很注重上任之初的「三把火」，所以每個人都盡力給別人留下良好的「第一印象」。第一印象總會在別人的心中揮之不去，無論你發生了什麼變化，有了多大的進步或者退步，對方還是對你保留著最初的印象。

　　由此說來，憑「第一印象」做出推斷是有一定道理的，它是人們日常生活經驗的累積。但是「路遙知馬力，日久見人心」，僅憑第一印象就妄加判斷、以貌取人，往往也會帶來不可彌補的錯誤！

　　年輕的卡爾到紐約發展，奔波了幾日，工作仍無著落。這一天，卡爾一

個人在街上閒逛，來到街道拐角處時，遇見一個行乞的老頭兒，他看了一眼，便準備急忙走開。這時，老頭兒叫住卡爾，他問卡爾是不是從家裡偷跑出來的。卡爾告訴他說不是，自己是到這裡找工作的，來這之前，爸爸對自己說：「兒子，追逐你的夢想和憧憬非常重要。」

他們就這樣聊著，幾分鐘之後，這個友善的老頭兒要卡爾跟著他，他說有重要的東西想和卡爾一起分享。他們穿過幾個街區來到附近的一間圖書館，老頭兒讓卡爾先等一會兒，他要在書架中找到那些特別的東西。不一會兒，他抱著幾本舊書回來了，他將舊書放在桌上，意味深長的對卡爾說：「小夥子，我要你記住兩句話，第一，不要從封面判斷一本書的好壞，因為封面會騙人。第二是學會如何讀書；因為只有一種東西，別人無法從你身上拿走，那就是智慧。」

他接著說：「我敢打賭，你認為我是個乞丐，是不是？」

卡爾說：「是的，先生，我想你是的。」

「小夥子，你錯了，當你知道我是誰時，我想你一定會大吃一驚的。我是世界上最有錢的人，人們想要的東西我都有。但一年前，我的妻子死了，從那以後我開始反省生活的意義。我認識到生活中有許多東西我還沒體驗過，例如做一個沿街乞討的乞丐。於是我放棄了榮華富貴，選擇做1年乞丐。所以，不要以貌取人，那會受騙的。」

說著，他將剛從架上抽出的書放在卡爾的手上。那是柏拉圖和亞里斯多德的著作，從古至今的不朽經典。

我們知道第一印象效應在生活中具有很大的作用，因此，我們一方面要透過提高自身修養來裝飾自己的形象，為將來的成功奠定基礎。另一方面，我們還必須懂得「以貌取人，失之子羽」和「士別三日，刮目相看」的道理，防止犯上「印象病」。

005 模仿效應

人們喜歡與自己相似的人這點是無庸置疑的，掌握了這個原則，我們要取得別人的好感就有捷徑可走。我們只需模仿他人的行為就能增進情感，並能鞏固與當事人之間的關係。

評析：物以類聚、人以群分。

在美國，許多侍應生發現，如果客人點餐時每說一句話，他們能立刻重複一遍，客人就會給更多的小費。然而，也有不少的侍應生在客人點餐完畢後，要麼淡淡地應一句「好的」，要麼乾脆什麼都不說就離開。

顯然，與後者相比，客人更喜歡積極的、會重複訂單的侍應生。因為這樣不會讓人擔心自己點的乳酪三明治，送來時卻變成了炸雞漢堡。調查顯示，按上述方法複述客人點餐的侍應生，收到的小費比平時高出70％。

為了證實這一現象，瑞克‧馮‧巴倫教授曾做過實驗，發現事實確實如此。只要侍應生能逐句複述客人的點餐，不用多加解釋，不用點頭示意，不用說「好的」，就能收到更多小費。

為什麼模仿他人的行為就能得到慷慨待遇？也許這和我們潛意識裡喜歡和自己相似的人有關。

心理學家發現，人們在下意識裡喜歡那些與自己相似的人。不管他們是在行為、觀點、興趣愛好，還是生活方式上與我們相似，又或者僅僅是共處於同一個區域，這些都會使我們對他們心存好感。

這裡所說的相似性不是指客觀上的相似性，而是人們感知到的相似性。實際的相似性與感知到的相似性是有聯繫的，而且前者往往決定後者，但二者並非完全對應的。

感知到的相似性包括信念、價值觀、態度、個性品質、外貌吸引力、年齡以及社會地位的相似性等等。

許多研究都表明，相似性與喜歡之間有直接聯繫。受試者認為，他人越

是與自己相似，自己便越是喜歡這個人。在一項研究中，研究開始時那些在信念、價值觀和個性品質上相似的人，在研究結束時都成為了好朋友。

但是，人們在早期交往中，信念、價值觀和個性品質的相似性往往顯示不出來，此時年齡、社會地位、外貌吸引力往往具有重要的作用。隨著交往的密切，信念、價值觀、個性品質等因素的作用便突顯出來，甚至超過其他因素。

心理學家對相似性原則有兩種解釋：一種解釋認為，相似的人肯定了我們自己的信念、價值觀和個性品質。相似的信念、價值觀和個性品質發揮了正強化作用，而不相似的信念、價值觀和個性品質則產生負強化的作用。這種正負強化作用透過條件反射過程與具有這些特點的人聯繫起來，結果就造成了人們喜歡與自己相似的人。

另一種解釋則認為，相似性的影響是由於它提供了關於他人的資訊。人們通常重視自己的信念、價值觀和個性品質，所以對擁有同樣特點的人會產生起好感。

不管心理學家做出什麼解釋，人們喜歡與自己相似的人這一點是毋庸置疑的。掌握了這個原理，我們要取得別人的好感就有捷徑可走。我們只需模仿他人的行為就能增進情感，並能鞏固與當事人的關係。

在某個實驗中，研究者安排兩名人員做簡短的接觸。其中一人是研究助理，她要對另一人的行為比照辦理。如果另一人雙臂交叉地坐著，還不時用腳輕敲地面，研究助理也要完全照做。同時，在另一個實驗中，研究人員要求研究助理不必模仿對方的行為。

結果顯示，實驗對象更喜歡模仿自己行為的助理，並且認為與她接觸很愉快。

006　視網膜效應

當我們自己擁有一件東西或一項特徵時，我們就會比平常人更加注意到別人是否跟我們一樣具備這種特徵。

評析：看到自己的優點，才能看到別人的長處。

　　記得四年前我剛回國時，第一個想到要買的就是一部車。經過一段時間的評估後，我決定買一部墨綠色的中型轎車。當時我的印象是一般人的車都買白色或黑色，所以認為自己的選擇很獨特，又很有品味。

　　當我正為自己能買到一部與眾不同的車而沾沾自喜時，我突然發現不論是在高速公路上、小巷子裡，甚至於我住的大樓停車場中，都看到許多與我同型而且是墨綠色的轎車。我開始覺得很奇怪，為什麼大家突然間都開始買墨綠色的車了，所以我就把我的觀察與同事們分享。

　　有一位女同事當時正好懷孕，聽我講完後就說：「我倒是沒有看到很多墨綠色的車。可是最近我發現，無論在哪裡都會看到孕婦。我記得上個星期天在逛百貨公司時，短短兩個小時就看到六個孕婦，人口出生率最近是不是有提高呢？」我與其他同事異口同聲地都說沒發現孕婦有增加的現象，她看到那麼多大概是很湊巧。

　　後來我有一次在國外聽演講，才瞭解到這種現象在心理學上叫作「視網膜效應」。簡單地說，這種效應的意思就是當我們自己擁有一件東西或一項特徵時，我們就會比平常人更加注意到別人是否跟我們一樣具備這種特徵。

　　這個發現對我們有什麼影響呢？卡內基先生很久以前就提出一個論點，那就是每個人的特質中大約有百分之八十是長處或優點，而百分之二十左右是我們的缺點。當一個人只知道自己缺點是什麼，而不知發掘優點時，「視網膜效應」就會促使這個人發現他身邊也有許多人擁有類似的缺點，進而使得他的人際關係無法改善，生活也不快樂。有沒有發現那些常罵別人很兇的人，其實自己脾氣也好不到哪裡去？這就是「視網膜效應」的影響力。

一個人要人緣好、受人歡迎，一定要養成欣賞自己與肯定自己的能力。因為在「視網膜效應」的運作下，一個看到自己優點的人，才有能力看到他人的可取之處。能用積極態度看待他人，往往是良好人際關係的必備條件。所以，從現在起，學習欣賞自己的優點和長處吧！

007　刺蝟定律

在日常的工作、學習和生活中，要把握分寸，堅持適度的原則，防止和克服不顧分寸、盲目衝撞的思想和行為。

評析：保持適當的距離，才能既保持理想的熱度，又不會傷害到彼此。

刺蝟是一種全身披著刺的針毛動物，這種動物通常群體而居，自成一個小團體。西方有一種刺蝟定律，說的是每當天氣寒冷時，刺蝟被凍得渾身發抖，為了取暖，刺蝟們會彼此靠攏在一起，但仔細觀察，會發現牠們之間始終保持著一定的距離。原來，如果彼此的距離太近，刺蝟身上的刺就會刺傷對方，但如果距離太遠的話，牠們又會感到寒冷。於是刺蝟們花了好久的時間，終於找到了一個適中的距離，既可以相互取暖，又不會被彼此刺傷。

在職場上，也有所謂「刺蝟理論」，我們稱為人際交往中的「心理距離效應」。在人際交往中，許多人會認為與別人的交往愈親密愈好，其實不然，如果人與人之間的關係不注意距離，把握分寸，就可能會在人際交往中受到傷害。距離是一種美，也是一種對自身的保護。

在目前的企業中，最可怕的「職業病」莫過於人際關係瀕臨破裂，以及嚴重壓力所造成的精神危機。幾乎每家公司的人事經理都表示，上班族由於同事之間的糾紛而導致心理健康發生問題的例子，實在是不勝枚舉。就主管與部屬、同事與同事間的關係來說，我們可以將「刺蝟理論」運用到這種關

係的處理上，保持互不傷害的適當距離，達到共存共處的目的。

心理學研究認為：經營者要處理好工作，應該與員工保持心理距離，如此既可以獲得員工的尊重，也可以避免員工之間的嫉妒和緊張，減少員工對自己的恭維、奉承、行賄等行為，防止與員工稱兄道弟、上下不分，以致在工作中喪失原則。事實上，霧裡看花，水中望月，往往給人一種「距離美」的感覺。保持親密的重要方法，就是保持適當的距離。

好朋友之間也應當保持距離，給彼此一些空間，有時太過親近，會不小心忘了分寸，口無遮攔，造成雙方的緊張和傷害。另外，每個人都來自不同的環境，接受不同的教育，所以在人生觀、價值觀、性格特點、生活習慣上難免會有差異。時間一長，即使再親近的朋友，也難免會出現問題。於是從尊重對方，變成容忍對方，到最後變成要求對方！當要求不能如願時，便開始從挑剔、批評到口角，以至於最後友誼破裂。感情往往是最脆弱的。太過疏遠難免淡漠，太過親密難免疲憊，只有保持適當的距離，才能保持和諧。

就算是關係最親密的夫妻，相處的時候也需要有些距離，要有屬於個人的空間。人們常將夫妻比作兩個相交但又不重合的圓，相交部分是夫妻共同的世界，兩人在這個世界享盡親密和溫馨；不相交的部分是各自獨有的天地，有丈夫和妻子分別不同的色彩及隱私，任何恩愛夫妻都不能因親密無間，而慷慨的讓出全部空間，也不能無限制的擴大自己的空間。因為一旦如此，就有可能成為兩個重疊，或相離的圓，這種狀態是非常危險的。世間的夫妻，有的一生爭吵不休，有的一生和睦相處，其實都是兩個圓相交的多與少的緣故。

距離是一種美，也是一種保護。感情容易滋養人心，也會輕易傷害人心，不管是血濃於水的親情，還是海誓山盟的愛情，都可能在不經意間刺痛對方。就像刺蝟的相處，當牠們相隔遙遠時，會感到寒意襲人，使牠們不由自主的靠近，彼此取暖。但當牠們緊緊的靠在一起，以為可以得到安全和溫暖時，卻又難以忍受彼此的長刺，那椎心的疼痛，竟是來自於自己信任和期待的對方，於是牠們又會各自分散。

留出距離就是為彼此的感情空出一個足以盛放的空間。為何有朋自遠方來，不亦悅乎？遠方的距離承載了更多的嚮往和更多的牽掛，距離換取的是

更多的珍惜，而不是摩擦。

你總有想一個人靜一靜的時候，別人也有不喜歡被打擾的時候，留出一點距離，讓彼此在各自的空間中，享受獨處的靜謐吧！

008 親和效應

人們在人際交往和認知過程中，往往存在一種傾向，即對於自己較為親近的對象，會更加樂於接近。

評析：在心理定勢作用下，「自己人」之間的相互交往與認知，必然在深度、廣度、動機、效果上，都會超過「非自己人」之間的交往與認知。

　　人們在人際交往和認知過程中，往往存在一種傾向，即對於自己較為親近的對象，會更加樂於接近。人際交往與認知過程中，較為親近的對方，稱為「自己人」，指的是那些與自己有著某些共同之處的人。這種共同之處，可以是血緣、姻緣、地緣、學緣、業緣關係，可以是志向、興趣、愛好、利益，也可以是彼此共處於同一團體或同一組織。

　　在現實生活中，人們往往更喜歡將那些與自己志趣相投、利益一致，或者同屬於某一團體、組織的人視為「自己人」。在其他條件大致相同的情況下，所謂「自己人」之間的交往效果，往往會更為明顯，其相互之間的影響通常也會更大。

　　在「自己人」之間的交往中，對交往對象屬於「自己人」的這一項認識，多數會使人們形成肯定式的心理定勢，從而對對方表現得更為親近友好，並且在特定的情境中，更容易發現和確認對方值得自己肯定，及引起自己好感的事實，進一步鞏固並深化自己對對方已有的積極性評價。

在這一心理定勢作用下，「自己人」之間的相互交往與認知，必然在深度、廣度、動機、效果上，超過「非自己人」之間的交往與認知。

在交際應酬中，人們往往會因為彼此間存在著某種共同或近似之處，感到彼此更容易接近。而這種接近，通常又會使彼此之間萌生親切感，相互體諒。交往雙方由接近到親密、由親密再到進一步接近的這種相互作用，就是所謂的「親和效應」。

因此，為了使自己的熱情獲得對方的正面評價，有必要在交往或服務過程中，創造積極條件，努力形成雙方的共同點，從而使雙方都處於「自己人」的情境中。

009　投射效應

人們在日常生活中，常常不自覺的將自己的心理特徵（如個性、好惡、欲望、觀念、情緒等）投射到別人身上，認為他人也具有同樣的特徵。

評析：己所不欲，勿施於人。

在某出版社的選題論證中，出現了一種有趣的現象，編輯們列出他們認為最重要的一個選題：

——編輯A正在參加成人教育，攻讀第二學位，他的選題是《怎樣寫畢業論文》。

——編輯B的女兒正在上幼稚園，她的選題是《學齡前兒童教育叢書》。

——編輯C是圍棋迷，他的選題是《聶衛平棋路分析》。

這就是一種投射效應，就像自己常常說謊，就認為別人也總是在騙自己；自視甚高，就以為別人也認為他很出色⋯⋯

投射效應經常發生在兩種情況下：一是當別人各方面的條件與自己相似時，如年齡、性別、學歷等，就會產生一種「試比高低」的衝動或欲望；二是當自己有不稱心的事時，就把一些問題轉移到別人身上，以求心理平衡。

由於「投射效應」，我們常常可以從一個人對別人的看法中，來推測這個人的真正意圖或心理特徵。

中國宋代著名文學家蘇東坡和佛印和尚是好朋友，有一天，蘇東坡去拜訪佛印，與佛印相對而坐，蘇東坡對佛印開玩笑說：「我看你是一堆狗屎。」佛印則微笑說：「我看你是一尊金佛。」蘇東坡覺得自己佔了便宜，很是得意，回家以後，興高采烈的向妹妹提起這件事。沒想到蘇小妹卻說：「哥哥你錯了。佛家有云：『佛心自現』，你看別人是什麼，就表示你看自己是什麼。」

由於人都有一些相同的欲望和要求，所以，在某些情況下，我們會對別人做出正確的推測，不少商家也利用人們的投射心理獲得了相當的成功。但是，人與人之間畢竟有差別，因此，推測也是會有出錯的時候。在日常生活中，我們常常錯誤的將自己的想法和意願投射到別人身上：自己喜歡的人，以為別人也喜歡，因此總是疑神疑鬼，莫名其妙的吃飛醋；父母也總是喜歡依自己的意願來為子女鋪設前途、選擇學校和職業……

只是，當我們錯誤的將自己的想法和意願投射到別人身上時，不但會為自己帶來麻煩，同時也為別人帶來無窮的煩惱和痛苦，甚至造成無法彌補的損失。

同樣的，當企業不考慮環境、市場等各方面的差異，硬是將自己認為好的東西強加在子公司或顧客身上，並依此做出決策時，那必然會導致失敗。

美國零售巨人沃爾瑪公司的「海外擴張史」，就有這種慘敗的實例。它在德國收購了兩家零售公司，但是沒有考慮到海外市場在科技、政治、經濟、文化、人口等外在環境上，皆與本國有著顯著的不同，卻試圖將自身的營運系統強加到對方身上，結果損失了數億美元。這就是典型的「投射效應」運用不當的例子。

第二章
心 理 篇

010 旁觀者效應

為什麼一樁樁旁觀者眾多卻「見死不救」的事件會頻頻發生？這種社會現象產生的原因之一，就在於「旁觀者效應」。若單純將「見死不救」的心態歸結為世態炎涼、人心不古的社會風氣，或旁觀者集體性格缺陷的結果，是片面的、孤立的，也是不科學的。

提出者：心理學家巴里、拉塔內

評析：多一點責任感，少一點推卸責任的藉口，悲劇也許就能避免了。

　　在美國曾經發生過一樁殺人慘案，至今仍時常被人提起。1964年3月，在紐約的克尤公園發生一件震驚全美的謀殺案。凌晨3點，一位年輕的酒吧女經理在回家的途中，被一男性殺人狂殺死。整個做案過程長達半小時，其間女經理悽慘的呼救聲不絕於耳。然而，在附近公寓裡的住戶中共有三十八人看見女經理被殺的情形，或聽到她淒厲的呼救聲，卻沒有人挺身而出營救女經理，也沒有人打電話報警。事後，美國大小媒體同聲譴責紐約人的人性異化與情感冷漠。

　　然而，兩位年輕的心理學家巴里與拉塔內並不認同這些說法，對於旁觀者的無動於衷，他們認為還有更好的解釋。為了驗證自己的假設，巴里與拉塔內進行了一項試驗，他們找來七十二位參與者，以一對一和四對一的兩種方式，與一名假扮癲癇症的患者保持距離，使用對講機通話，並在交談過程中，讓那名假病人大聲呼救。事後的統計資料出現了很有意思的結果：在一對一通話的那組中，有85％的人衝出工作間報告有人發病，而在四個人同時聽到假病人呼救的那組，只有31％的人採取了行動！

　　就這樣，人們對克尤公園的現象有了令人信服的社會心理學解釋，兩位心理學家將這種現象稱為「旁觀者介入緊急事態的社會抑制」，簡而言之，就是「旁觀者效應」。他們認為：「正是因為在一種緊急事件中有其他的目擊者在場，才使每一位旁觀者都無動於衷，旁觀者更可能是在觀察其他旁觀

者的反應，因此人們不能主觀的判斷這些人存在病態的性格缺陷。」

如此一來，便不難解釋為什麼一樁樁旁觀者眾多卻「見死不救」的事件會頻頻發生了。這種社會現象產生的原因之一，就在於「旁觀者效應」。若單純將「見死不救」的心態歸結為世態炎涼、人心不古的社會風氣，或旁觀者集體性格缺陷的結果，是片面的、孤立的，也是不科學的。

日本心理學家多湖輝對這一充滿悲劇色彩的真實故事，和巴里與拉塔內有相同的認知，他認為人們一旦預測到不久的將來，自己會與某件事毫無瓜葛時，就會從這一分鐘開始推掉與此事有關的一切責任。這個論斷後來被稱之為「責任推卸定律」。

就像這起克尤公園事件，由於旁觀者認為將來自己必定與這件事不再有更多的聯繫，因此沒想過承擔任何責任，都希望其他人能擔負起救助或報警的職責。不幸的是，三十八個人都陷入了推卸責任的心態中，導致了一個本不應該離世的女子抱恨而終。

011 短缺效應

物品的稀少性和唯一性會提高其在人們眼中的價值；所以當一樣東西非常稀少或者即將變得稀少時，它的價值就會上升。

評析：當人們知道什麼產品可能買不到時，就將會更喜歡它。

2005年4月2日晚，梵蒂岡天主教教宗約翰·保羅二世與世長辭。約翰·保羅二世一生成就顯赫，從對抗消費主義到反對墮胎，他給人們帶來了巨大的影響。消息一經發表，就發生了一件讓人無法解釋的怪事：人們紛紛湧向商店，把咖啡杯和銀勺之類的紀念品搶購一空。

如果說紀念品上印有保羅二世的頭像，購買它是為了紀念這位羅馬天主

教教宗，那這樣的行為還情有可原，但事實並非如此。更讓人無法理解的是，這些瘋狂的搶購並非發生在梵蒂岡、羅馬或是義大利，而是幾千英里以外的英國。不過有一點可以肯定，那就是教宗的逝世與這次奇怪的搶購有關。

實際上，這些咖啡杯、茶具、茶巾等紀念品是為了紀念英國王子查理斯與卡蜜拉的婚禮所生產的。那到底是什麼引發了這場搶購潮呢？

原來，英國王子查理斯與卡蜜拉的婚禮原定於2005年4月8日星期五在英國溫莎堡舉行，但不巧的是正好和約翰·保羅二世的葬禮在同一天。出於尊重，也為了能夠參加已故教宗的葬禮，查理斯王子將婚期延後了一天，改為2005年4月9日。

這麼一來，溫莎堡出售的紀念品上的婚禮日期就都不正確了，但人們無一例外地認為這些錯印的紀念品日後會變為「珍藏版」，有升值潛力，於是紛紛跑去購買。錯印的紀念品在人們眼中儼然成了提前蓋銷的黑便士郵票。紀念品遭搶購的消息傳出後，又使得更多的人加入了搶購的風潮，商品很快就銷售一空。

準備在溫莎堡報導皇室婚禮的記者們攔下這些抱著大包小包紀念品的顧客，向他們詢問購買紀念品的原因，得到的結論是：人們購買這些東西並不是出於對杯子的需求，也不是因為它和皇室婚禮有關，僅僅是因為紀念品上面的婚禮日期印錯了，而這點可能會讓它日後身價倍增。

一般來說，稀少的東西會變得更有價值。心理學研究也證實，物品的稀少性和唯一性會提高其在人們眼中的價值。當人們得知某樣東西很稀少，並且限時限量供應時，就越渴望擁有該物品。搶購的人們就是抱著這種心理才去購買紀念品的。

不久，商店又進了日期正確的婚禮紀念品，然而購買的人卻並不多。讓人們想不到的是，這次搶購的結果導致擁有錯版紀念品的人比買正品的人還多。曾一度被認為稀少的錯版紀念品，事實上到處都有，價值自然也就變得一般了。

不過，購買者中還是不乏有遠見之人，那就是幾天後又購買了正品的顧客。他們明白，全套的咖啡杯——錯版加正版，才是稀少之物。

通常來說，稀少的東西在人們眼中更有價值，對人們更有吸引力。

012 凡勃倫效應

有時，消費的目的並不僅僅是為了獲得直接的物質滿足與產品具有的實際
功能，而更多是為了獲得一種社會心理上的滿足。這類商品價格定得越
高，需求者反而越願意購買，因為只有如此，才能顯示出購買者的富有、
地位，令他們有優越感。

提出者：美國制度學派經濟學家凡勃倫

評析：很多時候，人們行動的目的並非為了結果本身。

　　有一位珠寶店經理在旅遊旺季進了一批瑪瑙石珠寶，售價也不貴，可以
說是物超所值。然而，商店裡雖然顧客盈門、生意興隆，但那批瑪瑙石珠寶
卻怎麼也賣不出去。她想了各種方法來吸引顧客注意這些瑪瑙石，以此來進
行促銷，例如：將瑪瑙石擺放在最顯眼的位置、告訴店員對它們進行大力推
銷，但是這些方法都收效甚微。

　　後來，她有事要離開，臨走時她給店員留了一張便條，讓店員將那批瑪
瑙石珠寶以1/2的價格處理掉，卻因字跡潦草，使店員誤將便條上的「1/2」
錯看成了「2」。誰知提價後的瑪瑙石珠寶反而受到顧客的熱烈歡迎，很快便
銷售一空。

　　幾天後，這位經理回來，看到那批瑪瑙石珠寶果真銷售一空後，很是高
興。不過，當她得知那批瑪瑙石珠寶竟是以原價兩倍的價格賣掉後，她驚訝
極了！她怎麼也想不通這究竟是怎麼一回事。

　　其實這些顧客只是受到「凡勃倫效應」的影響。凡勃倫效應是指存在於
消費者身上的一種商品價格越高，反而越願意購買的消費傾向。由於消費

者可能是想要透過使用價格高昂、優質的精品來引人注目，具有一定的炫耀性，因而這種現象又被稱作「炫耀性消費」

這種消費行為的目的並不僅僅是有了獲得直接的物質滿足與享受，而更多是有了獲得一種社會心理上的滿足。由於某些商品對他人具有炫耀性的效果，如購買高級轎車顯示地位的高貴、收集名畫顯示高雅的品位等等，這類商品的價格定得越高，需求者反而越願意購買，因此只有商品的價格高，才能顯示出購買者的富有和地位。

而對這些上門購買珠寶的顧客來說，他們購買珠寶真正想獲得的並不完全是珠寶的裝飾功能與實際價值，而更多是為了獲得使用這些東西時，他人讚歎和羨慕眼光帶來的滿足感與優越感，再加上他們對瑪瑙石並不瞭解，於是便自然而然地去購買其他那些能滿足他們「需求」的商品。

從某種意義上講，「凡勃倫效應」是一種社會心理效應，而不完全是一種經濟效應。因此凡勃倫所定義的炫耀性消費，實際上必須依賴於個人對群體的預期，才能真正發揮作用。意即在凡勃倫看來，能導致「凡勃倫效應」的物品帶給購買者的總效用不僅包括直接「消費」這件物品所帶來的「物理效用」，還包括由於這件物品本身高昂價格所帶來的「社會效用」，因此價格越高，效用越大。

此外，在一般情況下，商品的價格與價值也成正比，商品的價值越大，價格自然越高。因此，這些想買到好珠寶的顧客，在看到瑪瑙石珠寶昂貴的價格後，便認為這些珠寶值得擁有。

由於人們普遍存在著這種炫耀與「昂貴＝優質」的心理，精明的商家便抓住人們的這種心理，提高定價，厚利也可多銷。有一位名叫米爾頓・雷諾茲的企業家就是靠這種方法取得了成功。

1945年6月，雷諾茲到阿根廷談生意，看準了圓珠筆具有廣闊的市場前景，立即趕回國內找人合作，晝夜不停地研究，只用了一個多月便推出了自己改良後的產品，搶在對手之前將圓珠筆推向市場。他還利用當時人們原子熱的情緒，將這種筆更名為「原子筆」。

隨後，雷諾茲立即拿著僅有的一枝樣品筆來到紐約的金貝爾百貨公司，向公司主管展示這種「原子時代的奇妙的筆」的不凡之處：它既可以在水中

寫字，也可以在高海拔地區寫字。這些都是雷諾茲根據圓珠筆的特性和美國人追求新奇的性格，精心制訂的促銷策略。果然，公司主管對「原子筆」非常感興趣，一次就訂購了2500枝，並同意採用雷諾茲的促銷口號作為廣告。

當時，這種圓珠筆的生產成本僅0.8美元，但雷諾茲卻果斷地將售價抬高到12.5美元。他認為只有這個價格才會讓人們覺得這種筆與眾不同，配得上「原子筆」的名號。

1945年10月29日，金貝爾百貨公司首次銷售雷諾茲「原子筆」，竟然出現了5000人爭購的壯觀場面，人人以擁有一枝原子筆為傲。大量訂單像雪片一樣飛向雷諾茲的公司。

短短半年時間，雷諾茲生產「原子筆」所投入的3萬美元，竟然獲得了155萬美元的稅後利潤。等到其他對手擠進這個市場，殺價競爭時，雷諾茲早已經賺得大筆金錢，抽身而去。

013 莫非定律

如果壞事情有可能發生，不管這種可能性多麼小，它總會發生，並引起最大可能的損失。

提出者：美國上尉莫非

評析：我們在做事之前應該盡可能想得周全一些，如果真的發生不幸或損失，就笑著面對吧！關鍵在於總結所犯的錯誤，而不是企圖掩蓋它。

莫非定律緣於美國一位名叫莫非的上尉，他認為他的一位同事是個倒楣鬼，於是莫非不經意說了句笑話：「如果一件事情有可能被弄糟，讓他去做就一定會更糟。」

結果這句話迅速流傳，並擴散到世界各地。在流傳擴散的過程中，這句

笑話逐漸失去它原本的意思，延伸出成各種含意，其中最廣為人知的是：
「如果壞事情有可能發生，不管這種可能性多麼小，它總會發生，並引起最大可能的損失。」

以下是莫非定律延伸出的各種意思：

1‧別跟傻瓜吵架，不然旁人會搞不清楚到底誰是傻瓜？

2‧不要以為自己很重要，因為沒有你，明天的太陽還是一樣從東方升上來。

3‧有能力的──讓他做；沒能力的──教他做；做不來的──管理他。

4‧當你攜伴出遊時，愈不想讓人看見，愈會遇見熟人。

5‧你最後硬著頭皮寄出的情書，寄達對方的時間有多長，你反悔的時間就有多長。

6‧東西愈好，愈不中用。

7‧一種產品保證60天不會故障，等於保證第61天一定會壞掉。

8‧東西許久派不上用場，就可以丟掉；東西一丟掉，往往就會用到它。

9‧你丟掉了東西時，最先去找的地方，往往也是可能找到的最後一個地方。

10‧你往往會找到不是你正想找的東西。

11‧當你出去買爆米花時，電視上偏偏就出現了精采鏡頭。

12‧如果你覺得很得意，別忙，你的感覺很快就會成為過去。

13‧一分鐘有多長？這要看你是蹲在廁所裡面，還是等在廁所外面。

14‧美只是膚淺，醜可以醜到骨子裡去。

15‧朋友有來有去，仇人有增無減。交友不易，能夠持久的朋友更是難得。朋友聚散，有時今天親如手足，明天卻是形同陌路，至於仇人則會愈積愈多。

16‧任何事情都沒有表面看起來那麼簡單；所有的事都會比你預計的時間長；會出錯的事總會出錯；如果你擔心某種情況發生，那麼它就更有可能發生。

17‧你預料之中的事沒有發生，而你預料之外的事卻發生了。

18‧有些事情只要一提起，如果是好事，肯定錯過；如果是壞事，卻必

然發生。

……

　　人永遠也不可能成為上帝，莫非定律告訴我們，容易犯錯是人類與生俱來的弱點，不論科技多麼發達，事故都會發生。當你妄自尊大時，莫非定律會讓你知道厲害，我們都有這樣的感受：解決問題的手段愈高明，面臨的麻煩就愈嚴重。反之，如果你承認自己的無知，莫非定律會幫助你做得更嚴密些。所以，我們在事前應該盡可能想得周全一些；如果真的發生不幸，就笑著應對吧！關鍵在於總結所犯的錯誤，而不是企圖掩蓋它。

014　懶螞蟻效應

當斷絕螞蟻的食物來源，破壞螞蟻窩後，那些勤快的螞蟻一籌莫展，不知所措，反而是懶螞蟻「挺身而出」，帶領夥伴向牠發現到的新食物源轉移。

評析：懶於雜務，才能勤於思考。

　　生物學家研究發現，在成群的螞蟻中，多數螞蟻都很勤快的尋找食物、搬運食物，只有少部分螞蟻整日東張西望，無所事事，什麼工作也不做。

　　為了研究這類懶螞蟻在蟻群中如何生存，生物學家做了一項實驗。他們在這些懶螞蟻身上做記號，並斷絕螞蟻的食物來源，破壞螞蟻窩，然後進行觀察。結果發現，在這樣的環境下，那些勤快的螞蟻變得一籌莫展，不知所措，反而是懶螞蟻「挺身而出」，帶領夥伴向牠發現的新食物來源轉移。

　　接著，生物學家將這些懶螞蟻從蟻群中抓走，結果發現，所有的螞蟻都停下工作，亂成一團。直到這些懶螞蟻被放回去後，蟻群才又恢復正常的工作。

　　大多數的螞蟻都勤奮忙碌，任勞任怨的工作，但牠們的勞動卻離不開小部分的懶螞蟻，可見懶螞蟻在蟻群中有著不可替代的作用。這些懶螞蟻將大部分的時間都花在「偵察」和「研究」上，牠們能觀察到組織的薄弱之處，擁有讓蟻群在困難時仍然能存活下去的本領；牠們善於運用頭腦觀察、分析事物，因此能在環境的變化中發揮引導的作用。

　　經濟學家認為，蟻群中的「懶螞蟻」與一般的螞蟻相比更為重要。因為懶螞蟻可以看到事物的未來，正確的把握當前的行動，所以能使自己在蟻群中建立不可替代的地位。

　　仔細觀察，你會發現在現實生活中的企業和團隊，其實也有類似「懶螞蟻」那樣的員工存在。他們平時看起來非常優閒，每天花在工作上的時間似乎也很短，但老闆卻願意支付他們高薪，並且對他們讚賞有加。

　　這些「懶螞蟻」員工有些共同特點：他們經常學習充電，運用智慧去觀察、分析、尋找市場中新的發展機會；他們善於發現企業中存在的問題，找出企業管理的弊端，並提出建設性意見，遵守規則並堅持原則；他們透過對各種新知識、新理念、新觀念的學習，保持思路開闊，思想常新。

　　日本松下幸之助董事長，許多人都認為他一定是公事纏身。事實不然，松下幸之助有著相當出人意料的管理理論，他很欣賞「懶螞蟻理論」，認為真正的企業家不應該是勤勞的螞蟻，而是看似無所事事的「懶螞蟻」。如果一個企業家整天像勤螞蟻一樣忙個不停，哪裡有精力來研究企業的經營規劃呢？如果說員工是埋頭拉車的人，那麼企業家就是抬頭看路的人。從外表看來，看路的人絕對比拉車的人輕鬆，有句話說：「會者不忙，忙者不會。」一個忙得暈頭轉向的老闆，一定是一個不懂管理的經營者。松下幸之助並不提倡主管天天加班，天天熬夜。他認為有本事的主管應該是將事情分配給部屬去執行，而自己只需負責規劃與決策即可。

　　對於企業來說，一個善於思考的員工要比一個只知做事，而不知動腦的人更加重要。一個懂得觀察市場、研究市場、分析市場、把握市場的人，才能成為不可替代的要角，企業的真正主宰者。

015 三分之一效應

當顧客走進一條商店街時，通常不會在逛第一間商店時便成交，他總要走走看看，貨比三家。等走得差不多了，才會找一間店成交，但一般都不是第一間或最後一間。如果這條街是一眼就能看到底的，多數人也不會特意選擇最中間的商店，反而是三分之一處的機會最大。

評析：一切的戰爭都是心理戰！

　　某個班級分到兩張音樂會的票，全部同學都想去，於是只好抽籤決定，此時，班長玩了一個小花招兒，他將籤排成一排讓同學們先抽，以示公平，剩下的最後一支籤才是他的。

　　同學們一個個將籤抽走，全是空白，最後，一排籤只剩下第一支和最後一支，兩支都寫著「有」字，班長也如願的得到一張票。

　　其實，班長並沒有騙人，他只是摸清了多數人的心理。一般人都會覺得，無論抽哪支籤，機會都差不多，但對於第一支和最後一支都會有一種抗拒的心態，認為不可能那麼湊巧，兩張票會落在最前和最後！於是，在沒有特別心理提示的情況下，多數人會覺得從中間隨手抽一支籤，成功的機會將更大。

　　如果你想在一條商店街承租一間店舖，那麼，哪個位置的店面最好呢？或許很多老闆都有這樣的想法：租下靠近路口或街口的第一間店，截住顧客，生意一定最好！

　　如果你是這樣選擇，那就錯了。因為老闆的心理與顧客不同，老闆想多賺錢，而顧客想少花錢，兩者的心理恰恰是相反的，要想生意好，就必須從顧客的角度去分析。

　　當顧客走進一條商店街時，通常不會在逛第一間商店便成交，他總要走走看看，貨比三家。等走得差不多了，才會找一間店成交，但一般都不是第一間或最後一間。如果這條街是一眼就能看到底的，多數人也不會特意選擇

最中間的商店，反而是三分之一處機會最大。但若是價格幾乎相同的日常小攤販，如菜攤、涼茶攤之類的情況則與此相反，這類攤販應該選擇顧客愈方便的地點愈好。

016 狼群法則

狼有著很強的責任心和紀律性，牠們依照規則組成了嚴密的組織，這種內部有效的溝通、協調和整體作戰的力量，能產生強大的捕食能力和威懾力。

評析：個體實力的弱小並不能作為失敗的藉口，只要保持旺盛的鬥志，再加上完美無暇的團隊精神，足以產生讓強勁對手驚呼「狼來了」的力量。

在茫茫的非洲草原上，如果見到一群羚羊在奔逃，那一定是獅子來了；如果見到獅群在躲避，那可能是象群發怒了；但是如果見到成百上千的獅子和大象集體逃命的景象，很可能就是狼群來了！

狼的個體力量在動物界中並不是很強，但卻是公認的強者。雖然單獨一匹狼鬥不過獅子、大象，但狼群卻能所向披靡，讓其他動物見到牠們的團隊，感到心驚。這就是狼群團隊合作精神和旺盛鬥志的完美結合。

當狼群穿越雪地時，最常使用的隊形是「單一縱隊」，頭狼往往扮演著開路先鋒的角色。由於需要在雪地裡尋找獵物，又要警覺其他天敵的攻擊，頭狼往往要消耗極大的體力來不斷推開眼前柔軟無邊的積雪。

當縱隊的頭狼疲累後，牠會移向隊伍的旁邊，並讓下一匹狼擔任開路先鋒，牠也可以跟在隊尾，養精蓄銳，迎接新的挑戰。如此，不斷替換開路先鋒，能讓狼群在耗費最少體能的狀況下，保留體力以應付即將面對的狩獵挑

戰。

　　狼從來不靠運氣，牠們對即將進行的行動總是具有充分的把握。當狼群在雪地中不得不面對比自己強大的獵物時，單列行進的狼會改變陣勢，對敵人群而攻之，直到將獵物變為食物為止。在攻擊時，每一匹狼都會盡心盡力，不管自己是否受到傷害。

　　狼群從來不會漫無目的地圍著獵物胡亂奔跑、尖聲狂吠。牠們總會制訂適宜的戰略，透過不斷的溝通將戰略付諸實現。關鍵時刻，每匹狼都明白自己的作用，並準確的領會到團體對牠的期望。

　　獵人、攝影者、研究人員以及其他目擊狼群捕獵實況的人，都會被當下狼群捕獵的場景嚇得目瞪口呆。下面就是狼群捕獵中最常見的一幕：

　　一個由六匹狼臨時組成的團隊，牠們的目標是麝香牛群。狼群驅趕著牛群往高地平台上奔逃，當這群麝香牛到達高地頂端時，狼群開始進行攻擊。

　　最西邊的兩匹狼在狼王的率領下，閃電般的衝向麝香牛群，在高原中飛奔的狼群，像幾枚高速潛行的魚雷，以最鋒利的狼牙和目光向麝香牛群衝去，這一組狼的突然行動，就像發出三枚全線出擊的信號彈，鼓足勁兒的狼群從草叢中一躍而起，從東、西、北三面向麝香牛群衝去。

　　狼群衝鋒悄然無聲，沒有一聲吶喊，沒有一聲狼嗥。可是在人與動物的眼裡、心裡卻都充滿了世上最原始、最殘忍的恐懼！

　　正當這群麝香牛四處驚慌奔逃之際，六匹狼在一瞬間瘋狂的撲向那群虛弱且無法自保的麝香牛，一匹狼緊跟在麝香牛群之後，另一匹狼在前，其他的狼來到空地。此時大部分的麝香牛見到狼群，竟已嚇得原地發抖，有的甚至雙膝一跪栽倒在地，搏鬥迅速結束。

　　麝香牛一向過於依賴群體的保護，而且沒有技術性的攻擊計劃。因此，狼群可以輕而易舉的解除麝香牛群的武裝。和麝香牛群比起來，狼群小得多，但是狼群有策略，按捺得住暫時的饑餓和貪念，耐心的等最佳戰機。

　　狼與狼之間的默契配合成為狼群成功的決定性因素，幾匹分散的狼在捕獵中變成一個合作、有力量、團結的隊伍，牠們都知道自己必須執行的部分，無論做任何事情，牠們總能依靠團體的力量去完成。為了實現團體目標，牠們完全可以犧牲自己。

017 馬太效應

任何個體、群體或地區，一旦在某一方面（如金錢、名譽、地位等）獲得
成功和進步，產生累積優勢，就有更多的機會取得更大的成功和進步。
提出者：知名社會學家羅伯特‧莫頓
評析：贏家通吃。不要抱怨這個世界為什麼不公平，因為這個世界從來
就沒有公平過。

　　馬太效應來自於《聖經‧馬太福音》中的一個故事：

　　一位主人將到國外遠行，臨走之前，他將僕人們叫到一起，委託他們保管財產。

　　主人依據每個人的才能，給了第一個僕人5個塔倫特（注：古羅馬貨幣單位），給第二個僕人2個塔倫特，給第三個僕人1個塔倫特。

　　拿到5個塔倫特的僕人把它用於經商，並且賺到了5個塔倫特。同樣的，拿到2個塔倫特的僕人也賺到了2個塔倫特。但是拿到1個塔倫特的僕人，卻將主人的錢埋到土裡。

　　過了很長一段時間，主人回來了。

　　拿到5個塔倫特的僕人，帶著另外5個塔倫特來到主人面前，說：「主人，你交給我5個塔倫特，請看，我又賺了5個。」

　　「做得好！你是一個對很多事情充滿自信的人，我會讓你掌管更多的事務，現在就去享受你的收穫吧。」同樣的，拿到2個塔倫特的僕人，帶著另外2個塔倫特來了，他說：「主人，你交給我2個塔倫特，請看，我又賺了2個。」

　　主人說：「做得好！你是一個對一些事情充滿自信的人，我會讓你掌管很多事務，現在就去享受你的收穫吧。」最後，拿到1個塔倫特的僕人來了，他說：「主人，我知道你想成為一個強者，收穫沒有播種的土地，我很害怕，於是就將錢埋在了地下。看那裡，那兒埋著你的錢。」

主人斥責他說：「又懶又缺德的人，你既然知道我想收穫沒有播種的土地，那麼你就應該把錢存在銀行家那裡，讓我回來時能連本帶利的還給我。」

然後他轉身對其他僕人說：「奪下他的1個塔倫特，交給那個賺了5個塔倫特的人。」

「可是他已經擁有10個塔倫特了。」

主人說：「凡是有的，還要給他，使他富足；但凡沒有的，連他所有的，也要奪去。」

二十世紀六〇年代，知名社會學家羅伯特‧莫頓首次將「貧者愈貧、富者愈富」的現象歸納為「馬太效應」。它反映了當今社會中存在的一個普遍現象，即「贏家通吃」。在「贏家通吃」的社會裡，遊戲規則往往都是由贏家所制訂的。

這樣的例子在現實生活中比比皆是。一個名人與普通人做出同樣的業績，對於前者來說，榮譽和桂冠會接踵而來，而後者卻可能無人問津。對於朋友多的人而言，他會借助頻繁的交往得到更多的朋友，而缺少朋友的人則會一直孤獨下去。金錢方面更是如此，即使投資報酬率相同，一個比別人投資多十倍的人，收益也多十倍。

馬太效應無處不在、無時不有，無論在生物演化、個人發展，還是國家、企業間的競爭中，它都普遍存在。對企業經營發展而言，想要在某一個領域保持優勢，就必須在此領域迅速茁壯。當你成為某個領域的領先者時，即使投資報酬率相同，你也能更輕易獲得比弱小同行更大的收益。

微軟在網路時代的壟斷地位，為我們提供了一個認識馬太效應的事例。

從DOS到Windows系統，微軟一直佔領著個人電腦作業系統90％以上的市場比例。這為它累積了極大的信譽，網路增值的規律是規模愈大，用戶愈多，產品愈具標準性，所帶來的商機就愈多，收益便可呈現加速增長趨勢。由於電子資訊業較新，許多產品規格尚未標準化，誰能建立標準規格，誰就是馬太效應的獲利者。在這方面，微軟可以說就是標準規格的建立者，因此許多硬體、軟體發展商都要考慮自己的產品與微軟的相容性。

與馬太效應類似的還有滾雪球效應：一旦獲得了起始的優勢，雪球就會

愈滾愈大，優勢也就愈來愈明顯。

小小的雪球在滾動初期，需要借助外力才能滾動，當雪球的體積足夠大，可依靠自身慣性向前推進時，外在動力就會相對弱化。隨著雪球的不斷滾動，其體積和速度也會愈來愈大。

馬太效應替人們揭示了一個「不斷增長個人和企業資源的需求原理」。它是影響個人事業成功和企業發展的一項重要法則。在這個贏家通吃的社會裡，富人享有更多的資源：金錢、榮譽及成功，窮人卻變得一無所有。貧者愈貧，富者愈富；善用馬太效應，贏家就是你。

018 破窗效應

如果一棟建築物上的窗戶玻璃被人打破了，而這扇窗戶又沒有得到及時的修復，別人就可能受到某種暗示性的縱容，去打破更多的玻璃。久而之，這些窗戶就會給人一種無序的感覺，在這種麻木不仁的氛圍中，犯罪就會滋生、蔓延。

提出者：政治學家威爾遜、犯罪學家凱琳

評析：環境具有強烈的暗示性和誘導性，必須及時修換第一塊被打破的窗戶玻璃。

美國史丹福大學心理學家菲利浦‧辛巴杜於1969年進行了一項實驗。他找來兩輛一模一樣的汽車，將車牌摘掉，頂棚打開，一輛停在加州帕洛阿爾托的中產階級社區，另一輛停在雜亂的紐約布朗克斯區。停在布朗克斯的那輛汽車，當天就被偷走了。而放在帕洛阿爾托的那一輛，一個星期也無人理睬。後來，辛巴杜用錘子將那輛車的玻璃敲了個大洞。結果僅僅過了幾個小時，它就不見了。

以這項實驗為基礎，美國政治學家威爾遜和犯罪學家凱琳提出了一個「破窗效應」理論，他們認為：如果一幢建築物的窗戶玻璃被人打破了，而這扇窗戶又沒有得到及時的修復，別人就可能受到某些暗示性的縱容，去打破更多的窗戶。久而久之，這些破窗戶就給人造成一種無序的感覺，在這種麻木不仁的氛圍中，犯罪就會滋生、蔓延。

「偷車試驗」和「破窗理論」主要是從犯罪的心理去思考問題，但不管將「破窗理論」用在什麼領域，都是角度不同、道理相似：環境具有強烈的暗示性和誘導性，必須及時修好第一塊被打碎的窗戶玻璃。

從人與環境的關係這個角度去看，我們生活中所發生的許多事情，不也正是環境暗示和誘導作用的結果嗎？

一面牆上如果出現一些塗鴉而沒有清洗掉，很快的，牆上就會布滿亂七八糟、不堪入目的東西；在一個乾淨的地方，人們會很不好意思丟垃圾，但是一旦地上出現垃圾，人們就會毫不猶豫的隨地亂扔垃圾，絲毫不覺得羞愧；在公車站牌前，如果每個人都井然有序的排隊上車，會有多少人不顧眾人的文明舉動和鄙夷眼光而貿然插隊呢？

與此相反，車輛尚未停穩，人們便急忙你推我擠，爭先恐後，後來的人即使想排隊上車，恐怕也沒有耐心了；桌上的財物，敞開的大門，可能會使本無貪念的人心生貪念；對於違反公司規定的行為，有關單位如果沒有進行嚴肅處理，沒有引起員工重視，會使類似行為再次，甚至多次重複發生；對於不講究成本效益的工作行為，經營者不以為然，對員工的浪費行為未能及時糾正，這種情況便會日趨嚴重。

環境好，不文明的舉動也會有所收斂，環境不好，文明的舉動也會受到影響。人是環境的產物，同樣，人的行為也是環境的一部分，兩者之間是一種互動的關係。在公共場合中，如果每個人都舉止優雅、談吐文明，往往能夠營造出文明而富有教養的氛圍。千萬不要因為我們個人的粗魯、野蠻和低俗行為而形成破窗效應，進而為公共場所帶來無序和失去規範的感覺。

破窗理論體現的是細節對人的暗示效果，以及細節對事件結果不容小覷的重要作用。事實證明，破窗理論也確實能夠指導我們的生活。

二十世紀的紐約以髒亂聞名，環境惡劣，犯罪猖獗，地鐵的情況尤為嚴

重，是罪惡的延伸地，被認為是「可以為所欲為、無法無天的場所」。針對紐約地鐵犯罪率的飆升，紐約市交通警察局長布拉頓採取的措施，是號召所有的交通警察認真推動有關「生活品質」的法律，他以「破窗效應」為師，雖然地鐵站的重大刑案不斷增加，他卻全力打擊逃票（未購車票）者。

結果發現，每7名逃票者，就有1名是通緝犯，每20名逃票者，就有1名攜帶凶器。結果，從開始抓逃票之後，地鐵站的犯罪率竟然下降，治安大幅好轉。同時他又從地鐵車廂開始清理衛生，車廂乾淨了，月台跟著也變乾淨了，月台乾淨了，階梯也隨之整潔了，隨後街道也乾淨了，旁邊的街道也乾淨了，後來整個社區乾淨了，最後整個紐約變乾淨了。

從這個意義上說，我們平時一直強調的「從我做起，從身邊做起」，已不再是一個空洞的口號，它決定了我們自身的一言一行，會對環境造成什麼影響。在社會其他領域同樣存在著破窗效應，關鍵是我們如何去把握環境的暗示和誘導作用。

019 定型效應

人們在見到他人時，常常會根據人的外表及行為特徵，結合自己腦中的定型，進行歸類，以此評價一個人。

提出者：德國行為學家洛倫茲

評析：對於事物不要輕易下結論，歸類別。

1910年，德國行為學家海因羅特在實驗中發現一個十分有趣的現象：剛剛破殼而出的小鵝，會本能的跟隨在牠第一眼見到的母親後面。但是，如果牠第一眼見到的不是自己的母親，而是其他動物，如貓、狗或玩具鵝，牠也會自動的跟隨在其後面。這是因為：一旦這隻小鵝形成了某個物體的跟隨反

應後，牠就不可能再形成對其他物體的跟隨反應了。這種跟隨反應的形成是
不可能改變的，也就是說小鵝承認第一，無視第二。

後來這種現象被另一位德國行為學家洛倫茲稱為「定型效應」，也稱
「社會刻板印象」或「印刻效應」，指的就是人們在見到他人時，常常會根
據人的外表及行為特徵，結合自己腦中的定型，進行歸類，以此評價一個
人。如知識份子是戴著眼鏡、面色蒼白的「白面書生」形象；農民是粗手大
腳、質樸安分的形象等。

定型效應的形成，主要是由於我們在人際交往過程中，沒有時間和精力
去和某個群體中的每一個成員，進行深入的交往，而只能與其中的一部分成
員交往，因此，我們只能「由部分推知全部」，由我們所接觸到的部分，去
推知全體。

這種定型效應一經形成，就很難改變。因此，在日常生活中，一定要考
慮到定型效應的影響。在市場調查公司招聘入戶調查的訪問員中，我們可以
看見，招聘的員工大部分都是女性，而不是男性。這是因為在人們心目中，
女性一般來說比較善良、較少攻擊性、力量也較單薄，入戶訪問對主人的威
脅較小；而男性，尤其是身強力壯的男性，如果要求登門訪問，很容易遭到
拒絕，因為他們容易使人聯想到一系列與暴力、攻擊有關的事件，使人們增
加防衛心理。

但是，定型效應畢竟只是一種概括而籠統的看法，並不能代替每一個個
體。它的觀點有時會失之偏頗，人們在接納新事物時，為保險起見，往往都
是依照經驗。我們也不妨審時度勢，變換自己的角色定位，強化對自己有利
的定型形象，避免不利的定型效應出現。

020 海恩法則

每一起嚴重事故的背後，必然有29次輕微事故和300起未遂先兆，以及1000個事故隱患。

提出者：飛機渦輪發動機發明者德國帕布斯·海恩

評析：在樹底下生火做飯，總有一天會點燃整個森林。

　　當巴西海順遠洋運輸公司派出的救援船到達事故地點時，「泛大西洋號」海輪已經消失了，21名船員不見了，海面上只有一個救生電台有節奏的發著求救信號。救援人員看著平靜的大海發呆，誰也不明白在這個海況極好的地方，究竟發生了什麼事，竟然使這艘最先進的船沉沒。這時有人發現電台下面綁著一個密封的瓶子，打開後，瓶子裡面有一張紙條，21種筆跡，上面這樣寫著：

　　一水理查：3月21日，我在奧克蘭港私自買了一盞檯燈，想在給妻子寫信時照明用。

　　二副瑟曼：我看見理查拿著檯燈回船，說了句這小檯燈底座輕，船晃時別讓它倒下來，但沒有干涉。

　　三副帕蒂：3月21日下午船離港，我發現救生艇施放器有問題，就將救生艇綁在架子上。

　　二水大衛：離崗檢查時，發現水手區的閉門器損壞，用鐵絲將門綁牢。

　　二管輪安特爾：我檢查消防設施時，發現水手區的消防栓鏽蝕，心想還有幾天就到碼頭了，到時候再換。

　　船長麥凱姆：起航時，工作繁忙，沒有看甲板部和輪機部的安全檢查報告。

　　機匠丹尼爾：3月23日上午，理查和蘇勒房間的火災警報器連續警報。我和瓦爾特進去後，未發現火苗，判定警報器誤報，拆掉交給惠特曼，要求換新的。

機匠瓦爾特：我就是瓦爾特。

大管輪惠特曼：我說正忙著，等一會兒拿給你們。

服務生斯科尼：3月23日13點到理查房間找他，他不在，坐了一會兒，隨手開了他的檯燈。

大副克姆普：3月23日13點半，帶蘇勒和羅伯特進行安全巡視，沒有進理查和蘇勒的房間，說了句「你們的房間自己進去看」。

一水蘇勒：我笑了笑，也沒有進房間，跟在克姆普後面。

一水羅伯特：我也沒有進房間，跟在蘇勒後面。

機電長科恩：3月23日14點，我發現跳閘了，因為這是以前也出現過的現象，沒多想！就將閘關上，沒有查明原因。

三管輪馬辛：感到空氣不好，先打電話到廚房，證明沒有問題後，又讓機艙打開通風閥。

大廚史若：我接馬辛電話時，開玩笑說：「我們在這裡有什麼問題？你還不來幫我們做飯？」然後問烏蘇拉：「我們這裡都安全嗎？」

二廚烏蘇拉：我也感覺空氣不好，但覺得我們這裡很安全，就繼續做飯。

機匠努波：我接到馬辛電話後，打開通風閥。

管事戴思蒙：14點半，我召集所有不在崗位的人到廚房幫忙做飯，晚上會餐。

醫生莫里斯：我沒有巡診。

電工荷爾因：晚上我值班時跑進了餐廳。

最後是船長麥凱姆寫的話：19點半發現火災時，理查和蘇勒房間已經燒穿，一切糟糕透了，我們沒有辦法控制情況，而且火愈燒愈大，直到整艘船上都是火。我們每個人都犯了一點錯誤，卻釀成了人毀船亡的大錯。

021 格雷欣法則

如果市場上有兩種貨幣——良幣和劣幣，只要二者所發揮的流通作用相等，因為劣幣成本低，人們在使用中往往會選擇劣幣，儲存良幣，久而久之良幣就會退出市場。

提出者：英國經濟學家格雷欣

評析：好人在團隊中受排擠也是常有的事。

劣幣驅逐良幣是經濟學中的古老現象。在鑄幣流通時代，鑄幣所代表的價值就等於它本身的價值，但由於錢幣是國家發行的，以法律規定了同樣的面值，在使用中沒有差別，足值與不足值的鑄幣可以在市場上一樣流通。

400多年前，英國經濟學家格雷欣發現了一個有趣的經濟現象：如果市場上有兩種貨幣——良幣和劣幣，只要二者所發揮的流通作用相等，因為劣幣成本低，人們在使用中往往會選擇劣幣，儲存良幣，久而久之良幣就會退出市場，這就是劣幣驅逐良幣原理。後來被人們稱作「格雷欣法則」。

早在西元前2世紀，西漢賈誼便指出「奸錢日繁，正錢日亡」的事實，這裡的「奸錢」指的就是劣幣，「正錢」指的是良幣。而唐代的劉晏於西元760年認為可以運用該規律，採取以毒攻毒的方式，將乾元重寶的法定價值貶到它的實際價值下，從而迫使劣幣退出流通界，喚出良幣。這說明，劣幣驅逐良幣現象不是某個時期某個地域特有的，只要經濟有一定程度的發展，而相關的法規缺席或不健全，就會出現這種局面。

作為管理者，也要十分注意你的團隊不要出現「劣幣驅逐良幣」現象。好人在團隊中受排擠也是常有的事。如果在管理的團隊出現劣幣驅逐良幣，那就是管理失敗了。團隊的管理者必須是正直的人，在團隊中提倡積極的文化，文化是從日常的行為習慣中沉澱下來的，所以，要將管理提倡的積極價值觀和人生觀在日常小事中充分表現，發現「小人」或者「小事」，將這些問題消滅在萌芽期。

022 路徑依賴

人們一旦做了某種選擇，就好比走上了一條不歸路，慣性的力量會使這一選擇不斷自我強化，並讓你走不出去。

提出者：諾貝爾經濟學獎得主道格拉斯·諾斯

評析：人們過去做出的選擇，決定了他們現在可能的選擇。

美國的火箭助推器與馬屁股之間，你能想到會存在某種關係嗎？

火箭助推器在造好之後，我們都知道會透過鐵路運輸，運輸期間會經過一些隧道，所以鐵軌寬度決定了助推器的直徑。

然而，最早的火車車輛是仿照馬車製造的，而馬車的輪距又來自古羅馬，整個歐洲的長途路線都是羅馬軍隊為了方便征戰而修造的。

羅馬人為何要用4英尺8.5英寸做為戰車的輪距呢？原因很簡單，這剛好是牽引一輛戰車的兩匹馬的屁股寬度。就這樣，羅馬帝國的車轍寬度成了今天全世界鐵路的標準軌距。我們可以說：美國的火箭助推器直徑竟然是由兩千年前的馬屁股寬度所決定的。

這個亦真亦假的傳言說明了一個著名的路徑依賴定理：人們一旦做出了某種選擇，就會在慣性的力量下不斷強化它，不輕易改變。

第一個使路徑依賴理論聲名遠揚的是道格拉斯·諾斯。由於路徑依賴理論成功的闡釋了經濟制度的演進，道格拉斯·諾斯於1993獲得諾貝爾經濟學獎。

諾斯認為，路徑依賴理論類似於物理學中的慣性，事物一旦進入某一路徑，就可能對這種路徑產生依賴。這是因為經濟生活與物理世界一樣，存在著報酬遞增和自我強化的機制，這種機制使人們一旦選擇走上某一路徑，就會在以後的發展中不斷進行自我強化。

路徑依賴理論被總結出來之後，人們將它廣泛應用在生活的各個方面。在一定程度上，人們的一切活動都會受到路徑依賴的影響，過去做出的選擇

決定了他們現在可能的選擇，人們對於習慣的一切理論，都可以用路徑依賴來解釋。

路徑依賴有兩種表現方式：自我強化和鎖定。

秦池酒業從一個縣級小工廠邁向全國，靠的就是廣告。它從廣告中嚐到了甜頭，這種利益刺激了它在第二年、第三年繼續這一戰略，不計成本的去奪取中央台的廣告標王，在一夜致富後還想一夜成為貴族，這就是自我強化。

至於鎖定，最容易從戀愛中的男女觀察到。女孩愛上了男孩，但男孩有些屢教不改的惡習，朋友們都說放棄吧！多少次經驗證明了男孩是不可能改變的，但女孩一直執著的相信下一次他一定會改，就這樣拖了好幾年……這不僅是「一葉障目」的問題，還含有路徑鎖定的因素。

沿著既定的路徑，不管是經濟、政治還是個人的選擇，都可能進入良性循環的軌道、迅速優化，也可能順著原來錯誤的路徑，繼續往下滑，甚至被鎖定在某種無效率的狀態下而導致停滯。而這些選擇一旦進入鎖定狀態，想要脫身就十分困難。所以不要為打翻的牛奶而哭泣，要甩掉過去的包袱，不管過去是成功還是失敗，重要的是未來。

023 激勵的倍增效應

讚賞別人所付出的，要遠遠小於被讚賞者所得到的。

提出者：美國管理學家彼得

評析：毀滅一個人只要一句話，培植一個人卻要千句話。

一位心理學家到一間郵局去寄信，由於寄信的人比較多，郵局職員似乎有些忙不過來，透過厚厚的玻璃，心理學家注意到櫃檯裡的那位職員，似乎

一臉無奈的樣子。

心理學家突然心生一念，想使這位小職員高興起來。他告訴自己：「要使他高興，使他對我產生好感，我一定得說些好聽的話來讚美他。」可是他又想：「這人身上究竟有什麼值得我讚美，而且是我由衷地想讚美的呢？」

心理學家靜靜的觀察片刻，最後終於找到了。

當郵局職員開始為心理學家辦理郵寄業務時，心理學家立即友善的說了一句：「真希望哪天我也能有你這樣一頭漂亮的頭髮！」

職員抬頭望了心理學家一眼，先是顯得有些驚訝，隨即綻放出一抹笑容。

「哪裡，我這頭髮比起以前可差多了！」他謙虛的說道。聽了這話，他心情果然好轉，並熱情的跟心理學家聊了好一會兒。心理學家臨走時，那職員還補充一句道：「確實有不少人都很羨慕我這頭黑髮呢！」

可以想像，那位小職員當天下班時，步伐一定比平常輕快，回家之後，也一定會立即將這件得意之事告訴他的太太。

每個人都會渴望得到別人的認可和讚美，都希望自己的價值得到別人的肯定，從而感受到自己的重要性。在管理學上，這被稱為激勵的倍增效應。其實要想得到別人的喜歡很簡單，就是想辦法讓對方感受到他的重要性。

這則故事告訴我們，要使你的部屬始終處於一種工作的最佳狀態，最好的辦法莫過於對他們進行表揚和獎勵。在管理中，管理的對象是人，管理者也是人。因此，激勵的倍增效應同樣是適用的。

喜歡受到表揚是人之常情，人人都喜歡得到正面的表揚，而不喜歡得到負面的懲罰。在人際交往中，讚美他人會使別人愉快，更會使自己身心健康。被讚美者的良性回報會使我們更為自信，也會使我們更有魅力，形成人際關係的良性循環。讚賞別人所付出的要遠遠小於被讚賞者所得到的。要是我們都善於誇獎他人的長處，那麼，人際間的愉快度將會大大增加。

讚賞的技巧，關鍵是將注意力集中到被球擊倒的那七支瓶子上，別老忘不了沒擊倒的那三支瓶子。要相信任何人都有長處，只要「誠於嘉許，寬於稱道」，就會看到神奇的力量。

024 約拿情結

我們想取得成功，但面臨成功時，又總是伴隨著一種畏懼乃至迴避的心理。心理學家把這種心理稱為約拿情結。它是一種普遍的心理現象。

評析：遠離不斷打擊你的人

　　約拿是《聖經》中的一個人物，上帝讓約拿到尼尼微城去替自己傳話，這本是一項神聖的使命和崇高的榮譽，也是約拿平常所嚮往的。但是，等到機會降臨的時候，他卻不是欣然前往，而是感到一種畏懼，覺得自己不行，想逃避即將到來的成功，想甩掉突然降臨的榮譽。結果，約拿在幾番權衡之後，最終選擇了逃避，因而受到了上帝的懲罰。

　　達文西是義大利文藝復興時期的藝術大師，然而在他做學徒的時候卻毫無自信，一直不敢顯露自己真正的本領。

　　當時，他的老師是一個很有名望的畫家，年老多病，作畫時常感到力不從心。

　　有一天，他要達文西替他完成一幅未完成的作品。那時候的達文西只是一個學徒，他十分崇敬老師的為人和造詣，根本不敢接受老師的任務，深怕自己毀了老師的作品。

　　然而，這位老畫家不管達文西怎麼拒絕，都堅持讓他畫。

　　終於，達文西戰戰兢兢地拿起了畫筆。

　　幸虧老師的堅持，否則藝術界便會失去一位大師。

　　畫完成後，老師看過，吃驚得說不出話來，他抱住年輕的達文西說：「有了你，從今我不用作畫了。」達文西的才情由此得到發掘。

　　從古至今，約拿情結都在發揮著炸藥的功效，炸毀個人發展和人類進步的信心。

　　我們既自信，又感到自卑；我們既敬仰傑出人物，又有一種敵對的感情；我們敬佩取得成功的人，而對成功者，又有一種不安、焦慮、慌亂和嫉

妒。

從自我實現的角度看，「約拿情結」是一種心理障礙，發展到極致就是「自毀情結」：面對榮譽、成功和幸福等美好事物時，總是浮現「我不配」、「我受不了」這種念頭，最終把到手的機會弄丟了。

約拿情結的存在有其合理性。大多數人內心都深藏著約拿情結，這是因為在我們小時候，由於本身條件的限制和不成熟，心裡容易產生「我不行」、「我辦不到」等消極的念頭，如果周圍環境沒有提供足夠的安全感和機會供自己成長的話，這些念頭會伴隨我們一生。尤其是當成功機會降臨的時候，這些心理尤為明顯。

如果有人不斷地向自己灌輸「我不行」的想法，那麼本來頗具能力的人，也容易產生「怎麼都行不通」的想法。所以，克服約拿情結的首要任務，是遠離那些不斷令你洩氣、沮喪和自卑的人。

025 富翁和狼

埃托沙的狼是一種很聰明的動物。牠們知道只要奪路成功，就有生存的希望，而選擇沒有獵槍的岔路，必定死路一條。因為那條看似平坦的路上必有陷阱，這是牠們在長期與獵人的周旋中悟出來的道理。

評析：在這個互相競爭的社會裡，真正的陷阱會偽裝成機會，真正的機會也會偽裝成陷阱。

一位富翁在非洲狩獵，經過三個晝夜的周旋，終於成功的獵得了一匹狼。在嚮導準備剝下狼皮時，富翁制止他，問：「你認為這匹狼還能活嗎？」嚮導點了點頭。

於是富翁打開隨身攜帶的通訊設備，讓停在營地的直升機立即起飛，他

想救活這匹狼。直升機載著受了重傷的狼，飛向500公里外的一家醫院。富翁坐在草地上陷入了沉思。這並不是他第一次來這裡狩獵，可是從來沒像這一次帶給他如此大的觸動。

過去，他曾捕獲過無數的獵物，斑馬、小牛、羚羊、鬣狗，甚至獅子，這些獵物在營地大多被當作美味佳餚，分而食之，然而這匹狼卻讓他產生了一種「讓牠繼續活著」的念頭。

狩獵時，這匹狼被他追到一個近似於「丁」字的岔路上，正前方是迎面包抄過來的嚮導，他也拿著一把槍，狼被夾在中間。

在這種情況下，狼本來可以選擇岔路逃掉，可是牠沒有那麼做。當時富翁很疑惑，狼為什麼不選擇岔路，而是迎著嚮導的槍口撲過去，準備奪路而逃呢？難道那條岔路會比嚮導的槍口更危險嗎？狼在奪路時被捕獲，牠的臀部中了彈。

面對富翁的迷惑，嚮導說：「埃托沙的狼是一種很聰明的動物。牠們知道只要奪路成功，就有生存的希望，而選擇沒有獵槍的岔路，必定死路一條，因為那條看似平坦的路上必有陷阱，這是牠們在長期與獵人的周旋中悟出來的道理。」富翁聽了嚮導的話，非常震驚。

據說，那匹狼最後被救治成功，如今在納米比亞埃托沙禁獵公園裡生活，所有的費用都由那位富翁提供，因為富翁感激牠告訴自己這麼一個道理：在這個互相競爭的社會裡，真正的陷阱會偽裝成機會，真正的機會也會偽裝成陷阱。

026 從眾效應

生活中，群體的引導或施加的壓力，將使個人的行為朝著與多數人一致的
方向變化。

評析：凡事要有自己的判斷，出奇方能致勝！

　　新鮮的事物，一個人做，那叫「傻子」；兩、三個人做，被稱為「從眾」；十幾個人甚至千百人做，便可以稱之為「流行」。可是流行的不一定都好，一味從眾便意味著失去了思想的火花，拋卻了一片本該屬於自己的領地。

　　社會心理學家研究發現，影響從眾效應最重要的因素，是持某種意見的人數多少，而不是意見本身。人數眾多就是說服力的一個明證，很少有人會在眾口一詞的情況下，還堅持自己的不同意見。

　　壓力是從眾效應的另一個決定因素。「群眾的眼睛是雪亮的」、「木秀於林，風必摧之」、「槍打出頭鳥」、「成為眾矢之的」等，這些教條緊緊束縛了我們的行動，無論誰做出與眾不同的行為，往往都會招致「背叛」的嫌疑，被其他成員孤立，甚至受到嚴厲的懲罰。因此，團體內成員的行為經常會保持高度的一致性。

　　傳媒經常充當從眾效應的煽動者，一條傳聞經過報紙，往往會成為公認的事實，一個觀點借助電視就能變成民意。遊行示威、大選造勢等政治權術無不是在借助從眾效應。

　　在塑造品牌形象上，「動感地帶」選擇人氣天王周杰倫作為形象代言人。對眾多使用者來說，周杰倫在廣告片中的典型M-Zone扮相，毫無疑問為M-Zone文化做了最好、最恰當的詮釋。「動感地帶」的時尚形象一經打響，便在年輕族群中產生共鳴，而「動感地帶」就是最大程度的利用了從眾效應。

　　另外，從眾效應還可以產生示範學習作用和聚集協同作用，這對於弱勢

群體的保護和成長很有幫助。每個人都相信自己很有個性，但在很多時候，我們又不得不捨棄自己的個性「隨波逐流」，這是因為每個人不可能對任何事情都瞭解。對於那些自己不太瞭解、沒有把握的事情，我們一般都會採取「隨波逐流」的作法。

從眾之心人皆有之，它本身並無好壞之分，其作用取決於在什麼問題及場合從眾。如果是以被動為前提的從眾，勢必會迷失自我，甚至走上歧途。所以在現實生活中，要努力培養和提高獨立思考和明辨是非的能力。對任何事與問題，既要慎重考慮多數人的意見和作法，也要加入自己的思考和分析，而不是「牆頭一棵草，風吹兩邊倒」。

027 權威暗示效應

暗示者的權威將使被暗示者產生一種信任效應。
評析：迷信則輕信，盲目必盲從。

一位化學家在一次課堂實驗中對學生說，他將測驗一瓶臭氣的傳播速度。在他打開瓶蓋15秒後，前排學生開始舉手，稱自己已經聞到臭氣，後排的人也陸續舉手，紛紛稱自己已經聞到臭氣的氣味了。其實，實驗瓶中什麼也沒有，這些同學紛紛舉手，顯然是受心理暗示的影響。

生物學家巴甫洛夫認為，暗示是人類最簡單、最典型的條件反射。暗示效應是指在無對抗的條件下，用含蓄、抽象誘導的間接方法，對人們的心理和行為產生影響，從而使人們依照一定的方式去行動或接受一定的意見，使其思想、行為與暗示者期望相符，而這種效應的產生常常與暗示者的權威有關。

由於對化學家的權威崇拜，學生根本沒有用鼻子仔細去辨別氣味，而化

學家打開瓶蓋後形成的心理暗示卻起了作用。這說明在權威面前，人們往往很容易屈從「權威」，而放棄對事物真相的思考和認識。

　　權威之所以是權威，在於權威在某一方面有著強勢的影響力。但權威畢竟不是「上帝」，不是「放諸四海而皆準」的真理。面對權威，我們可以尊敬，可以看重，但必須要保持自己獨立的觀察和思考，必須因時、因地、因人進行分析和辨別。否則就會在「權威暗示」下喪失自我，失去自主。

　　人們常常會因周圍資訊的暗示而迷失自我，並將他人的言行，作為自己行動的參照。在某些情況下，人們還會因為「權威暗示效應」的影響，而做出傾向於權威的錯誤判斷。在管理者或權威人士的暗示下，判斷和評估者很容易接受他們的看法，而改變自己原來的看法，如此就可能造成評估誤差的暗示效應。

　　我們要知道的是，權威雖然在某一領域中獲得超乎常人的知識與成就，但也並非是完全正確的。人們應當對自己的判斷有信心，並且在某些情況下，堅持自己的判斷。

　　在瞬息萬變的商業社會裡，一個企業只有找到了屬於自己的發展路徑，形成了自己的核心競爭力，才能在對手如林的商業競爭中，立於不敗之地。如不走出「權威暗示效應」，即使不被「權威」所誤，也只能跟在「權威」的後面，撿一些殘羹剩飯。

　　在公司管理中，我們也可能受到權威暗示效應的影響。權威者往往根據自己以往的經驗來做判斷和決定，一旦情況有變，經驗也未必適用。對於部屬而言，經營者的指示未必一定是正確的，因此要巧妙的向經營者提出指示不當的情況，堅持自己的看法，以免錯誤的決策為公司帶來損失。對於經營者來說，當部屬提出的看法與自己的意見相左時，也要仔細的加以考慮。

028 吞鉤現象

讓人不能正確而積極地處理失誤，卻用自責來企圖掩蓋失誤，結果造成難以磨滅和更重的傷痕。

提出者：奧地利心理學家阿德勒

評析：迅速擺脫錯誤，不與失誤糾纏。

奧地利心理學家阿德勒是一名釣魚愛好者。

有一次，他發現了一個有趣的現象：魚兒在咬鉤之後，通常因為刺痛而瘋狂地掙扎，越掙扎，魚鉤陷得越深，越難以掙脫。阿德勒就此提出了一個相似的心理概念，叫作「吞鉤現象」。

每個人都有一些過失和錯誤，這些過失和錯誤有的時候就像人生中的魚鉤，讓我們不小心咬上。深深地陷入心靈痛苦之後，我們不斷地負痛掙扎，卻很難擺脫這枚「魚鉤」。也許今後我們又被同樣的過失和錯誤絆倒，而心裡面還殘留著以前「魚鉤」的遺骸。

過失、屈辱和失落並不能百分之百地避免，但是我們應該學會從心理上避免像魚那樣的「吞鉤現象」，擺脫失誤的糾纏，從而輕鬆自由地前行。

029 槓桿原理

給我一個支點，我就能舉起整個地球。

評析：最有效的槓桿，總是放在最恰當的支點上。

在歐洲和非洲環抱著的地中海區域，有一座美麗的島嶼——西西里島。兩千兩百多年前，有一位中年人對國王陳述了自己研究的槓桿原理，這個人就是著名的數學家阿基米德。

「給我一個支點，我就能舉起整個地球。」

國王聽後大笑不止。「雖然你是我的親戚，但是我也不要華而不實的空話，你能實際表演一下嗎？」

「親愛的國王陛下，我剛才只是打個比方，那樣的支點是不存在的。」阿基米德解釋著，「我的意思是，我能夠用很小的力量，借助工具和機械推動極重的物體。」

「好呀，那你表演一下吧！」國王指著海邊剛造好的一艘大船說：「隨便你用什麼工具和機械，只許你一個人將這艘船推下水。」

幾天以後，阿基米德再次來到王宮，邀請國王來到大船旁邊。

阿基米德將一根繩子交給國王，「尊敬的國王陛下，請您拉動這根繩子吧！」

國王疑惑的看著阿基米德，拉動了這根繩子。神奇的事情發生了，大船緩緩的向大海移去。周圍的人都歡呼起來，在人們的歡呼聲中，大船平穩的滑進了大海。以前要上百人才能移動的大船，今天國王一個人就能移動了。

在故事中，阿基米德利用的是槓桿原理，他設計了一套槓桿滑輪系統推動了大船。槓桿原理告訴我們，動力臂大於阻力臂，就是省力槓桿，反之則是費力槓桿。

在現實生活中，調整「力臂」就是協調各方面的關係，而協調關係也是一門學問。我們有時會發現這樣一種現象：一些能力強的人，終其一生難成

氣候；一些看似平常的人，卻取得了巨大的成功；而還有些平時表現不怎樣的人，竟也能夠取得很好的成績，這就是對「支點」的運用。運用得當，就能成就一番事業；運用得一般，也可能辦成一些事情；但如果放著「支點」不去利用，那麼成功的希望就非常渺茫。因此，在一個人的事業發展中，我們應該借重阿基米德的槓桿原理，發揮「支點」和「力臂」的巨大作用。

030 觀眾效應

一個人在其他人在場的條件下，會在無意識競爭的社會情境中進行自我表現。

提出者：社會心理學家茅曼

評析：按下琴鍵就得發音——發準屬於自己的音，奏出精采的人生進行曲。

你在一條空曠的馬路邊散步，當另一個人在你身後急匆匆的跟著你時，你會不自覺的加快自己的步伐。

你騎車上街買東西，當你發現後面有一輛自行車在向你靠近，並正要超越你時，你會情不自禁的加快車速。

如果你是位老師，雖然有時候身體不太舒服，可是上了講台，精神就來了。

你還常常可以看到，不少演員和運動員在表演和比賽時，觀眾愈多，情緒愈激烈，他們的興致就愈高昂，技術發揮得就愈好……

這些現象的產生，究竟是什麼心理效應呢？

1904年，社會心理學家茅曼在對哈佛大學學生進行的追蹤研究中發現，在有觀眾在場的情況下，學生的思考和反應會比沒有觀眾時快一些、好一

些。接著阿爾波特透過實驗進一步闡明：如果是完成同樣的任務，個人單獨完成任務，與觀眾在場時完成任務相比，單獨完成趕不上在觀眾面前完成的效果。

最後，社會心理學得出的結論是：這種有人在旁與單獨行動條件下，個體效績差異的心理現象，叫作「觀眾效應」。

那麼，這種觀眾效應是怎樣產生的呢？

根據社會心理學的研究證明，觀眾在場時，往往會喚起有關別人正在進行評價的想法，這可能是較為重要的動機。在任何社會情境中，人們都害怕被忽略，總希望自己能夠受到別人的喜歡和接受。當我們和別人在一起時，這些動機就更為強烈。如果你和很多人在同一間室內，你會認為他們可能正在觀察你的工作，也許在注意著你的表情、行為。這時，你會因為受到他人影響而出現一些行為。其實，這些觀眾可能與你毫無關係，然而你卻想像他們會在某種程度上，對你進行評價。

別人的評價，往往會喚起個人的內驅力，也就是使行為個體產生了達到目的的驅動力，從而引起促進行為的觀眾效應。此外，個體之間還存在著隱性的競爭因素，人人都有不同程度的好勝心，好勝心使個體之間自覺或不自覺的展開競爭，產生一種「逞能」行為。也就是說，觀眾在場會給人一種社會刺激的效力，使刺激對象產生行為反應，當這些行為被引起時，會更加助長競爭。

例如：在各種比賽活動中，都有「啦啦隊」的出現，這就是一種「社會助長」的刺激因素。再加上「競爭的心理促進」，如好勝、逞強等因素。因此，舉重運動員在觀眾面前能舉起他單獨練習時難以舉起的重量，自行車運動員在與他人競賽時的速度，會比單獨練習時的成績好。

當然，觀眾效應的產生只是依靠其他的個體在場，而不是依賴個體之間的比賽競爭。但是社會刺激的效力同樣是「觀眾效應」賴以滋生的因素，正如馬克思所指出的，共同的生產勞動和一切聯合活動皆能引起人的競爭和其他動機，在多數生產勞動中，單是社會接觸，就能引起競爭心和特有的精神振奮，從而提高個人的工作效率。

競爭，有些是顯而易見的，有些是看不見的。例如運動場上的競技，其

他人在場所產生的觀眾效應，正是在無意識中提高了個體的競爭，以及歸屬等動機引起的結果。是他人在場所激發的競爭心理，為個體表現帶來以認知他人評價，而進行自我歸屬的一種社會促進趨勢。

由此，我們可以說在觀眾效應這一社會心理現象的背後，發揮指令作用的，是無意識競爭心理這隻「看不見的手」。一方面，在他人在場所蘊藏的無意識競爭這隻「看不見的手」，揚起鞭子驅趕著個體「快跑」；另一方面，個體有意識的智慧，也會對這隻「看不見的手」有所認知及反饋，使「快跑」進入一種相對自覺的狀態。由於這兩方面的交互作用，觀眾效應才頻頻顯現。

031 貝勃定律

一個人右手舉著300克重的砝碼，這時在其左手上放305克的砝碼，他並不會覺得有多少差別，直到左手砝碼的重量加至306克才會察覺。如果右手舉著600克，這時左手上的重量要達到612克才能感覺到重了，右手砝碼愈重，左手就必須加更大的量才能感覺到差別。

評析：萬事萬物，謙卑待人。

「貝勃定律」在生活中到處可見。比如，10元一份的晚報突然漲了1元，你會覺得不可思議，無法接受。但是，如果原本5000元的MP3也漲了1元，甚至10元，你也不會太介意。這種現象被稱為「貝勃定律」。

有些人總抱怨朋友對自己不如剛認識時那麼好了，其實這也是「貝勃定律」的影響——陌生人給你的一點點關懷，你都會感動不已。所以很多愛情總在旅途中發生，而你的親人無論怎麼寵愛你，你都可能視而不見或者覺得平淡如水。

我們的感覺很敏感，但也有惰性，它會蒙騙我們的眼睛，使我們看不到事情的變化，也會加重我們的感受而迷失理性。所以，不能太自以為是，我們應帶著謙卑的心對待萬物眾生，才可以少犯錯誤、累積智慧。

032 狐狸法則

天性使人們相信，自己的決策是合理的，所以即使出現了錯誤的判斷，人們還是會堅持，於是理性的行為總是會產生錯誤的決策。

評析：對越熟悉的事物，人越容易掉以輕心。

有一則關於魚和狐狸的古老寓言。有一天，無所事事的魚想浮出水面透口氣，於是一邊游一邊東張西望，這時，恰有一隻狐狸經過。牠們同時看到了彼此，魚知道狐狸是自己的敵人，於是轉身打算向水的深處游去。

狐狸見狀馬上開口說：「魚兄弟你先別走，我有幾句話要跟你說。」

魚回答道：「我才不會相信你的鬼話，如果我不離開，你一定會找機會吃掉我的！」

「不，不，朋友你不用緊張，我是真的有事情要跟你說，要不這樣吧，我們都待在原地不動。這樣你總可以放心了吧！」狐狸說。

魚聽了之後覺得可以接受，於是浮在水面沒動。

狐狸見狀，馬上笑容滿面地說：「你知道嗎，在河岸的對面也有像這樣的一個湖泊，而且比這裡好得多。水面波光粼粼，而且周圍都是鬱鬱蔥蔥的植被，別提有多漂亮了。重要的是，水裡面有很多美味的食物。那裡的魚別提有多幸福了。」

魚聽後，說：「我為什麼要相信你呢？」

「我沒有理由騙你啊！這些都是我親眼看到的，而且那裡的魚兄弟們總

是能夠吃到美味的蟲子。」

魚被狐狸描述的美景吸引了，於是放鬆了警惕，說：「可是我們天生是在水裡生活的，而且這裡與你說的地方根本沒有水路可以通行，我沒有辦法到那裡。」

「沒有關係，我可以幫你。你跳進我的嘴裡，我會帶你過去，就像帶我自己的孩子一樣，而且我可以發誓絕對不會傷害你。」

魚沉浸在狐狸描繪的美麗景色中，所以決定冒險，於是說：「好吧，我暫且相信你，你帶我過去吧！」

狐狸來到湖邊輕輕地將魚銜在嘴裡。走了幾分鐘後，魚完全放鬆了警惕，可是恰在這時，牠感覺到了刺骨的疼痛，牠知道自己受騙了，於是大聲質問狐狸：「你發過誓的，為什麼要反悔？」

「其實我是情不自禁，」狐狸說，「這畢竟是我的天性。」

人和狐狸一樣有天性，但是人與動物的區別就在於，人可以控制自己的天性，區別事物對我們的利弊，但是當人們在面對金錢時，卻很容易被蒙騙，而正因如此，導致了很多人不能夠成為成功的投資者。

如果是你，你會選擇哪種投資方式：一種是投資到國外，一種是投資於你比較熟悉的地方，如：自己的國家或者是生活的城市。

毋庸置疑，大多數人都會選擇自己比較熟悉的領域，他們覺得自己瞭解這片土地，或者熟悉這家公司，因為了解從而自信，但事實卻是，隨著研究的日益普及和交易費用的下降，投資國外市場越來越容易，而且投資具備的價值也越來越高，風險越來越小。

儘管如此，人們還是會投資國內市場，而且僅限於投資自己熟悉的領域，因為這樣可以減少投資者的矛盾心理。天性使他們相信，自己的投資決策是合理的，即使出現了錯誤的判斷，他們還是會堅持買進一些並不能獲得利潤的股票，於是理性的行為總是會產生錯誤的決策。

033 修路原則

當一個人在同一個地方出現兩次以上同樣的差錯，或者，兩個以上不同的
人在同一個地方出現同一差錯，那一定不是人有問題，而是這條讓他們
出差錯的路有問題。此時，人作為問題的管理者，最重要的工作不是管
人——要求他不要再犯錯誤，而是修路。

評析：一切的問題，只要稍加注意即可避免

　　有一次令我印象深刻的經歷，我們要為一家企業提供一次內部員工訓
練，按照慣例，在訓練前我與該公司總經理進行了一次深入的交談。

　　這家公司的辦公室在一幢豪華大廈裡，四面都是落地玻璃窗，非常氣
派。交談中，透過總經理辦公室的窗子，我無意間看到有來訪客人因為一個
不注意，頭撞在高大明亮的玻璃大門。大約過了不到15分鐘，竟然又看到了
另外一位客人在剛才同樣的地方撞到玻璃。

　　櫃檯接待小姐忍不住笑了，那表情明顯的含意是：「這些人也真是的。
走起路來，這麼大的玻璃居然看不見。眼睛看到哪裡去了？」

　　其實我們知道，解決問題的方法很簡單，那就是在這扇門上貼上一根橫
標誌線，或貼一個公司標誌圖即可。然而，問題真正的關鍵是，為什麼這裡
多次出現問題就是沒人來解決呢？

　　這一現象背後真正隱含著的是一個重要的解決問題的思考方式，即「修
路原則」。

034 空白效應

人在感知世界的時候，如果感知對象不完整，便會自然地運用個人經驗進行推想與聯想，在腦中對不完整的感知對象進行補充，直至完整。

評析：人們往往只想看見自己想看見的，因此不免被誘導與欺騙。

一個沒錢的猶太人費爾南多在星期五傍晚抵達了一座小鎮。他沒錢吃飯，更住不起旅館，只好到教堂找執事，請他介紹一個在安息日能提供食宿的家庭。

執事打開記事本，查了一下，對他說：「這個星期五，經過本鎮的窮人特別多，幾乎每家都安排了客人，唯有開珠寶店的西梅爾家例外，只是他一向不肯收留客人。」

「他會接納我的。」費爾南多十分自信地說，然後來到西梅爾家門前。等西梅爾一開門，費爾南多就神祕地把他拉到一旁，從大衣口袋裡取出一塊磚頭大小、看起來十分重的小包裹，小聲問道：「磚頭大小的黃金能賣多少錢呢？」

珠寶店老闆馬上眼睛一亮，可是，今天是安息日，按照猶太教的規定是不能談生意的，但老闆又捨不得讓這上門的大生意落入別人手中，便連忙挽留費爾南多在他家住宿，到明天日落後再談。

於是，安息日整天，費爾南多都受到珠寶店老闆的盛情款待。到了星期六晚上，可以做生意時，西梅爾滿面笑容地催促費爾南多把「貨」拿出來看看。

「我哪有什麼金子？」費爾南多故作驚訝地說，「我不過想知道一下，磚頭大小的黃金值多少錢而已。」

其實，人們所感知的世界往往只是他們自己所建構而成的知覺經驗罷了，人們通常將他們看到、聽到、感覺到的經驗組織成自己感興趣的事物。對他們來說，所謂的真實，只不過是他們從外界獲知的部分資訊，再加上他

們自己的意見罷了。

　　猶太人費爾南多就是利用了這種「空白效應」，利用了人們天生對未完成的情境會不由自主地去藉由經驗進行聯想並補完、形成個人意見的這一原理，設計了故事的前半段，讓對方去進行一些「合理」的推想，從而達到自己的目的。

　　聰明的商人正是利用了人們的這一心理，引出話題，讓顧客對他們的商品進行一些「合理」的推想，從而增強購買的欲望。

第三章
管 理 篇

035 費斯諾定理

人有兩隻耳朵卻只有一張嘴，這就意味著人應該多聽少講。

提出者：英國聯合航空公司總裁兼總經理費斯諾

評析：說的太多，就會成為做的障礙

「人有兩隻耳朵卻只有一張嘴，這就意味著人應該多聽少講。」這是英國聯合航空公司總裁兼總經理費斯諾的名言，人們稱之為「費斯諾定理」。

美國知名主持人林克萊特在訪問一名小朋友時，問他：「你長大後想要當什麼呀？」小朋友天真地回答：「嗯……我要當飛機的駕駛員！」林克萊特接著問：「如果有一天，你的飛機飛到太平洋上空時所有的引擎都熄火了，你會怎麼辦？」小朋友想了想：「我會先告訴坐在飛機上的人綁好安全帶，然後我會穿上降落傘跳出去。」

當在現場的觀眾笑得東倒西歪時，林克萊特繼續注視著這孩子，想看他是不是個自作聰明的傢伙。沒想到，孩子的兩行熱淚竟在這時奪眶而出，這才使得林克萊特發覺這孩子的悲憫之情遠非筆墨所能形容。於是林克萊特繼續問他：「為什麼要這麼做？」孩子的答案透露出一個孩子真摯的想法：「我要去拿燃料，我還要回來！」

當你聽別人說話時，你真的聽懂了他說的意思了嗎？如果不懂，就請聽別人說完吧！這就是「聽的藝術」。聽話不要聽一半，還有，不要把自己的想法投射到別人所說的話中。這一理念與「費斯諾定理」剛好吻合。

曾經有一位大公司的業務經理，對某個特定的行業一無所知。當業務員需要他的忠告時，他往往無法告訴他們怎麼做。儘管如此，他卻懂得如何傾聽，所以不論別人問他什麼，他總是回答：「你認為你該怎麼做？」於是業務員會提出方法，他點頭同意，最後業務員總是滿意地離去，心裡還想著這位經理真是了不起。

最成功的管理者通常也是最佳的傾聽者。在實際管理中，有時管理者其

實根本不需要提供問題的解答，而只需認真傾聽，讓那些受到委屈的下屬有機會申訴，問題就解決了一大半，而且只要聽得夠久，對方總會找出適當的解答。

許多管理者常在和員工建立上司、僱員關係時，犯下一個嚴重的錯誤——把關係變成老師和學生。管理者對下屬扮演權威者的角色，會使雙方產生敵對的關係，使得有效的溝通中斷，最後變成誰也不聽誰的。

036 狄德羅效應

新睡袍導致新書房，新領帶導致新西裝的攀升消費模式。
提出者：美國哈佛大學經濟學家茱麗葉・施羅爾
評析：無意義的先進產品正驅趕著人們不斷消費，人們對奢侈品的盲目欲望就像熱病一樣蔓延。

在十八世紀的法國，有名叫鄧尼斯・狄德羅的哲學家。有一天，朋友送他一件質地精良、做工考究、圖案高雅的酒紅色睡袍，狄德羅非常喜歡，可是當他穿著華麗的睡袍在家裡踱來踱去時，便覺得身旁的家具不是破舊不堪，就是風格不對，地毯的材質也粗糙得嚇人。

慢慢的，狄德羅開始將舊家具一件件更新，先是桌子，接著是椅子、地毯，最後整間屋子終於配合了睡袍的等級。狄德羅坐在氣派十足的書房裡，卻覺得很不舒服，因為「自己居然被一件睡袍脅迫了」。他將這種感覺寫成文章，題目就叫《與舊睡袍別離之後的煩惱》。

兩百年後，美國哈佛大學經濟學家茱麗葉・施羅爾讀到了這篇文章，發出相同的感慨。在她出版的《過度消費的美國人》一書中，她提出了一個新概念——「狄德羅效應」，指的就是新睡袍導致新書房，新領帶導致新西裝

的攀升消費模式。

康乃爾大學的經濟學教授羅伯特・法蘭克也信仰簡單主義，他出版的一本《奢侈是一種熱病》的書中，描述了一個燒烤架的故事，與狄德羅的睡袍有異曲同工之妙。

在二十世紀八〇年代，法蘭克教授花100美元買了一個燒烤架，後來燒烤架的點火鈕壞了，架板也生鏽了。法蘭克在修理它，還是買新烤架的抉擇中，猶豫了很久。最後當法蘭克決定去買一個新烤架時，才發現燒烤架產品的進步是那麼迅速。

法蘭克的舊烤架可同時烤兩隻火雞、一隻小乳豬和40斤玉米，這些功能對他來說已經足夠了。但是當他得知這種燒烤架已經落伍，而新產品售價5000美元時，他簡直無法想像新產品的功能會是什麼。最後，法蘭克還是選擇了修理舊的燒烤架，拒絕花大錢購買功能遠超出實際需求的燒烤架。

但這樣的想法並不是每個人都有，因為新燒烤架在美國十分暢銷，而且年創產值高達12億美元。為此，法蘭克深刻的感覺到，這種無意義的先進產品正驅趕著人們不斷消費，人們對奢侈品的盲目欲望就像熱病一樣蔓延。

與狄德羅效應類似的是棘輪效應，又稱制輪作用。指人們的消費習慣形成後有不可逆性，即易於向上調整，而難以向下調整。尤其是在短期內消費是不可逆的，其習慣效應較大。這種習慣效應，使人們的消費取決於相對收入，即相對於自己過去的高峰收入。

這一效應是由經濟學家杜森貝提出的，而古典經濟學家凱恩斯則主張消費是可逆的，即絕對收入水準變動，必然立即引起消費水準的變化。針對這一觀點，杜森貝認為實際上是不可能的，因為消費決策不是一種理想的計劃，它還取決於消費習慣，這種消費習慣受許多因素影響，如生理需求、社會需求與個人經歷等。特別是個人在收入最高時期所達到的消費標準，對消費習慣的形成有很重要的作用。因此，對於「棘輪效應」，我們可以用宋代政治家兼文學家司馬光的一句名言來概括：由儉入奢易，由奢入儉難。

狄德羅效應無處不在，奢侈的熱病又四處蔓延，要想讓人們回歸簡單，似乎沒有想像中的容易。

O37 倒U形假說

當一個人一點兒興奮的感覺都沒有時，他根本沒有做好工作的動力；當一個人處於極度興奮時，隨之而來的壓力可能會使他無法完成原來的工作。只有當一個人處於輕度興奮時，才能將工作做到最好。

提出者：世界網壇名將貝克

評析：最佳的刺激力能使業績達到巔峰，對於處在各種工作狀態中的人來說，過大或過小的壓力都會使工作效率降低。

　　從前有一個小和尚，廟裡的廚師叫他去打油，並且嚴厲的交代：「你一定要小心，絕對不可以把油灑出來，否則罰你做一個月苦工。」

　　小和尚答應了，膽戰心驚的下山，在廚師指定的店裡打好油後，小和尚踏上了回寺的路程。一路上，小和尚都在想著廚師兇惡的表情和嚴厲的告誡，小心翼翼的端著裝滿油的大碗，每一步都走得提心吊膽。眼看已經走到廟門口，沒想到一不留神，小和尚一腳踩進一個大坑裡，碗中的油灑了三分之一，小和尚更是緊張，手腳也開始發抖，等見到廚師時，碗中的油只剩下一半。

　　廚師自然很生氣，他怒氣沖沖的大罵小和尚。難過的小和尚邊走邊哭，後來他遇到了方丈，方丈瞭解事情的經過之後，慈祥的對小和尚說：「我再派你去買一次油，這次我要你在途中多觀察你看到的人、事、物，並且回來向我詳細描述。」

　　小和尚第二次去打油，在回寺的途中，小和尚遵照方丈的叮囑，觀察路邊美麗的風景、雄偉的山峰、耕種的農夫，快樂的孩子在路邊空地上玩耍，兩位白髮老翁興致高昂的下棋……。就這樣，小和尚不知不覺的回到了廟裡，當他將油交給方丈時，碗裡的油竟然一滴也沒有灑出來。

　　廚師嚴苛的要求為小和尚帶來無比的緊張，結果讓油灑了一半，而方丈在意的是過程，結果反而使得小和尚心情放鬆，碗裡的油一滴未灑。

世界網壇名將貝克之所以被稱為「常勝將軍」，其祕訣之一，就是在比賽中防止過度興奮，保持半興奮狀態。所以也有人亦將「倒U形假說」稱為「貝克境界」。

最早對工作壓力與工作業績之間的關係進行研究的是耶基斯與多德林，在早期的研究中，他們利用老鼠進行試驗。結果顯示，在刺激力與業績之間存在著一種倒U關係，這就是著名的耶基斯與多德林法則。

這個法則認為，最佳的刺激力能使業績達到巔峰，對於處在各種工作狀態中的人來說，過大或過小的壓力都會使工作效率降低。也就是說，壓力較小時，工作缺乏挑戰性，人處於鬆懈狀態下，效率自然不高；當壓力逐漸增大，壓力成為一種動力，它會激勵人們努力工作，效率亦將逐步提高；當壓力達到人的最大承受力時，人的效率才會達到最大值；但當壓力超過了人的最大承受力之後，壓力就成為阻力，效率也就隨之降低。

良性的壓力可以使人們對工作更加努力，將事情做得更好。而負面壓力或壓力過重則會產生不良影響，引起生理和心理上的病症，還可能導致行為改變，如酗酒或服用鎮定劑。

在長期處於壓力下，人的身體最終會因無力招架而崩潰。他們可能會患有冠狀動脈心臟病、高血壓等生理疾病，以及抑鬱症或焦慮等心理疾病。

因此，企業的管理者必須對員工的工作能力和心理承受能力有一種適當的評估，想改變那種「壓力愈大，效率愈高」的錯誤觀念，最好的辦法便是找一個最佳點，以此為標準：當員工壓力較小時，適當增加壓力，而當員工壓力較大時，應舒緩他們的壓力。

038 競爭優勢效應

人們與生俱來就有競爭的天性，每個人都希望自己比別人強，不能容忍對手超越自己。因此，人們在面對利益衝突時，往往會選擇競爭，而不是選擇對雙方都有利的合作。

評析：合作為我們營造了一個自由發展的空間，因此，合作才是社會的主旋律。

上帝向一個人允諾：「我可以滿足你三個願望，但有一個條件——在你得到想要的東西時，你的敵人將得到你所得到的雙倍。」於是這個人提出了自己的三個願望：第一個願望是獲得一大筆財產，第二個願望還是獲得一大筆財產，第三個願望卻是「請將我打個半死吧！」

雖然這只是一則笑話，但是在現實生活中，這樣的例子比比皆是。

一對夫妻離異，根據法官的判決，丈夫必須將自己財產的一半轉讓給妻子。於是，丈夫為了不讓妻子平白無故得到一大筆財產，竟然將價值數百萬美元的車子和房子以十美元的「低價」出售。

人們與生俱來就有競爭的天性，每個人都希望自己比別人強，不能容忍對手超越自己。因此，人們在面對利益衝突時，往往會選擇競爭，即使拼個兩敗俱傷也在所不惜。即使是在雙方擁有共同利益時，人們也往往會優先選擇競爭，而不是選擇對雙方都有利的「合作」。

戰國時代，秦昭襄王對范雎說：「天下的賢才武士以合縱為目標，相聚在趙國，計劃攻打秦國，我們該如何對付？」

范雎回答：「大王不必憂愁，讓我來破解他們的合縱關係。秦國與天下的賢才武士並沒有什麼仇恨呀！他們相聚計劃攻打秦國，只是為求自己的富貴。一群狗在一處，臥的臥、立的立、走的走、停的停，不會互相爭鬥，但是如果投一塊骨頭過去，每隻狗都會起來搶奪，並且互相廝咬，這是什麼原因呢？因為那塊骨頭使彼此都起了爭奪之意。」

秦王於是派范雎帶了五千金在武安設宴，以不到三千金的黃金散給合縱之士，他們便互相爭鬥起來，也不再策劃攻擊秦國了。

從這個故事中我們可以看到，即使在有共同利益的情況下，因為利益分配不均，以及長期利益與眼前利益的矛盾，人們仍然會選擇競爭。

除此之外，心理學家還認為，缺乏溝通也是人們選擇競爭的一個重要原因。如果雙方曾經就利益分配問題進行協商，達成共識，合作的可能性就會大大增加。

要消除「競爭優勢效應」的副作用，就要推崇「雙贏」理論。著名心理學家榮格有一個公式：「我、我們＝完整的我」，絕對的我是不存在的，只有融入我們的「我」才是「完整的我」。合作為我們每一個人營造了一個自由的發展空間，因此，合作才是社會的主旋律。

039 基利定理

容忍失敗，這是人們可以學習並加以運用的積極的東西。

提出者：美國德布林諮詢公司集團總經理拉里・基利

評析：如果不明白失敗是什麼，那麼對成功的理解也是片面的。

人生是一次次的經驗累積，請將失敗當成是一種不凡的經驗，而不是障礙。唯有將失敗當作經驗，你才能體會出何謂墊腳石。不要羨慕登頂成功的人，而對自己的屢屢失敗嗟嘆不已，因為在那些成功者之中，絕大部分都是失敗次數最多的人，能一蹴可幾者更是少數。

有一個小孩在田埂中看到一隻瞪眼的青蛙，就調皮的向青蛙的眼睛撒了一泡尿，不料，這隻青蛙的眼睛不但沒有閉起來，反而一直瞪著他，這讓他留下了深刻的印象。

長大後，這個小孩成了一名推銷員，每當他遭到客戶的拒絕時，他就想到童年時那隻被尿澆也不閉眼的青蛙，於是便用「青蛙法則」來看待推銷。對於客戶的拒絕就像童年的那隻青蛙，逆來順受，睜眼面對客戶，仔細傾聽，而不感到驚慌失措。後來這位推銷員連續十六年榮獲日本汽車銷售冠軍寶座，他就是奧城良治。

　　每當我們出現錯誤時，最常見的反應通常是：「真是的，又錯了，這次又是哪裡不對？」但若是一位有創造力的思考者，他會瞭解錯誤的潛在價值，而說出：「看！它能使我們想到什麼？」的話，然後將這項錯誤當作墊腳石，來產生新創意。

　　事實上，人類的發明史充滿了利用錯誤假設和失敗觀念來產生新創意的人。哥倫布以為他發現了一條到印度的捷徑；開普勒偶然得到行星間引力的概念，都是由錯誤的理由中得到正確的假設。

　　坦然面對失敗，容忍失敗，促成了奧城良治的成功，對企業來說也是如此，美國一些大企業曾將不怕失敗作為「企業家精神」的重要內涵來討論。他們認為，為了探索一些可以提高效益的新方法，應當允許失誤和失敗。所以，一些成功的企業家從來不用「失敗」這個名詞。在他們看來這正如滑雪、溜冰一樣，摔倒了爬起來，從中又學到了一點兒經驗。

　　IBM公司在1914年幾乎破產，1921年又險遭厄運，二十世紀九〇年代初再次陷入低谷。但是，在每一次的危機中，他們總能戰勝困難。有一次，IBM公司的一位高級負責人由於工作嚴重失誤，造成了1000萬美元的損失，他為此異常緊張，以為會受到開除或其他重大處分。

　　後來，公司決定提升他的職務，他驚訝的問董事長為什麼沒有將他開除，得到的回答卻是：如果我開除你，那又何必在你身上花1000萬美元的學費？

　　3M公司有一條「15％規則」，即指允許員工抽出15％的工作時間進行研究，實驗新構想，直到成功為止。同時，該公司鼓勵員工私下進行科研活動，允許員工「私釀美酒」。因此，3M公司推出的熱銷產品，幾乎都出自員工的業餘創造發明。

　　汽車工業是個「全球性」的工業，二十世紀六〇年代末，日本企業大規

模向外發展，便是從汽車工業開始的，但日本汽車工業第一次嘗試進軍美國市場，卻以失敗告終。面對失敗，他們不埋怨、不推諉，而是舉國一致重新部署，反覆尋找失敗的原因。在總結經驗教訓的基礎上，重新確定了向美國提供省油、品質好、符合美國人操作習慣、具有美國風格的美式汽車戰略。實踐證明，他們的新戰略是可行的。

創造力高的科技人才，大多具有極富創意、興趣廣泛、自發自動、不滿足現狀等特點，周邊環境對他們的創造力有著極大的影響。而環境中的一個重要因素，就是容忍失敗、鼓勵冒險。只有這樣的文化環境，才能讓他們充分的發揮創意，杜絕以消極評語扼殺創新的缺憾。

過於相信「犯錯是壞事」，會使企業孕育新創見的機會大幅減少。如果你對是否獲得正確答案十分在意，而不在乎能否激發創意，那麼你可能會誤用取得正確答案的法則、方法和過程。你或許會忽略了創造性過程的萌芽階段，僅花少許時間去證實假設、向規則挑戰、提出「假如」問題，你也可能只注意難題而不深入思考。如此一來，所有的思考技巧都會產生不正確的答案。在創見萌芽階段，犯錯是創造性思考的必要副產品。

040 冰淇淋哲學

賣冰淇淋必須從冬天開始，因為冬天顧客少，會逼迫你降低成本，改善服務。如果能在冬天的逆境中生存，就再也不需害怕夏天的競爭。

提出者：著名企業家王永慶

評析：順境是幸運，逆境未嘗不是機遇。

炎炎夏日是賣冰淇淋的黃金季節，同時也是各大商家大打「促銷戰」搶攻市場的大好時機，但著名的台灣企業家王永慶卻告訴我們：「賣冰淇淋一

定要從冬天開始」。

王永慶說：「冬天賣冰淇淋雖然是『雪中送霜』，但是，如果要讓你的冰淇淋店順利迎接下一個夏季，就必須學會如何度過嚴冬。」

王永慶是台灣最大的民營企業集團——台塑集團的董事長，台塑企業創立於1954年，經過四十多年的努力發展，目前擁有台塑、南亞、台化、台塑石化等二十餘家關係企業，分別在台灣、美國、大陸及印尼設有工廠，成為聚乙烯化合物樹脂產量世界第一的企業。並擁有龐大的教育及醫療機構，是名副其實的「企業王國」。

台塑企業的成功，極大程度上是王永慶在經濟低迷時，仍然堅持投資塑膠產業的結果。在市場競爭中，商業行情有漲有跌，經濟狀況同樣也有繁榮與蕭條，這些都不是任何人有能力改變，或是未卜先知的。有些經營者在經濟景氣時會跟上潮流獲得利潤，但是等到經濟蕭條的時候，他們又閉緊門戶，度過黑暗期。

可是，一個企業要想強大，就必須學會把握不景氣時的機會。因為此時多數人都偃旗息鼓，正是企業探索機會的理想時機，等到景氣回春後，勇於把握冷門機遇的企業將能獲得比以往更多的機會。台塑企業董事長王永慶便是在經濟蕭條時，把握冷門機遇的傑出代表。

1954年，王永慶投資塑膠業，當時台灣對聚乙烯化合物樹脂的需求量少，台塑首期年產量100噸，而台灣年需求量只有20噸。此外，台灣還有幾個加工廠得到日本供應更廉價的聚乙烯化合物樹脂，這對「台塑」的打擊很大。面對這一現實，王永慶經過反覆分析研究，做出了令人吃驚的大膽決策：繼續擴大生產！他認為與其守株待兔，不如勇敢創造市場。只有大量生產，才能降低成本，壓低售價，從而使產品不受地區限制，吸引更多顧客。後來的事實證明他是對的。

在將聚乙烯化合物樹脂產量擴大六倍的同時，王永慶又創辦了一個加工台塑產品的公司，即南亞塑膠工業公司，專為台塑進行下游加工生產。經過不斷的摸索和總結，台塑和南亞的業務開始好轉，同時也奠定了台塑在塑膠工業的基礎。

經過這件事之後，王永慶領悟到了許多經營訣竅。他說過：「當經濟不

景氣時，可能也是企業投資與展開擴展計劃的適當時機。」王永慶認為，在產品滯銷與市場蕭條的時刻，正是企業鍛鍊拚搏的最好時機。經營者要沉著冷靜，咬緊牙關，提高企業整體素質，不斷改善內部的經營管理，如此才能降低生產成本，提高企業競爭力。

若是行有餘力，還可以擬訂一個完善的投資計劃，掌握適當時機，做有效的前瞻性投資，化危機為契機。王永慶說：「賣冰淇淋應該選在冬天開業。」其含意就在於冬天賣冰淇淋，生意清淡，必定促使商家努力改善經營管理。那麼當夏天來臨時，就會比其他後來者擁有更多明顯的優勢。

正是有鑑於這種觀點，王永慶在美國石化企業紛紛倒閉、停工之時，卻到德克薩斯州興建大規模的石化工廠。德克薩斯州有一家德拉威爾石化廠，十幾年來虧損連連，曾經三度轉手，許多美國、英國的石化公司都對它一籌莫展。但是在1981年，只受過小學教育的王永慶卻買下了它，第三年，公司的損益表上赫然出現藍字。1985年7月，美國《富比士》雜誌以王永慶為封面的介紹文章裡寫道：「在這個古老的產品上，杜邦不能賺錢，B.F.GOODRICH（美國第十七大石化公司）栽了跟頭，王永慶卻找到了生機。」在王永慶的經營管理下，德拉威爾廠兩年平均利潤率高達21％。幾年來，同樣的故事一再的在美國路易斯安那州、德克薩斯州重複上演著。

王永慶進軍美國，已經引起了美國各界的矚目。在美國，無論地上、地下，還是水中埋設的PVC水管，有四分之一是台塑生產的。台塑在美國生產的塑膠產品，在美國同業中已處於舉足輕重的地位。

台塑在最初成立時，被人譏諷為只有「實驗室規模」，經過王永慶的不斷努力，終於成為一個龐大的塑膠王國。這全有賴於王永慶過人的經營理念，勇於在別人放棄的地方淘金。一個人在困境或災難中絕望時，也許正是發現機會、脫穎而出的最好時機。

041 水壩式經營

在經營上，各方面都要保留寬裕的運用彈性。

提出者：日本企業經營之神松下幸之助

評析：當企業有了調節和運行機制，才可能長期穩定發展。

　　修築水壩的目的是為了攔阻和儲存河川的水，對應季節或氣候變化，保持必要的蓄水量。因此，「水壩式經營」的觀念即指公司各部門都應像水壩一樣，無論外界情勢如何變化，皆不受影響，依然維持穩定的發展。換言之，就是企業在經營上，各方面都要保留寬裕的運用彈性。

　　戰後的日本經濟很不景氣，企業發展緩慢，在這種情況下，多數企業採用貸款經營的方式，一旦經營不利，企業必然面臨巨大的財務風險，這時，一些應急的特殊政策如信用膨脹、貸款經營都不再奏效。因此，如果企業想繼續發展，首先必須改變這種經營方法，借鑑一些充裕而安定的經營模式，「水壩式經營」也由此而生。

　　水壩式經營產生於日本，它是由日本最著名的企業家松下幸之助提出來的。松下幸之助出生於日本和歌山縣，10歲輟學當學徒，23歲便在大阪建立了「松下電器製作所」，目前世界最著名的松下電器集團，就是松下幸之助苦心經營的輝煌成果。在日本，人們非常崇拜松下幸之助，尊稱他為「經營之神」、「二十世紀最偉大的成功者」，他的思想也被稱為松下哲學，而「水壩式經營」正是松下哲學的核心思想之一。

　　松下幸之助認為，為了確保企業的正常營運與穩定發展，水壩式經營觀念尤為重要，管理者必須保持必要的蓄水量才能適應季節或氣候的變化。當企業有了這種調節和運行機制，才可能長期穩定發展。如果企業各部門都能築起水壩，那麼無論外界發生什麼變化，企業也都不會受到影響！

　　在企業中，設備、資金、人員、庫存、技術、企劃或新產品的研製開發等各方面都必須築建水壩，這些被稱為「有形水壩」。

1. 資金水壩：

假設一個企業運作需要100萬元的資金，但是如果只準備100萬元，一旦發生意外，100萬元是絕對無法應付的。因此，要想成功運作一個100萬元的企業，必須準備110萬元，甚至更多的資金。

關於資金問題，松下幸之助發表了他獨特的見解：一段時期內，日本銀行會要求公司將從銀行貸款中的一部分再存入銀行，許多企業指責銀行的這種作法。松下幸之助卻說：「幾十年來，我一直堅持這麼做，從銀行借10萬元就夠了，可是我借了20萬元，再將剩下的10萬元作為定期存款存入銀行。許多人對我的這種作法感到費解，但我卻將這剩下的10萬元看成保險金，需要的時候，可以提出來應急，銀行自然十分信任我。」這就是建立資金水壩的方法之一。

2. 設備水壩：

對製造業而言，如果生產設備的使用率必須達到100％才能獲利，那麼這個企業就應該加強危機意識了。一般來說，企業的生產設備使用率達到80％或90％，就應該有獲利的能力，等到市場需求量增加時，因為有多餘的設備，便可以迅速提高產量，滿足市場的需求。

3. 庫存水壩：

庫存水壩對企業的經營也是十分重要，為了應付市場需求的激增，企業必須經常保持適量的庫存。資訊靈敏度的增強和市場的多變，使任何企業都不能滿足於現狀，而是必須根據顧客需求和市場變化不斷開發新產品，因此，企業在制訂發展計劃時，應充分考慮這些內容。

企業如果能將這種水壩式的經營法則運用到各部門，必定能迅速穩妥的應付市場變化，維持企業穩定的經營與成長。

此外，松下幸之助認為，除了有形的經營水壩之外，企業還要有更重要的「無形水壩」即「心理水壩」。經營者必須具備水壩經營意識，不同的企業應根據企業文化和形態，擬訂具有企業特色的水壩式經營方法。如此一來，無論企業面臨多大的變化，都能穩住大局，穩定發展。

遵循水壩式經營方法，能使企業隨時做好應對市場變化的準備，充裕的運用各項資源，使企業在任何情況下都能長期穩定的發展。但有許多實行水

壩式經營的企業發展卻只是曇花一現，松下幸之助認為，造成這種情形主要原因有以下幾項：

第一，這些企業無法克服過度擴張帶來的風險。

許多企業對眼前的問題感到手足無措，在企業經營時他們缺乏危機感，也沒有為企業留出一個發展空間，更沒有長遠發展的信心，他們實行水壩式經營，完全是為了迎合時代趨勢。

第二，企業沒有樹立一定要成功的意識。

企業沒有構築「心理水壩」，在一般的情況下，不同的經營方法會產生不同的效果，但決定成敗的因素不只經營方法，更要有成功的決心。企業的領導者一定要擁有堅強的決心和強烈的欲望，獎懲分明，並督促員工努力擴大經營範圍。對每位員工來說，只做好自己的本職工作是不夠的，他們也是企業的一份子，因此必須在工作之餘，充分發揮他們的主動意識，為企業的發展貢獻才智。

第三，沒有完全樹立用戶滿意觀念而失去了潛在的發展機遇。

企業經營者不但要努力掌握企業的發展大局，還要盡力激發每位員工的積極性，真正做到讓顧客滿意，如此，企業才可能成功。

目前市場已經從「質量達標」轉向「用戶滿意」，用戶的滿意就是企業的最高標準。經營者應將企業意識與經營方針相互結合，樹立全心全意為顧客服務的思想，並以顧客導向引導企業的生產。

在水壩式經營中有幾個常見盲點，我們必須高度重視：

第一，「設備水壩」或「庫存水壩」絕不能和設備閒置或庫存過剩畫上等號。

企業必須先預估自己的銷售量，並根據這一預測來購置設備和決定生產量。市場多變性和其他導致產品滯銷而產生大量庫存的原因，以及設備得不到充分利用等問題，都和水壩式經營無關。產品庫存和設備閒置，完全是由錯誤估計所造成的。松下幸之助尤其強調水壩式經營要建立在正確的估計基礎上，預先保留10%或更多的儲備。

第二，不能只顧眼前利益。

水壩式經營應著眼於企業的長遠利益，為了確保經營發展，企業在各方

面都需留有一定的餘地。水壩式經營講究的不是眼前的利益，築起資金水壩、設備水壩等，是無法讓企業在短期內產生利潤的，這也是使許多人懷疑和否定水壩式經營的地方。但從長遠角度來看，水壩式經營能使企業經營更為可靠，避免出現失敗的結局。因此，企業如果希望長期穩定發展，就必須築建經營中的水壩。

第三，「水壩式經營」並非絕對有利。

無論資金或設備，如果只知道建築水壩，卻不知如何運用水壩，同樣不會獲利。對於期望長期穩定發展的企業來說，「水壩式經營」是必須的！相反的，對那些不期望長期發展的企業來說，水壩式經營則未必奏效。

因此，除了把握「水壩式經營」的理念外，企業還應充分結合本身的具體條件和環境，靈活應用，才能使企業更具發展。

042 標竿管理

根據最強大的競爭者或行業領導者的標準，來改進自己的產品及生產流程，是一種最有效的競爭方式。

提出者：美國施樂公司

評析：如果你處在第二的位置，你就會想努力爭取第一。正視自身的薄弱環節，虛心向強者看齊，他是你最強大的對手，也是你最優秀的老師。

標竿管理來源於二十世紀七、八〇年代，美國學習日本的運動，與企業再造、策略聯盟一起並稱為二十世紀九〇年代三大管理方法。施樂（Xerox）公司在總裁羅伯特·開普的倡導下，開創了標竿管理的先河。

當時，日本成為全球企業界的學習榜樣。在美國學習日本的運動中，美

國施樂公司首先開始了後來被他們命名為「標竿管理」的管理方式。

施樂公司將標竿管理定義為：一個將產品、服務和實踐，與最強大的競爭者或行業領導者相比的持續流程，其中心思想就是——根據最大競爭者或行業領導者的標準，來改進自己的產品和生產流程。

標竿管理認為，多數企業都有相通之處，因此可以將在某些生產管理上有最佳表現的公司做為研究對象，透過連續比較、分析、尋找、確認、追蹤、學習，超越企業的競爭目標，使企業成為市場競爭中的強中之強。

從二十世紀七〇年代後期起，一直保持著世界影印機市場壟斷地位的施樂公司遇到了挑戰。佳能、NEC等公司以施樂的成本價銷售產品並且獲利，產品開發週期、開發人員也分別比施樂短少50％，施樂的市場佔有率一下子從82％降至35％。這一現象讓施樂公司大為震動，為了清楚瞭解佳能公司的降價策略，施樂公司展開了大量的競爭情報研究。

面對競爭威脅，施樂公司最先發起向日本企業學習運動，展開廣泛、深入的標竿管理。透過對競爭對手和自身的對比分析，施樂公司的經營者發現日本企業產品開發周期、開發人員都比施樂短少50％。於是施樂公司設計了一套追趕方案，即以佳能、NEC等公司為「標竿」，並選擇十餘個經營同類產品的公司逐一考察，分析操作流程中的優勢環節以為己用。透過降低成本，重新集中關注顧客群和提高產品品質等方法，施樂公司迅速恢復了生機，重新奪回影印機市場的霸主地位。

自從施樂公司利用標竿管理獲得巨大成功後，標竿管理的方法便不脛而走，為愈來愈多的企業，尤其是美國公司所採用。

1992年初，美孚石油進行了一項自家服務站4000位顧客的服務品質調查。結果讓美孚公司感到極為震驚：僅有20％的顧客認為價格是最重要的。其餘80％的顧客則想要三件同樣的東西：能提供協助的友好員工、快捷的服務和對他們的消費忠誠予以認可。而在這三方面，美孚的表現與顧客的要求之間差距甚大。

於是美孚組織了專業人員到全美8000個美孚加油站進行考察，尋找改造方法，結果一致認為應該實施標竿管理。於是公司建立了由不同部門組成的三個團隊，分別以速度（經營）、微笑（客戶服務）、安撫（顧客忠誠度）

命名，以透過對最佳實踐者進行研究，作為公司的標竿，努力使顧客體會到加油也是愉快的體驗。

結果，速度小組找到了Penske，它以快捷方便的加油服務聞名。速度小組仔細觀察了Penske如何為通過快速通道的賽車加油：這個團隊身著統一制服，分工精細，配合極有默契。速度小組還發現，Penske的成功，有部分原因在於電子頭套耳機的使用，它使每個小組成員能及時的與同事聯繫。

微笑小組考察了麗池·卡登飯店的各個服務環節，找出該飯店如何獲得顧客滿意度。結果發現麗池·卡登的員工都以照顧客人，使客人舒適為使命。

安撫小組到家居倉儲調查該店為何有如此多的忠實顧客。在這裡他們瞭解到：公司最重要的人是直接與顧客接觸的人，沒有盡力工作的員工，就不可能得到終生客戶。這意味著企業要將時間和精力投入到如何招聘和訓練員工上，而在美孚公司，那些銷售公司產品，與客戶打交道的一線員工，總被認為是公司裡最無足輕重的人。

安撫小組的調查改變了美孚公司的觀念，使領導者知道自己的角色就是支援一線員工，讓他們將出色的服務和微笑傳遞給客戶，傳遞到公司之外。

標竿管理是一種能引發新觀點、激起創新的管理工具，適用於每個企業。埃克森美孚石油公司就是透過一個五年標竿管理的計劃，才能在2000年實現了全年2320億美元的銷售額。

043 自吃幼崽效應

美國矽谷企業競爭十分激烈，以至於各公司都積極尋找自己的致命弱點，
所有公司共同的生存之道是：拿出更好的產品來擊敗自己的原有產品。

評析：勇於對過去告一個段落，才有信心掀開新的一章。

在一個嚴寒的冬天，狐狸富來普和萊拉真誠的相愛了。萊拉生了5隻小狐狸，牠們在海邊的沙丘上建立起了一個愉快、幸福的家庭。為了讓孩子們能盡快的成長，富來普和萊拉日夜奔波，忙著尋找食物。

不幸的事接連發生，最小的琪尼塔雙目失明，而梅雨季節孩子們饑餓的叫聲，使富來普和萊拉冒著生命危險到村子裡偷雞，萊拉不幸踏入陷阱，腳被夾斷，在痛苦的回憶中，萊拉離開了富來普和孩子們。

狐狸媽媽不幸去世後，富來普擔負起了撫養孩子的重任。牠沒有像母雞孵小雞那樣保護孩子們，而是讓牠們出去獨立生活。牠嚴厲的教育孩子們，教會牠們捕捉食物的方法、逃避危險的智慧，帶著牠們去做實習旅行。

當小狐狸能獨自捕食的時候，牠們還想在爸爸身邊撒嬌，但富來普已經決定將牠們趕走。在一個風雪交加的夜晚，富來普將剛學會走路和覓食的小狐狸全部趕到洞外。小狐狸站在風雪中淒厲的哀叫著，一次又一次試圖回到洞裡，可是每一次都被堵在洞口的富來普趕了出去。那些被富來普咬傷並趕走的小狐狸眼中充滿了憂傷和委屈，而富來普仍是義無反顧的堅決。

雖然最小的琪尼塔雙眼已經瞎了，但是富來普也沒有給牠特殊的照顧，一樣將牠趕得遠遠的。因為富來普知道，沒有誰能餵養琪尼塔一輩子。小狐狸從這一天起便長大了，那隻瞎眼的琪尼塔也學會靠嗅覺來覓食。

當狐狸爸爸富來普再一次看到自己孩子的時候，五個孩子只剩下了兩個，但牠們也已經變得更加健康強壯。

這是日本電影《狐狸的故事》中的片段，描述的是北方狐狸養育、教育孩子的故事。北方狐狸十分重視培育後代的獨立生存能力，小狐狸在很小的

時候就開始學習捕食，當牠們長大後，老狐狸便不允許牠們留在身邊，無情的將小狐狸驅趕出去，迫使牠們獨立生活，去開拓新的生存領域。即使那些不能或不願獨立生活的小狐狸跑回來哀求留下時，老狐狸也是毫不留情的再將牠們趕走。

在自然界中，虎、鷹等肉食性動物和狐狸一樣，很早就將幼崽趕出家門，讓牠們獨立生活，這是動物界的殘酷法則，藉此讓大自然挑選出最強健的後代，以延續牠們的種族。動物學家還發現，除了自然「擇優」之外，出於種族繁衍的本能，一些母獸還可能拋棄或吃掉最弱小的幼崽，主動去保持種族的優良血統。

這種自己吃掉有缺陷幼崽的現象，在企業的競爭中也時有所見。在激烈的商戰中，企業不得不積極尋找自己產品的致命弱點，藉由拿出更好的產品來擊敗自己的原有產品，以獲得企業發展的機會。這種舉動聽起來有些殘忍，但卻能讓這些企業生存下來，後人便將這種現象稱為「自吃幼崽效應」。

044 巴菲特定律

在其他人都投資的地方投資，是不會發財的。

提出者：美國股神巴菲特

評析：善於走自己的路，才能走別人沒走過的路。

從二十世紀六〇年代，以低價收購了瀕臨破產的伯克希爾公司開始，巴菲特創造了一個又一個的投資神話。

有人計算過，如果在1956年，你拿1萬美元與巴菲特共同投資，你的資金很可能會獲得2.7萬多倍的驚人回報，而同期的道瓊工業股票平均價格指數僅僅上升了約11倍。

無怪乎有些人將伯克希爾股票稱為「人們拚命想要得到的一件禮物」。在美國，伯克希爾公司的淨資產排名第五，位居時代華納、花旗集團、美孚石油公司和維亞康姆公司之後。

　　如今，巴菲特已成為全球投資者中人人皆知的大師，他的投資故事像神話一樣被到處傳誦。巴菲特的成功，使他被人們喻為「世界第一股神」、「當今（也許永遠是）最偉大的投資者」。

　　巴菲特能取得如此瘋狂的成就，得益於他所信奉的聖經，也是後來為全球股票投資者競相追逐的金科玉律──巴菲特定律，即「在其他人都投資的地方投資，你是不會發財的」。

　　關於這方面成功的案例有許多，以下就是一個為眾多企業家所知，並記憶深刻甚至效仿的例子。

　　美國西南航空公司深諳巴菲特投資精髓，「911」事件之後，美國航空業籠罩在一片破產、裁員等壞消息之中。然而，美國西南航空公司卻創下了連續29年盈利的業界奇蹟，上季持續盈利102億美元。能取得這樣的成功，在於西南航空公司始終堅持「低成本營運和低票價競爭」策略，在競爭對手不注意和注重的地方下工夫，找到了屬於自己的財富增長點。

　　西南航空主營國內短途業務，由於每個航班的平均航程僅為一個半小時，因此西南航空只提供軟飲料和花生，這樣既可以將昂貴的配餐服務費用「還之於民」，又能讓每架飛機淨增七到九個座位，每班少配備兩名空服員。

　　西南航空還避免與各大航空公司正面交手，專門尋找被忽略的國內潛在市場。在《北美自由貿易協定》簽署後，人們普遍認為總部位於德克薩斯州的西南航空最有條件開闢墨西哥航線，但西南航空抗拒了這種「誘惑」。它遵循「中型城市、非中樞機場」的基本原則，在其他公司認為「不經濟」的航線上，以「低票價、高密度、高品質」的方法開闢和培養新客源，取得了極大成功。

　　在西南航空公司的多數市場上，它的票價甚至比城市之間的長途汽車票價便宜。一些「巨人級」的航空公司戲稱西南航空是「地板縫裡到處穿梭的蟑螂」，幾乎無所不在。西南航空從成立時的3架飛機，到如今已增加至366

架，2001年乘載國內乘客6440萬人次，每天起飛航班約2800次。西南航空的宣傳小冊子自豪的宣稱：無論在美國的任何地方，只要開車兩小時，就能坐上西南航空公司的航班。

日本新力（Sony）公司創始人井深大及盛田昭夫，從一開始經營就立志於「率領時代新潮流」，不落一般企業的俗套。有一次，井深大在日本廣播公司看見一台美國製造的答錄機，立即搶先買下專利權，迅速的生產出日本第一台答錄機，極受消費者歡迎。

1952年，美國成功研製「電晶體」，井深大立即飛往美國進行考察，又果斷的買下這項專利，回國後僅數週時間便生產出第一支電晶體，甚為暢銷。當其他廠家也轉向生產電晶體時，井深大又成功的生產出世上第一批「袖珍晶體管收音機」。這一「人無我有，人有我轉」的戰略，使新力公司的新產品總是以迅雷不及掩耳之勢進入市場，並贏得巨大的經濟效益。

無論是投資還是經營企業，我們都要善於找到自己的財富增長點，一味追隨流行趨勢是賺不到錢的。因此「巴菲特定律」才能獲得如此大的迴響，無數投資人士的成功，都是得益於這個定律。

045 大拇指定律

在每十個風險資本所投入的創業公司中，平均會有三個企業垮台；三個企業在成長為一、兩千萬美元的小公司後便停滯下來，最終被收購；另外三個企業會上市，並且有不錯的市值，而其中的一個企業則會成為耀眼的企業新星，並被稱作「大拇指」。

評析：想要融資成功，首先要堅持一個原則，就是多談幾家；其次是要選擇正確的投資人。

在矽谷，風險資本所支持的創業公司有著一個不太精確的經驗定律，即所謂的「大拇指定律」：在每十個風險資本所投入的創業公司中，平均會有三個企業垮台；三個企業在成長為一、兩千萬美元的小公司後便停滯下來，最終被收購；另外三個企業會上市，並且有不錯的市值，而其中的一個企業則會成為耀眼的企業新星，並被稱作「大拇指」。

高新技術企業的創辦和發展，資本是不可或缺的一環。矽谷的成功，首先在於其運行機制：即強大的資本和富有野心的創業者的緊密結合。對於創業者來說，熟悉和瞭解風險資本家及其運作模式，是融資成功的一個關鍵前提。此外，創業者在與風險資本家接觸的過程中，還必須有專業化的表現和足夠的韌性，唯有如此，你才能成為那個成功的「大拇指」。

想要融資成功，首先要堅持一個原則，就是多談幾家。其次是要選擇正確的投資人，正確的融資判斷有四：

一、選擇在企業所屬的產業中有投資經驗的投資人。

二、投資人需要有充足的資金。

三、要控制好節奏以便讓所有投資人的談判進度持平。

四、在錢進入自己的銀行帳戶之前，不要抱有任何幻想，因為只要錢還未兌現，都有可能產生變化，這也是常被企業家忽略的一點。

046 哈默定律

天下沒有不賺錢的生意，只有蹩腳的生意人。

提出者：美國著名企業家哈默

評析：或取或捨顯高下，一買一賣見智愚。

阿曼德・哈默1898年出生於紐約，曾祖父是沙皇尼古拉一世時的猶太百

萬富翁，因此哈默家族經商傳統悠久，後因突遭鉅變，哈默家族遷居美國。哈默從小便具有極佳的音樂天分，但他卻喜歡更現實的事情——賺錢。中學時他參加航模比賽，得獎後，他將自己製造的航模複製品出售給別人，初步顯示了他的經商才華。1987年他完成了《哈默自傳》，這是他一生成功經驗的精華，在這本書中，他提到了「哈默定律」：天下沒有壞生意，只有蹩腳的生意人。

16歲時，哈默向哥哥借了185美元買下了一輛舊車，兩個星期後，他將舊車賣掉，賺回了這筆錢還給哥哥。這件事後來被哈默稱為他的第一筆「鉅額交易」。1917年，哈默進入哥倫比亞醫學院學習，此時他接管了父親的一家製藥工廠，哈默一邊學習，一邊經營製藥廠，在不耽誤學業的情況下，很快的使藥廠得到了發展，這也使他成為當時美國唯一的大學生百萬富翁。

1921年大學畢業後，23歲的哈默出訪蘇俄，這次訪問決定了他一生的道路。當時蘇俄處於傷寒與饑餓交困時期，哈默看到的不僅是蘇俄的饑荒和病疫，還看到了蘇俄所蘊藏的巨大財富。他以易貨貿易的形式為蘇俄人民購買了100萬美元的小麥，因為此事，他受到列寧的特別接見，兩人也建立起良好的關係。之後，哈默在列寧的支持下，與蘇聯合作開採石棉、辦鉛筆廠，促成福特公司在蘇聯開辦汽車製造廠等。他與蘇聯幾任領導人都建立了良好的關係，使他在與蘇聯做生意時能夠比別人更有優勢。

1922年，哈默帶著弟弟（古玩鑑賞家）來到蘇俄，發掘蘇俄文物這塊尚未有人涉足的新領域。他們一點一滴累積，將他們在莫斯科的別墅布置得猶如博物館一般。有一天一位名叫薩柯的美國古玩商來到這幢別墅，見到眼前景象，大吃一驚，哈默由此得到啟發，向蘇聯政府繳交了15%的出口稅後，便將大部分文物運回美國，加入薩柯商行。後來薩柯破產，哈默買下他的股份，在經濟蕭條的三〇年代，哈默打破常規，大膽的在百貨商店櫃檯出售藝術品，大獲成功。隨後哈默開設自己的美術館，度過了美國歷史上最為嚴重的經濟蕭條時期，並且獲利數百萬美元。後來他替美國最大的收藏家赫斯特轉讓收藏品時，對這些收藏品重新估價，大肆宣傳，一年之內的拍賣額就達到1100萬美元，哈默不僅從中獲取了10%的佣金，也使他成為一名熱中於古董鑑賞和名畫收藏的名家。

1931年哈默回到美國後，敏銳的覺察到羅斯福會當選總統，實行新政，撤銷禁酒令，於是他大量生產酒桶，果然供不應求。後來哈默又成為養牛業主，這是因為有一天，僕人為喜歡吃牛排的哈默買了一頭懷孕的母牛，哈默將牠留了下來，直到牠生下小牛，這給了他一個靈感，於是哈默擁有了一座規模極大的養牛牧場。

　　1956年，58歲的哈默打算退休，在贏得了兩場幾乎是性命攸關的訴訟案後，他將價值2500萬美元的收藏品贈送華盛頓國立美術館，並擔任了最有名望的諾德勒畫廊館長。此時，一個偶然的機會使他對石油投資事業產生了興趣，他購買了西方石油公司的股票，翌年當選為這間公司的總裁。從此哈默醉心於石油事業，使這間在當年只有3萬多美元資產的石油公司，在1974年的收入達到60億美元。

　　1974年，哈默成功的遊說參議院，與蘇聯達成了一筆200億美元的化肥易貨貿易，這使他在76歲時達到了他事業的巔峰。

　　以上的這些故事雖然頗具傳奇色彩，事實上正反映了哈默非凡的觀察判斷力和果斷的作風，使他獲得了「商業天才」的美譽。

047　最大笨蛋理論

你之所以完全無視於某件東西的真實價值，即使它一文不值，你也願意花高價買下，那是因為你預期會有一個更大的笨蛋出更高的價格，從你那裡將它買走。

提出者：馬爾基爾

評析：投機行為的關鍵是判斷有無比自己更大的笨蛋，只要自己不是最大的笨蛋，就只是贏多贏少的問題。如果再也找不到願出更高價格的笨蛋將商品從你那裡買走，那你就是最大的笨蛋。

　　1593年，一位維也納的植物學教授帶了一株鬱金香回荷蘭。在此之前，荷蘭人從沒見過這種植物，沒想到他們竟然對鬱金香如癡如醉。於是，教授認定可以大賺一筆，便將鬱金香的售價抬得很高。一天深夜，一個竊賊破門而入，偷走了教授培育的全部鬱金香球莖，並以很低的價格將球莖賣光了。

　　就這樣，鬱金香被種在千家萬戶的花園裡。後來，鬱金香受到花葉病的侵害，花瓣生出一些反襯的彩色條紋——有人把它形容成「火焰」。不料，這種帶病的鬱金香反而成為珍品，以至於鬱金香的球莖愈古怪，價格也愈高。

　　於是，開始有人囤積帶病的鬱金香，又有更多人出高價向囤積者購買這些鬱金香，並以更高的價格賣出。一個迅速致富的神話開始流傳，貴族、農民、女僕、清潔工、洗衣婦等先後捲了進來，每一個人都相信會有更大的笨蛋願出更高的價格，從他那兒買走鬱金香。

　　1598年，最大的笨蛋終於出現了，持續了五年之久的鬱金香狂熱迎來了最悲慘的一幕。所有的鬱金香價格跌到了一顆洋蔥的售價，沒有賣出的鬱金香只能爛在花園裡，而對於那些囤積者來說，所有的財富頃刻間全部化為烏有。

　　投機行為應建立在正確把握大眾心理傾向的基礎上，期貨、證券，甚至賭博都是這個道理。例如，你不知道某個股票的真實價值，但為什麼你會花20元一股去買呢？那是因為你預期會有人花更高的價格從你這兒將它買走。

　　馬爾基爾將這一看法歸納為「最大笨蛋理論」：你之所以完全無視於某件東西的真實價值，即使它一文不值，你也願意花高價買下，那是因為你預期會有一個更大的笨蛋出更高的價格，從你那裡將它買走。

048 宇宙法則

世上的一切都是依78：22的比例存在。例如，地球上的空氣成分是：氮與氧的比例爲78：22；我們身體內的水分與其他物質的比例也是78：22；猶太人做生意時總是喜歡依78：22來剖析每樁買賣的相互比例。

評析：世上財富的78％永遠是在22％的少數富人手裡，而78％的普通人只掌握22％的財富。

猶太人有五千年的悠久歷史，其燦爛的文化曾經照耀著整個世界，其中也深藏了許多神祕的東西。「78：22」就是散布在世界各地的猶太人，世代相傳的神祕法則──宇宙法則。

「宇宙法則」有點類似中國的太極圖和八卦，是對客觀世界的一種認識。「太極圖」顯示世界由陰陽兩極構成，而猶太人的「宇宙法則」則認為：世界的一切都是依78：22的比例存在。例如，地球上的空氣成分，氮與氧的比例為78：22；我們身體內的水分與其他物質的比例也是78：22；猶太人做生意時總是喜歡依78：22來剖析每樁買賣的相互比例。

如果問世上「放款的人」多，還是「借款的人」多？一般人多數會回答：「借款的人」多。但猶太人早就發現：「放款的人」遠遠高於「借款的人」，其比例也是78：22。其中的道理很簡單，銀行是仰賴向許多「放款的人」借錢，再轉借給少數「借款的人」而生存的。

在猶太人的眼裡，世上財富的78％永遠是在22％的少數富人手裡，而78％的普通人只掌握了22％的財富。猶太人之所以極度鄙視「薄利多銷」而追求厚利多銷，正是這個道理。

猶太人做事總給人一種信心百倍的樣子，正是因為他們覺得掌握這個「法則」的人永遠只有22％。因為每個民族的自視優越和排他性，使這個法則成了猶太人的專利。

049 二八定律

在原因和結果、投入和產出、努力和報酬之間存在著一種典型的不平衡現象：80％的成績，歸功於20％的努力；20％的產品或客戶，佔了80％的營業額；20％的產品和顧客，主導著企業80％的獲利。

提出者：義大利統計學家、經濟學家維爾弗萊多‧帕雷托

評析：很多時候，「多數」只能造成少許的影響，而「少數」卻能造成主要、重大的影響。

在商業世界和人們的日常生活中，只要細心觀察，你就會發現一些有趣的現象：

◇看電視，80％的時間花在20％的節目上。

◇外出吃飯，80％的時候會前往20％的餐館。

◇閱讀，80％的書籍取自書架上20％的書。

◇你所完成的工作裡80％的成果，來自於你20％的付出，而80％的付出，只換來20％的成果。

◇20％的產品或20％的客戶，涵蓋了企業80％的營業額。

◇20％的罪犯佔所有犯罪行為的80％。

◇20％的汽車狂人，引起80％的交通事故。

◇20％的孩子享受80％的高水準教育。

◇在家中，20％的地毯面積可能有80％的磨損。

◇80％的時間裡，你穿的是你所有衣服的20％。

◇80％的能源浪費在燃燒上，只有20％的能源可以應用到車子上，而這20％的投入，卻回報以100％的產出。

◇世界上大約80％的資源，是由世界上20％的人口所消耗。

◇世界財富的80％為20％的人所擁有。

◇在一個國家的醫療體系中，20％的人口與20％的疾病，會消耗80％的

醫療資源。

　　隱藏在這些現象背後的便是經濟學的經典理論之一：二八定律。

　　「二八定律」又叫「二八法則」、「80／20原理」，是二十世紀初，義大利統計學家、經濟學家維爾弗萊多・帕雷托提出的。他指出：在任何特定群體中，重要的因素通常只佔少數，而不重要的因素則佔多數，因此只要能控制具有重要性的少數因素，即能控制全局。這個原理經過多年的演變，已變成當今管理學界所熟知的二八定律——即80％的公司利潤來自20％的重要客戶，其餘20％的利潤則來自80％的普通客戶。

　　有人說：「美國人的金錢裝在猶太人的口袋裡。」為什麼？因為猶太人在生存和發展之道上，始終堅持二八定律，把精力用在最見成效的地方。

　　遵循二八定律的企業在經營和管理中往往能抓住關鍵的少數顧客，精確定位，加強服務，達到事半功倍的效果。

　　二八定律告訴我們：「多數」只能造成少許的影響，而「少數」卻能造成主要、重大的影響。不要平均的分析、處理和看待問題，在商品營銷中，商家往往會認為所有的顧客一樣重要，所有的生意、產品都必須付出相同的努力，所有的機會都必須抓住，其實不然。在企業經營和管理中，必須抓住關鍵的少數，找出那些能帶給企業80％的利潤，卻僅佔20％的關鍵客戶，加強服務，達到事半功倍的效果。所以企業領導人要認真分析工作，將精力花在解決主要問題、主要項目上，其他次要工作分配下去，不能事無鉅細，面面俱到。

　　二八定律同樣適用於我們的生活，它對我們的自身發展也有重要啟示，讓我們學會避免將時間和精力花在瑣事上，學會抓住主要矛盾，選擇性的在幾件事情上追求卓越，而不必強求在每件事上都有好的表現；鎖定少數能完成的目標，而不必追求所有的機會。

　　一個人的時間和精力都是非常有限的，想要真正「做好每一件事情」幾乎是不可能的，所以我們必須學會合理的分配時間與精力。想要面面俱到，還不如重點突破，將80％的資源花在能得到關鍵效益的20％方面上，使這20％的部分帶動其餘80％的發展。

050 戈森定律

如果我們連續不斷的滿足同一種享受，那麼這同一種享受的量就會不斷遞減，直至達到飽和；每一種享受的量在滿足被中斷時，保持相等原則。

提出者：德國經濟學家赫爾曼‧海因里希‧戈森

評析：餓時甜如蜜，飽時蜜不甜，需求多寡與效益成正比。

人們總會覺得喝下的第一杯水最解渴，第二杯就差了一些，如再喝第三杯、第四杯，非但不解渴，反而脹得難受。

這個現象雖然普通，但卻是重要的經濟學定律之一。1854年，德國經濟學家赫爾曼‧海因里希‧戈森就根據這種現象，提出了他關於人的享受規律的重大發現：「如果我們連續不斷的滿足同一種享受，那麼這同一種享受的量就會不斷遞減，直至達到飽和。」這種連續享受或重複享受時，出現的享受量遞減的規律性，後來被稱為「邊際效用遞減法則」，又叫「戈森第一定律」。同時戈森還提出人要達到效用最大，必須滿足「每一種享受的量在滿足被中斷時，保持相等原則。」這就是被後人稱為「邊際效用相等原則」的「戈森第二定律」。

戈森認為這一理論能與哥白尼等人的學說媲美，他提出的這兩條定律普遍存在於一切物品，構成了整個現代經濟學的基礎。

我們可以舉個例子說明這一定律。當你極餓的時候，終於得到一袋包子，那麼吃第一個包子時，你會覺得真是雪中送炭，從來沒有這麼好吃過；吃第二個包子時，也是同樣的美味，真是珍饈佳餚；吃到第三個包子時，你會覺得雖然好吃，但也希望還有點別的東西換換口味；等到吃第四個包子時，你已經得到了完全的滿足；再吃第五個就已經有點勉強了；硬著頭皮吃第六個包子，是因為旁邊有人在拿棒子逼你；吃完第七個包子以後，你會發誓今後再也不碰這東西了；至於第八個，打死也不吃了！

從吃包子的例子中，我們可以看出每增加一個包子帶給你的滿足感的增

加，就是你從包子上獲得的邊際效用，也就是說，邊際效用是一個前後對比的變化量。而消費包子的感覺由很好到一般再到很壞，說明在消費這些包子的過程中，邊際效用是遞減的，開始是正數（感覺好），後來是負數（消費更多，感覺更壞）。

事實上，這些定律時時刻刻都在日常生活中發揮著作用。我們每做出一個決策或進行一項活動，多得到的就是邊際收益，需要多付出的就是邊際成本。而衡量一件事情是不是值得繼續投入，就可以從它的邊際收益是否大於邊際成本來判斷。

例如，企業投資廣告和促銷，投入1000萬促銷費，就能因知名度的提高、影響力的擴大而獲得1200萬的收益。此時企業會加大投入，當繼續投入到一定程度，發現再投入1000萬，只能產生1000萬收益的時候，企業就應該維持這個投入不變，因為這是它能獲利的上限了，再繼續加大投入是沒有好處的。

但如果現在有了新的競爭對手進入，對方實力強大，企業發現無論如何也競爭不過，再繼續投資肯定虧損，這時就該果斷的退出這一個市場，不要想著前面已經在這個市場上投入了多少資金，而產生「前功盡棄」的念頭。因為前面的投資已經是發生過的事實，對於決策者而言，重要的是現在的決定對以後會有什麼影響——不要為打翻的牛奶而哭泣。

西方經濟學家認為，理性者行為的目標是實現自己的效用最大化。而效用是人們從消費勞務與物品中得到的滿足程度，其大小取決於主觀感覺，即個人對物品與勞務的評價。因此，消費者對物品有多大需求，取決於他消費這種物品得到了多大效用。若是消費者從某種物品中得到的效用大，就願意出高價購買。反之，消費者從某種物品中得到的效用小，就只願意出低價購買。如果邊際效用為零，消費者就絕不會買。

許多企業都為產品滯銷發愁，其實產品賣不出去，並不是消費者沒有購買能力，而是這項產品無法滿足消費者的要求，大量同質化的重複產品，為消費者帶來了邊際效用遞減現象。這主要體現在目前各個行業裡，十分普遍的「跟風」現象，尤其是當市場上出現走勢較好的一種新產品時，其他人往往不假思索的一擁而上去模仿。當年呼拉圈流行時，許多廠商都紛紛轉行生

產呼拉圈,快速走紅市場又快速被市場淘汰,嘩啦啦下馬,沒有多少人是這場「跟風」中的贏家。

對於企業的領導者而言,隨著企業規模的不斷壯大、利潤的不斷增加,企業付出同樣的努力使業績提高的比例也在逐步變小,這便是邊際效用遞減法則使然。

051 阿爾巴德定理

一個企業經營成功與否,全靠對顧客的要求瞭解到什麼程度。

提出者:匈牙利全面品質管制國際有限公司顧問波爾加·韋雷希·阿爾巴德

評析:生意是否成功,要看顧客是否再上門。看到了別人的需要,你就成功了一半;滿足了別人的需求,你就成功了全部。

在商業經營中,我們一直強調「顧客永遠是對的」。這個道理很簡單,在市場經濟條件下,只有顧客買你的產品,你才能賺錢!可是,將「顧客永遠是對的」放在嘴上容易,放在心裡和實際行動上就難了。

在二十世紀誕生了兩位開創市場需求導向管理模式的著名企業領導人,他們是通用汽車(GM)公司的總裁斯隆,和沃爾瑪(GE)公司的沃爾頓。以下要說的,便是斯隆和沃爾頓的故事。

二十世紀二〇年代,斯隆以一個軸承廠老闆的身分加盟通用汽車公司時,他很快就意識到,無論是小老闆的狹窄視野,還是大老闆的主觀臆斷,這些慣性思維對於結構複雜和前景遠大的汽車產業來說,都是不適當的。當時,福特汽車公司憑藉其T型車佔領了美國汽車市場一半以上的比例,這對通用汽車來說,無疑是一個強大的對手。但是,斯隆與福特的不同之處,就

是他學會了以職業的眼光看待市場，認為汽車的研製與開放，如果離開了具體的服務對象——顧客，就不能算是「最好的汽車」了。而當時的福特正沉迷於自己的T型車，多年沒有開發新的車型。

斯隆發現，隨著人們物質水準的上升，對於生活的要求也相對提高，對汽車的需求也是如此。斯隆看到了一個汽車多樣化時代的來臨，因此他在對多種顧客需求研究調查的基礎上，做出了針對市場上的每一個價位，設計品質優秀和適用汽車的戰略決策。這就是著名的「為每一個錢包和每一種用途生產汽車」！

接著，斯隆又將經銷商納入重要顧客的範疇，定期走訪，瞭解他們的需求，廣泛蒐集他所需要的資訊，回到公司後再詳細研究，做出解決問題的決定。由於斯隆堅持以顧客需求為導向，「為每一個錢包和每一種用途生產汽車」，才使通用汽車公司取得了迅速的發展，不久便遠遠超越福特汽車公司，佔領了最大市場。

1955年，商業零售巨人沃爾瑪還是沒沒無名。到了1979年，沃爾瑪全年銷售額也才首次達到10億美元。可是到了1993年，它的一週銷售額就達到了10億美元，2001年時，更是一天之內，就完成了10億美元的銷售額。沃爾瑪靠出售廉價的零售百貨，在四十年內「打遍天下無敵手」。沃爾瑪的成功，得益於長期遵從的服務顧客戰略，這項戰略的核心，就是以薄利讓顧客受益，以服務讓顧客滿意。

無論你走進哪裡的沃爾瑪，「天天低價」一定是最為醒目的標誌。為了實現低價，沃爾瑪想盡辦法，其中一個重要的方法就是大力節約開支，繞開中間商，直接從工廠進貨。統一訂購的商品送到配送中心後，配送中心根據每個分店的需求對商品就地篩選、重新打包。這種類似網路零售商「零庫存」的作法，使沃爾瑪每年都可節省數百萬美元的倉儲費用，實現了薄利多銷。更重要的是，它為顧客節省了金錢，帶來了實惠。

除了低價，沃爾瑪另一個引人注目的特點，就是良好的服務。從1962年到1992年退休，沃爾頓領導公司迅速發展的三十年中，格外強調要提供「可能的最佳服務」。為了實現這一點，沃爾頓編制了一套又一套的管理規則。他曾要求職員做出保證：「當顧客走到距離你10英尺的範圍內時，你要溫和

的看著顧客的眼睛，向他打招呼並詢問是否需要幫助。」這著名的「10英尺態度」，至今仍是沃爾瑪職員奉為圭臬的守則。此外，「太陽下山」原則、「超越顧客的期望」等，都是沃爾瑪吸引顧客的致勝法寶。

與沃爾瑪小有不同的，是美國另一家零售公司——克羅格公司。克羅格公司追求一種與顧客的互動服務。公司認為：對於公司發展的產品、增加的服務、使用的銷售方法等問題，最有發言權的就是顧客。以此為基礎，克羅格公司在所有收銀機旁都設置了「顧客投票箱」。顧客可以將自己對克羅格公司的各種意見和建議，如需要哪種商品、哪些商品應該改進、需要什麼服務等投入箱中。

此外，克羅格公司在每張意見卡上都會留下顧客的姓名和聯繫方式，一旦顧客的建議被公司採用，公司就會通知顧客來免費享受該種服務或是商品，並贈送各種消費折扣卡。意見箱的互動方案一出，就受到了顧客的熱烈歡迎，克羅格公司也根據顧客的各種建議，不斷改進自己的產品與服務，使公司的每項服務與產品一推出就深受歡迎，公司也迅速的擴展到了美國數州。在「意見箱」策略的基礎上，繼任總裁詹姆斯·赫林更是提出了一個響亮的口號：「我們要想生存得更好，就只有像滿足情人的要求那樣來滿足顧客！」也因此，克羅格公司取得了更好的成績。

企業要獲利，就必須將產品賣出去。但想確定什麼樣的產品暢銷，卻不是一件容易的事，而隨著市場同質化時代的到來，這種難度就更大了。在此種情況下，企業想要賺錢，就必須開拓新的市場。市場是由需求決定的，要開拓新的市場，就必須先瞭解顧客的新需求。對顧客需求的瞭解程度，決定了企業經營成功的程度。

瞭解顧客的需求，企業才能創造出新的服務、新的經營方式和新的產品。如此，也才能在市場競爭中獨具特色，為消費者帶來「意外驚喜」，為企業帶來商機和效益。

052 自來水哲學

企業必須有一種使命感，不斷努力生產，使產品像自來水一樣豐富而廉價，讓再窮的人也能買得起。

提出者：日本松下電器公司創始人松下幸之助

評析：使顧客常受益，乃是企業獲益的最大泉源。

　　自來水哲學是松下幸之助一生經營的總結和寫照，他之所以能在企業經營管理方面取得如此大的成就，就是因為訂定了自己的管理哲學。在對自己一生的經驗教訓進行整理時，松下幸之助說出了令億萬人為之傾倒歎服的一系列經營祕訣，為人們打開了一扇通往成功之門。直到今天，這些祕訣仍在世界各地發揮著極大的作用，造就出許多鉅賈富商。

　　有一年夏天，松下幸之助走在路上，看到一個車伕打開一家門前的水龍頭就喝。用自來水需要繳水費，但是，並沒有人出來阻止車伕喝水。這一幕給了松下幸之助很大的啟發，他對員工說：「水雖然是有價的，可是一旦處處可見，價值也就幾乎等於零了。如果大量生產某些產品，其價格也會相當低。我們的任務就是製造像自來水一樣多的電器。」

　　依松下幸之助的說法，自來水哲學的核心，就是自始至終為人們服務。這種經營思想一直貫穿在他經營企業的過程中。

　　松下幸之助學歷不高，10歲輟學，11歲到大阪做事，之後就一直遨遊於經營管理的浪潮之中。在松下電器成立之初，生產的電扇阻盤、雙燈座等都充分展現了這一宗旨。松下幸之助從生產電扇阻盤開始創立松下電器公司，在經營過程中，他逐漸領悟經營企業的真正使命在為民眾服務，這種經營思想始終貫穿在他的企業經營之中。之後，松下公司又先後設計生產了雙燈用的插頭、炮彈型電池式電燈、方形電燈、熨斗電爐、收音機、電唱機等生活用品，為人們提供了極大的方便。

　　即使是在二戰爆發前後，松下公司仍以此為目標，堅持獨立經營，製造

出品質更好、價格更便宜的商品，以滿足人們的需要。二戰時，日本許多企業為了生存，都和軍隊結成財團，生產軍需產品。松下公司卻以極大的勇氣甘冒風險，仍以民生必需品為主要目標，以提高民眾的生活水準，製造出品質更好、價格更便宜的商品為己任。甚至在侵華戰爭全面爆發以後，戰爭管制氣氛愈來愈濃的情況下，松下公司也沒有放棄自己的經營思想。

此外，松下公司也特別注重對新產品的研發，力求生產出更實用、更方便的產品。並且將生產的品質作為企業信譽的根本。他組織專業的品質管制小組，認真檢測每一項產品的品質。很快的，松下電器就獲得了顧客的稱讚，不僅在日本國內深受歡迎，還打入了美國市場。

松下公司一直採用低額利潤的經營方式，與消費者共用低成本所獲得的利益。堅定不移的恪守為民眾服務的思想，使松下公司獲得了長足的發展。1930年，松下公司還是一家只有六百多名工人的中型家用電器生產廠，到了1935年便迅速發展為能生產各種電器的大型企業，1938年又研製出第一套電視模型，1941年發展為擁有一萬多名員工的超大型企業。

松下幸之助的目標是謀求民眾的幸福，這也表現在他對公司員工的態度上。松下公司在物質方面給予員工優厚的待遇，在日本率先採取五天工作制，實行男女工資平等制，員工到35歲就有一戶自己的住宅，使松下公司的員工真正感到幸福。

在松下的經營史上曾有幾次危機，但松下幸之助在困難中依然堅守信念，不忘為民眾服務的經營準則，使公司的凝聚力和抵禦困難的能力大大增強，每次都能化險為夷。1990年初，日本一家發行量最大、影響最廣的報紙舉辦對企業經營者評價的投票活動，松下幸之助名列「最受歡迎的經營者」榜首，並被譽為「經營之神」，這都是民眾對松下幸之助最真誠的認可。

053 杜拉克原則

精力、金錢和時間,應該用於使一個優秀的人變成一個卓越的菁英;而不是用於使無能的做事者變成普通的做事者。

提出者:管理大師彼得‧杜拉克

評析:別試圖教豬唱歌,這樣不但不會有結果,還會惹豬不高興!

管理大師彼得‧杜拉克曾在《哈佛商業評論》撰文指出:「精力、金錢和時間,應該用於使一個優秀的人變成一個卓越的菁英;而不是用於使無能的做事者變成普通的做事者。」

對杜拉克的這一精彩論述,我們稱之為「杜拉克原則」。

杜拉克認為,人們不應該將努力浪費在改善低能力的人或技能上,而是應該使那些表現一流的人或技能變得更加卓越。

儘管我們還不能確切的知道,將一個優秀的人變成一個卓越的人,比將一個無能的人變成一個普通的人,究竟節省多少精力、金錢和時間,但是德魯克的觀點還是普遍被人們接受。

許多人總是著眼於人的不足、缺點,並認為人的不足、缺點都是不好的,人們應該千方百計的彌補不足、改正缺點。杜拉克原則卻認為:壞習慣必須改掉,因為它妨礙你取得績效。但你在某一方面的缺點和不足,卻並不一定要花大力氣將它提高到普通水準。因為,這樣做的話,改善的很可能不是你某一方面的能力,而是使你失去自我!

054 熱爐規則

處分的目的在於教育，而不在於懲罰。

提出者：美國管理學家小克勞德·喬治

評析：嚴屬展現膽識，寬容展現胸懷。懲罰只是手段，教育才是目的。

　　「Hot stove rule」是一套被頻繁引用的規則，它能指導管理者有效的訓導員工。這一規則由於與觸摸熱爐有著許多相似之處，而被稱為「熱爐規則」。

　　熱爐法是一個比喻，說的是懲處的原則應該像燒紅的爐子那樣，二者相似之處在於：

　　首先，熱爐火紅，不用手摸也知道爐子是熱的，當你觸摸熱爐時，你得到即時的反應，在瞬間感受到灼痛，使大腦毫無疑問的在原因與結果之間形成聯繫，即警告性原則。領導者要經常對部屬進行規章制度教育，以警告或勸誡不要觸犯規章制度，否則將會受到懲處。

　　其次，你得到了充分的警告，使你知道每當你碰到熱爐，一定會被灼傷，即必然性原則。也就是說只要觸犯規章制度，就一定會受到懲處。

　　第三，結果具有一致性，每一次接觸熱爐，立即就被灼傷，即即時性原則。懲處必須在錯誤行為發生後立即進行，絕不拖泥帶水，絕不能有時間差，以便達到及時改正錯誤行為的目的。

　　第四，不針對某個特定的人，不管誰碰到熱爐，都會被灼傷，即公平性原則。如果一個懲處制度能達到這樣的水準就是有效的、優秀的。

　　在管理中，如果員工犯了錯，批評和懲罰是應該的。透過懲罰，可以達到規範員工行為、使員工在制度規範的約束下，集中精力。但是，懲罰制度畢竟是手段而不是目的，嚴屬的懲罰不但會傷害員工的積極性，而且很可能導致人才的流失，跑到競爭對手那裡去，弱己強敵。

　　企業制訂和推行懲罰制度，關鍵是要公開、公正、公平，並從技能培

訓、企業文化建設和建立科學的獎懲機制入手，使員工心悅誠服、勇於認錯。如此一來，熱爐帶給員工的就不僅僅是燙、而且會有溫暖的感覺了。

例如：某公司有一位業績相當出色的員工，認為一項具體的工作流程是應該改進的。於是，他向部門經理提出了改進的建議，但沒有受到重視。有一天，他私自違反了工作流程，改用自己的方法來工作。主管發現後嚴厲批評他。他不但不反省，反而認為主管有私心，於是就和主管大吵一架。主管將這件事報告經理，要求對那位員工進行嚴懲。

由於這位員工業績出色，經理不敢隨便辭退，於是就將問題報告總經理。總經理將這位員工找來進行一次談話。他先讓這名員工敘述事情的經過，並透過和他交談來交換意見和看法。總經理發現，這位員工的確很有想法，他違反的那項工作流程確實應該改進，而且還談出了許多現行工作流程和管理制度中的不完善之處。

總經理以朋友式的平等態度和這名員工交流，並真誠的聆聽他的意見，讓他感到受重視和尊重，反抗情緒漸漸平息了，從開始的只認為主管有錯，到最後承認自己也有不對。

最後，總經理決定以這位員工自己認為應受的罰金減半罰款，並讓他在會議上公開自我檢討，另外再補上一個工作日。同時，總經理告訴他，公司會以最快的速度改進那項工作流程。這位員工十分愉快的接受了，事情過後，這位員工立刻改變了原來的傲氣和不服的情緒，並積極配合主管，工作熱情大增。

由此聯想到當前的誠信體系和法制的建設上，其存在的最大問題，就是當一個人出現犯規行為後，不能受到及時的懲罰，無法得到教育的目的。

055 日清日畢

日事日畢，日清日高。

評析：企業的優秀和卓越不是來源於多麼激昂的豪言壯語，而是源自平常的點點滴滴和踏實的做好每一個細節，只爭朝夕，日積月累，成功就變成了一種習慣、一個必然。

　　日清日畢是「日事日畢，日清日高」的簡稱，意思是每天的工作每天完成，而且每天的工作品質都有一點兒的提高。

　　這中間包含了管理大師彼得・杜拉克的目標管理思想。在管理中，比較聰明的方法是將一個大目標分解成一年、一月，甚至一天的小目標，實現了每一天的小目標，大的目標自然就實現了。每天一丁點兒的進步既是腳踏實地，又能構建起宏偉的夢想。

　　清代文嘉有首著名的《今日歌》唱道：「今日復今日，今日何其少，今日又不為，此事何時了？人生百年幾今日，今日不為真可惜，若言姑待明朝至，明朝又有明朝事。」

　　任何事情如果沒有時間限定，就如同開了一張空頭支票。只有懂得利用時間為自己施加壓力，事情才能如期完成。所以最好制訂每日的工作進度表，記下事情，定下期限。每天都有目標，也都有結果，日清日新。

　　「日清日畢」系統方面包括：

　　「日事日畢」，是對當天發生的各種問題，在當天找出原因，釐清責任，及時採取措施進行處理，防止問題累積，使目標得以實現。

　　「日清日高」，是對工作中的薄弱環節不斷改善與提高，要求員工「堅持每天提高1％」，100天後，工作水準就可以提高一倍。

　　對於一個企業而言，每天的事都要每天完成，這是因為企業是在一條鍊條中運作的，某個環節的延誤必然會在目前或今後產生結果，並且由於連鎖反應，最終的後果往往難以簡單的歸結為哪一次、哪一個人的行為，而法不

責眾，遭受的損失最後就會不了了之。規定日事日畢，等於將大船的船體分割成了多個水密隔艙，一處受損不至於殃及其他。

對於個人來說也是一樣，例如一個中層管理者，每天都會接到來自高層的工作指令、其他部門的合作要求，以及部屬的工作請示等。在這種情況下，「日清日畢」就很重要。規定當日完成，或在一定時間完成的工作，要盡量按時完成，延遲的結果必然影響今後的工作計劃。時間一久，一事壓一事，稻草都會堆成山，惡性循環之下，工作效率必然大受影響。

人性本身是放縱、散漫的，形諸於外的，就是對目標的堅持、時間的控制等做得不夠，事情無法按時完成。如果拖延已開始影響工作的品質時，就會蛻變成一種自我怠誤的形式，當你肆意拖延某個專案時，你就為自我怠誤落下基石。為自己尋找巧妙的藉口，或有意忙些雜事來逃避某項任務，只能使你在這種壞習慣中愈陷愈深。今日不清，必然累積，累積就拖延，拖延必墮落、頹廢。延遲該做的事會浪費工作時間，也會造成不必要的工作壓力。

056 多米諾效應

因關係緊密、由小到大而發生的一系列連鎖反應，就像多米諾骨牌一樣，只要有一塊倒下，其餘的就會一個接一個倒下。

評析：千里之堤，潰於蟻穴，要注意防微杜漸、堵塞漏洞。

骨牌最早起源於中國的宋代。1849年8月16日，一位義大利傳教士將骨牌帶回了米蘭，作為珍貴的禮物送給了最美麗的女兒小多米諾，但傳教士怎麼也想不到，正是這副骨牌，使他的名字——多米諾，成為一種世界性體育運動的代稱。

不久，小多米諾就喜歡上了這副骨牌，因為她發現了骨牌的新玩法，她

依點數大小以相接的方式將骨牌連接起來。在玩骨牌遊戲時，小多米諾發現它可以有效的鍛鍊人的意志和耐力。

小多米諾的男友阿倫德是個性情浮躁的人，小多米諾就請他將28張牌一張一張的豎起來。如果阿倫德不能在限定時間內將28張牌放完，或者放好的牌倒下了，小多米諾就限制他一個星期不許參加舞會。經過49天的磨練，阿倫德的性格變得剛毅堅強，做事也變得穩健沉著。

傳教士多米諾為了讓更多人喜歡上高雅的骨牌遊戲，便製作了大量的木製骨牌。不久，木製骨牌迅速的在義大利及整個歐洲傳播開來，骨牌遊戲成了歐洲人的一項重要的高雅運動。後來，人們為了感謝多米諾為他們帶來這麼好的一項運動，就將這種骨牌遊戲命名為「多米諾」。

到了十九世紀，多米諾已經成為世界性的運動。在非奧運項目中，它是知名度最高、參加人數最多、擴展地域最廣的體育運動。

從此，「多米諾」成為一種國際性術語。無論是在政治、軍事，還是在商業領域中，只要產生一倒百倒的連鎖反應，就是「多米諾效應」。

多米諾效應展示了一個有著複雜和普遍聯繫的世界，就像「泛大西洋」號海輪的沉沒。船上的每個人都犯了一點小錯誤，但誰都沒有去注意，結果導致了這條最先進的船，在海況極好的地方沉沒，船毀人亡。

在企業的快速發展中，同樣存在著許多漏洞和隱憂，而這些漏洞和隱憂能否及時得到解決，將決定企業的生死存亡。

任何微小的差錯都會釀成巨大的後果。對於多米諾效應，最好的解決辦法就是防微杜漸、亡羊補牢。事業的成功往往在於比別人多看半拍、多走半步，企業如果能夠提前預測危機的到來，及時撤退，就算不能完全防止多米諾效應的發生，也可以將影響降到最低。

057 波特定理

當遭受許多批評時，受批評者往往只記住開頭的部分，其餘就不聽了，因為他們忙於思索論據來反駁開頭的批評。

提出者：英國行為科學家波特

評析：在指責別人錯誤時，當頭棒喝往往會傷害別人的自尊心，而旁敲側擊不但讓人易於接受，而且還能令人留下好的印象。

有一天，史瓦布到廠房巡視，無意間發現一些工人正圍在牆角抽菸，而牆上卻明確寫著「嚴禁菸火」4個大字。當時，他非常生氣，可是他仍然強壓著心頭的怒火，並沒有理直氣壯的質問他們，或對他們當頭棒喝。

相反，他悄悄的走過去，接著掏出自己的菸盒，遞給每個人一支菸，然後才若有所指說：「大家還是到離廠房遠一點的地方抽吧！」

那些工人聽了之後，意識到自己犯了一個原則性的錯誤，而面前的上司竟然如此寬容，因此都非常自責，下定決心以後一定不再犯同樣的錯誤。

約翰·華納梅克有一次在自己經營的百貨公司巡視時，注意到有位客人站在櫃檯前等著買東西，卻久久不見售貨員上前招呼，原來那些售貨員都聚在角落閒聊，根本沒有注意到顧客上門。

對於這種不將顧客和工作當一回事的現象，華納梅克感到非常生氣，但是他卻一言不發迎上前去，替這位客人將選好的物品接下，然後交由一名店員包裝，接著回到了自己的辦公室。在整個過程中，他沒有對那些店員說過一句指責的話。

在很多時候，當部屬犯錯時，主管都會嚴辭批評一番，有時甚至將員工罵得狗血淋頭。在他們看來，似乎這樣才能產生殺一儆百的作用，展現規章制度的嚴肅性，顯示出管理領導者的威嚴。

其實，有時候過於關注員工的錯誤，尤其是一些非根本性的錯誤時，會大大傷害員工的積極性和創造性，使員工產生對抗情緒。並不是所有的批

評都可以達到正面的效果，因為當批評和被批評的過程不是在心平氣和中進行，並且當部屬遭受到批評過多時，情況會更加糟糕。

英國行為學家波特指出：「當遭受許多批評時，受批評者往往只記住開頭的部分，其餘就不聽了，因為他們忙於思索論據來反駁開頭的批評。」

在指責別人錯誤時，當頭棒喝往往會傷害別人的自尊心，而旁敲側擊不但讓人易於接受，而且還能令人留下好的印象。玫琳凱公司創始人在管理實踐中遵循一條原則：不管要批評的是什麼，你必須找出對方的長處來讚美，批評前和批評後都要這麼做。玫琳凱將這一原則稱為「三明治策略」。

我們知道，批評只有被對方從內心接受才能生效。這就意味著，批評雖然有道理，但不等於被對方接受。其實，人的心理都一樣，就是希望自己得到上司或周遭人的尊重，沒有比受人輕視更讓人感到不愉快的了。

心理學研究表示，接受批評最主要的心理障礙，是擔心批評會傷害自己的面子，損害自己的利益。為此，在批評前要幫助被批評者消除這個顧慮，這樣才能使他聽得下去。而消除顧慮較好的方法，就是先表揚、後批評，亦即在肯定他的成績基礎上，再對他進行適當的批評。

玫琳凱認為，批評是針對事情，而非針對人。在討論問題之前及之後，不要忘了讚美，而且要試著以友善的口吻來結束。以這種方式來處理問題，你就不會引起對方的憤怒。

例如，上司對員工說：「你的工作態度非常認真，為公司盡了很多力，又有責任感。唯一美中不足的，是你的言詞有些不恰當。倘若沒有這一點，你就是公司裡最優秀的職員了。」像這種勉勵多於指責的話，員工當然樂於接受。

但是有些管理者是在充分發洩完怒氣之後，再用一句讚美的話來結束。儘管有些管理專家鼓勵這種技巧，但玫琳凱不這麼認為。在她看來，一個受到嚴厲批評的人，會感到極大的震撼，他將聽不見你最後給他的讚美。很明顯，這最後的讚美是多餘的，這種批評沒有建設，只有破壞。

此外，玫琳凱還認為，女性比男性更難應付批評，女性會傾向將這種批評當作是針對個人而發。所以，玫琳凱建議：表揚要公開，批評只能在私下，管理是一對一的事情，如果你是對一個人談話，那就不存在你講給誰聽

的問題了。

在公司，玫琳凱主張在批評女性時，應採取較柔和的方式。讓每位女性的自尊都能受到極大的維護，在享受這種維護的同時，她們的工作熱情也會隨之高漲，公司因此獲益。

玫琳凱說：「我認為，如果你要批評一個員工，你必須表明對某事不滿意。但是，批評的目的是指出錯誤在哪裡，而不是指出犯錯者是誰！要採取嚴厲而不失柔和的態度。」

採取柔和的態度，並不是要讓管理者放縱自己的員工，而是在提出批評時，講究策略。當某人出錯時，既能指出錯誤，又不傷害對方的自尊心。

每個人都有自尊，但很少有管理者在批評別人時注意到這一點。玫琳凱說：「傷害一個員工的自尊，就等於挫敗了他的工作積極性。」每當員工犯錯時，玫琳凱都會以適當的方式提醒他。

058 雷尼爾效應

華盛頓大學教授的工資，80%以貨幣形式支付，20%是以美好的環境來支付的。

評析：知道員工的真正需求，才能留住人才。

雷尼爾效應起源於美國西雅圖華盛頓大學的一次風波。校方選擇了一處地點，想在那修建一座體育館。消息一傳出，立即遭到教授們的強烈反對，後來，學校很快採納了教授們的意見，取消了這一計劃。原來，這塊土地正好在校園的華盛頓湖畔，體育館一旦建成，就會擋住教職員每天都能欣賞到的湖光山色。

為何校方會如此尊重教授們的意見呢？原來，華盛頓大學教授的工資，

80％是以貨幣形式支付，另外的20％則是由良好的自然環境補償。如果因為修建體育館而破壞了這種景觀，就意味著薪資的降低，教授們會流向其他大學，學校就不能以原來的工資標準聘請到同樣程度的教授了。

教授們之所以願意接受較低的工資，而不到其他大學尋找更高的報酬，完全是因為留戀西雅圖的湖光山色。西雅圖位於北太平洋東岸，華盛頓湖等大大小小的水域星羅棋布，天氣晴朗時可以看到美洲最高的雪山之一——雷尼爾山峰，開車出去還可以到達海倫火山。美麗的景色也是一種無形財富，它能達到吸引和留住人才的作用。

美麗的西雅圖風光可以留住華盛頓大學的教授們，同樣的道理，企業也可以用「美麗的風光」來吸引和留住人才。當然，這裡所說的「美麗風光」不僅是自然風光，更是良好的人際關係和健康的文化氛圍。

在知識經濟背景下的企業營運中，僅僅依靠物質獎勵來激勵員工，已經變得愈來愈不適宜。工作本身所需要的勞動體力在減少，所需要的智力和創造力在增加，而員工享有充分的選擇自由，人力資本就有了很大的流動性。因此，想要留住有才華的員工，就必須為員工創造一種無形的財富。

059 古狄遜定理

一個累壞了的管理者，是一個最差勁的管理者。

提出者：英國證券交易所前主管古狄遜

評析：下君盡己之能，中君盡人之力，上君盡人之智。（韓非子）

有一天，一個小男孩問迪士尼的創辦人華特：「你會畫米老鼠嗎？」

「不，我不會畫。」華特說。

「那麼你負責想所有的笑話和點子嗎？」

「也不，我不做這些。」

男孩很困惑，接著追問：「那麼，迪士尼先生，你到底都做些什麼啊？」

華特笑了笑，回答說：「有時我把自己當作一隻小蜜蜂，從片廠一角飛到另一角，蒐集花粉，給每個人打打氣，我想，這就是我的工作。」

在童言童語之間，一個管理者的角色不言可喻。不過，一個團隊管理者不只是替人打氣的小蜜蜂，還是團隊中的靈魂人物。他應該做到五件事：選擇適當人才；明訂團隊目標與方向；釐清成員權責；取得適當資源，有效指引成員找到方法；有能力追蹤或審視團隊的績效，帶領執行計劃，激發團隊成就。做到了這些，員工們就會死心塌地跟著管理者奮鬥，自然達到工作業績。這樣的方法與自己事事親力親為相比，哪個更好呢？

在現實生活中，我們會發現有不少管理者忙得焦頭爛額，恨不得一天有48小時可用，或者覺得需要員工的幫忙，但又怕他們做不好，最後還是將所有事情都往自己身上攬。雖然一個稱職的管理者最好是一個「萬事通」，但一個能力極強的人，並不一定能管理好一家企業。管理的真諦不是要管理者自己做事，而是要管理者管理別人做事。

管理者要管頭管腳，但不能從頭管到腳。管理的最高境界，就是不用管理但各方面仍正常運行。對於一個管理者而言，許多常規和例行公事無需事必躬親。在實際工作中，如果特地花時間去協調處理員工應該做的工作，那麼這是妨礙，而不是幫助。

管理者要讓員工對自己的工作享有自主的權力，這樣不僅能使員工充滿自信，使團隊步上軌道，同時也會減輕管理者的負擔與壓力。反之，如果長期束縛員工，那麼會造成他們不必要的心理壓力，愈來愈懷疑自己的作用與能力，甚至失去自信，找不到自己在團隊中的定位，這將使他們對工作失去激情。一個聰明的管理者只做重要的工作，不重要的工作可以利用部屬的力量去完成。

有些管理者將困難的工作留給自己，那是因為他們認為別人無法勝任這項工作，覺得自己親自去做更有把握。即使是如此，管理者要做的也不是自己親自處理困難的工作，而是去發掘有能力的人來做這些事。要做到這一

點，一方面是給下屬成長的機會，增強他們的辦事能力，另一方面是要懂得授權。

美國著名管理學家哈默為我們提供了一個實例：

在紐約，哈默有一個客戶，當這個客戶在自己的辦公室時，除了要與客戶電話聯絡外，還要處理公司所有的事情，桌上一堆公文等著他去處理，每天都忙得不可開交。

每次到加州出差，哈默都要約他早上六點三十分見面，而他必然會提前三個小時起床，先處理好由公司轉來的傳真，再將傳真送回公司。

哈默曾與他談論，覺得他做得太多，而他的員工只做簡單的工作，甚至不必思考，也不必負擔任何的責任與風險。像他這種作法，將無法留住好的人才。但是這位客戶說，員工沒有辦法做得像他一樣好。對此，哈默向他說明兩點：

「第一，如果你的員工像你這麼聰明，做得和你一樣好的話，那他就不必當你的員工，早就當老闆了。第二，你從不給他機會去嘗試，怎麼知道他做得不好呢？」

哈默又說，身為領導者必須明白：請別人為你做事，你才能從他們之中發掘有才能的人。給他們機會，為你完成更多的工作，也可以說是訓練他們承擔額外的工作。

所以，身為管理者不可能事必躬親，必須栽培值得你信賴、有潛力的員工，耐心的教導他們。剛開始的學習階段難免發生錯誤，致使公司蒙受損失，但只要不是太大，不會動搖公司的根本，就將它當成訓練費用。你一定要脫身去處理首要的事情，因為它可能關乎整個企業的前途。適時放手讓身邊的人承擔責任，並考核他們的表現。當他們妥善完成工作時，就要讓他們知道自己做得不錯。

在哈默的勸說下，這位客戶改變了自己的工作方式，學會了授權讓有能力的員工去處理事情，最終，他的公司取得了相當不錯的業績。

企業的發展不能只靠一個或幾個管理者，必須仰賴廣大員工的積極努力，借助他們的才能和智慧，群策群力才能逐步推動企業。再有能力的領導者，也要借助他人的智慧和能力，這是一個企業發展的最佳途徑。

060 拜倫法則

授權他人後就完全忘掉這回事，絕不去干涉。

提出者：美國內陸銀行總裁拜倫

評析：管理是讓別人工作的藝術。

　　管理的祕訣在於合理的授權。所謂授權，就是指為讓部屬完成任務，領導者將權力的一部分和相應的責任授予部屬。使領導者能做經營的事，部屬能做部屬的事。

　　近幾年來，全球企業正經歷一場轉折，從以前的家庭式企業，一人決策的集中控制管理，逐步被分權和授權的方式所取代。隨著企業規模的迅速擴大和全球化戰略的實行，公司管理者統管一切的方式，不僅在方法上是行不通的，對於組織的成長也是有害的。

　　合理的授權既能給員工發展的空間，有助於培養員工的工作能力，提高士氣，使員工更加積極的參與企業的運作和管理，從而增強企業的競爭力。又能使管理者擺脫能由員工完成的日常事務，抽出更多時間專心處理重大決策問題，督導員工工作，提高團隊效率。

　　善於授權的企業能創造一種「領導氣候」，使員工在此「氣候」中自願從事富有挑戰性的工作。授權可以發現人才、利用人才、鍛鍊人才，使企業出現一個朝氣蓬勃、生龍活虎的局面。

　　松下電器的創始人松下幸之助曾說過一段耐人尋味的話：「授權可以讓未來規模更大的企業仍然保持小企業的活力；同時也可以為公司培養出發展所必須的大批出色的經營管理人才。」有了這些人才，企業的發展就能如虎添翼，取得更大的成功。

　　成功的企業管理者都深諳授權之道。詹森維爾公司是一個美國式家族企業，規模不大，但自從1985年權力下放以來，企業發展相當迅速。CEO斯達爾的體會是：「權力要下放才行，一把抓的控制方式是一種錯誤，最好的控

制來自人們的自制。」

斯達爾權力下放的主要表現，是由現場工作人員來制訂預算。剛開始時，整個預算過程是在公司財務人員的指導下完成的。後來，現場工作人員學會了制訂預算，財務人員就只需負責把關即可。在自行制訂的預算指導下，工作人員自己設計生產線，需要添置新設備時，他們會在報告上附上一份自己完成的現金流量分析，以證實設備添置的可行性。

為了讓每一位員工更有權力，斯達爾撤銷了人事部門，成立了「終生學習人才開發部」，支持每一位員工為自己的夢想奮鬥。每年發放員工學習津貼，對學有所成的員工，公司還發給獎學金。自從實行權力下放以來，公司的經營發展十分良好，銷售額每年遞增15％，比調資幅度高出整整一倍。

英代爾公司也十分注意對員工進行授權。在他們看來，授權者和被授權者必須共用資訊。因為只有委派進行得當時，它才會產生較強的槓桿作用，較弱的槓桿作用則出現於主管只死守所有工作，而不懂得分配工作。總裁葛魯夫認為，主管將自己喜歡的工作分配出去，可以更加得心應手的對這些分配出去的任務進行監督，並確保部屬依計劃執行。

在英代爾公司的日常管理中，處處都展現了授權所帶來的好處。葛魯夫認為：當主管無所事事，在百無聊賴之際干涉部屬的工作，這樣的結果是可怕的，員工的積極性和創造性將會受到重創。因此他認為：對於一個主管而言，適度授權並花一定的時間去計劃、諮詢或協調員工之間的關係，適時的加以督導，那麼部屬就會及時的調整工作狀況，這種局面非常有利於公司的高效運作。

進行有效的分權與授權，並不意味著管理者的權責被剝奪，相反的，是加強了管理者的職能。有效的分權與授權，可以使管理者從日常繁瑣的事務中抽身，集中精力與時間去做真正該做的事，例如企業戰略的制訂、高級人才的培養與安排、企業文化的培育等。而且分權和授權還能調動員工的積極性，培養他們處理問題的能力，對企業更加有歸屬感。

對一個自信的管理者來說，在將自己昔日所從事的工作授權給他人接掌時，總是會感到難以割捨，尤其當這項事業是自己首創時，更是如此。美國福特汽車公司前總裁托伊說過：「當你發現部屬處事方針有所偏差時，抑制

干涉的衝動實在不是件容易的事。」即使你明知接掌自己事業的人是如何精明幹練的人才，你心底總是有個聲音在吶喊：「他不行，他不瞭解我的事業，也不明白我的方法。」此時我們就要告誡自己：管理者權力運作的最佳方法是抑制，而不是放縱自己的權力，且職位愈高愈應如此。管理者是帶領部屬完成目標的人，不是透過個人能力實現目標的人；是最大限度挖掘和調動部屬積極性的人。既然已經授權部屬，就要相信自己的眼光，相信他能將工作做得很好。

授權並非一蹴可幾，不能說一句「這件事交給你」就認為完成了授權。授權需要授權者和被授權者雙方密切的合作，彼此態度誠懇，相互溝通瞭解。在授權的時候，授權者必須有心理準備，明確授予部屬完成任務所必需的權力和責任，使他完全理解自己的任務、權力和責任。

做到這些之後，就要讓被授權者依他自己的方式處理事情，不要隨意干涉，並且隨時給予支持、協助。合理的授權並非放任部屬、撒手不管。授權者要保留監督的權利，在被授權者出現不可原諒的錯誤時，隨時取消他的資格。

061 赫勒法則

當人們知道自己的工作成績有人檢查時，會加倍努力。
提出者：英國管理學家赫勒
評析：如果你強調什麼，你就檢查什麼，你不檢查就等於不重視。

通常品質檢驗人員與生產人員在企業中扮演的是交通警察與計程車司機的角色，玩著貓捉老鼠的遊戲。有時，品質檢驗人員又必須扮演消防隊員的角色，哪裡有火就出現在哪裡，他們用複雜而繁瑣的工具及系統來分析、查

找問題的原因，透過嚴格的獎懲、監督考核制度來對付出現品質問題的人或部門。

為什麼品質檢驗人員與生產人員會出現這樣的對立呢？為什麼品質檢驗人員在一家企業裡這麼重要呢？

IBM總裁郭士納說過：「如果你強調什麼，你就檢查什麼，你不檢查就等於不重視。」

美國政治學家潘恩甚至說過：「如果沒有人監督，對國王是不能信任的。」杜拉克大師的「目標管理」在全球普及甚廣，但在實施時卻有很多企業效果不如預期，其中一個痼疾就是不完善的工作追蹤。如果沒有工作追蹤，目標管理也就只剩下美麗的目標這個外殼。

美國著名速食大王肯德基國際公司的連鎖店，遍布全球60多個國家和地區，總數多達9900多個。然而，肯德基國際公司在萬里之外，又是如何信任它的部屬能循規蹈矩呢？

有一次，上海肯德基公司收到3份肯德雞國際公司寄來的鑑定書，對他們速食店的工作品質分3次進行了鑑定評分，分別為83、85、88分。公司主管都為之瞠目結舌，這3次分數是怎麼評定的呢？

原來，肯德基國際公司培訓了一批人，讓他們佯裝成顧客，祕密進入店內進行檢查評分。這些「神祕顧客」來無影、去無蹤，而且沒有時間規律，這使得速食店的經理、雇員時時感受到壓力，絲毫不敢懈怠。正是透過這種方式，肯德基在最廣泛瞭解到基層實際情況的同時，有效的實行了對員工的工作監督，大大提高了他們的工作效率。

根據管理大師杜拉克的觀點，想要完全實現企業的計劃與目標，就必須進行追蹤和控制，透過設定目標對整個組織的行為進行控制，調配組織和各種資源，圍繞目標往前走。

如果行動與目標發生了偏離，透過工作追蹤可以及時對偏離的情況進行評估，然後對資訊進行反饋，並採取一定的調整措施，就能保證企業的目標繼續依照原來的設定實現。工作追蹤主要包括以下幾點：

◇衡量工作進度及結果。

◇評估結果，並與工作目標進行比較。

◇對部屬的工作進行輔導。

◇如果在追蹤過程中發現嚴重的偏差，應找出和分析原因。

◇採取必要的糾正措施，或者變更計劃。

工作追蹤中最常出現的問題，是主管在工作追蹤時，追蹤的不是目標，而是部屬的實現方式。有些主管認為工作追蹤應以部屬的工作表現為主，每天都能保證不遲到、不早退，在主管視野所及的範圍內勤奮工作的，就是好員工。詢問他們理由，他們會說：「我看到某人工作認真，他就是好員工，而某人我從來沒看見他做什麼事。」

例如，在規定的市場區域裡，經理一年要完成銷售額500萬元，這是公司設定的目標，那麼，一個月就是40多萬元。如果連續2個月上司看到銷售額沒完成，就容易產生質疑，然後從旁指導或是喋喋不休。這其實是在追蹤該經理的實現方式，而不是一年500萬元銷售額的目標了。

事實上，因為主管的精力有限，不可能對所有部屬的工作表現都有所感覺。這種只追蹤形式而不管結果的行為，一方面造成工作追蹤的片面性，另一方面也可能傷害到員工的感情，發揮不了工作追蹤、進行階段性工作評價的作用。

因此，工作追蹤應當著重客觀性的標準——工作成果，同時也要兼顧主觀性的標準——工作方法和個人品質。

一名優秀的主管應該如何進行工作追蹤呢？

第一，瞭解部屬是否將他所有的資源和精力都用在達成目標上。

如果是，那就不需要對他進行糾正。如果部屬在能力或工作方法上出現問題，那主管需要做的就是教練的工作，在能力方面對他進行培訓，或資源方面給予補充。

第二，要明確授權，以免造成部屬在工作時事事請示。

工作追蹤是在充分授權的情況下，讓部屬在自己的想法、作法基礎上所進行的追蹤。此外，工作追蹤不是干涉，不是主管來替部屬做決定，而是對部屬的工作做出一個目標完成情況的評價。

工作追蹤第一步：蒐集資訊。

蒐集資訊主要有幾種途徑和方式：

◇建立定期的報告、報表制度。許多公司的銷售部門、生產部門的定期報告制度良好，甚至連值班日誌都有規範，但其他多數部門可能就是以口頭報告為主，這是不行的，一定要制訂嚴格的報告、報表制度。

◇定期會議。

◇現場的檢查和追蹤。

這些工作就方法而言並不複雜，但關鍵是要能細緻並且不斷堅持。

工作追蹤第二步：給予評價。

◇要定期追蹤。

管理者有時候工作一忙，就無暇瞭解部屬的工作情況，一旦形成三天打魚、兩天曬網的習慣，部屬的工作就可能漸漸鬆懈。對部屬的工作追蹤要養成定期的習慣，同時讓部屬也感到主管有定期檢查的習慣，這是非常重要的。

在進行工作追蹤及評估時要注意以下三個要點：

1. 分清工作的主從。

管理者的事務很多，不可能事事追蹤，因此一定要分清事情的主從，對重要的事定期檢查，而次要的事則不定期抽查。

2. 對工作進行評估。

工作評估的重點是看清目標是否偏離，有時是與目標有所差距；有時是具體方法的差異；有時看似業績實現了，但目標卻是偏離了。如果評估時發現目標偏離，就要及時將它拉回來。

3. 避免只做機械式的業績和目標的比較，應當發掘發生偏差的原因。

在分析偏差時，必須先釐清哪些是下屬無法控制的因素所引起的。

工作追蹤第三步：及時反饋。

主管必須定期將工作追蹤的情況反饋給部屬，以便部屬：

1. 知道自己表現的優劣所在。

2. 尋求改善自己缺點的方法。

3. 使自己習慣於自我工作追蹤及管理。

如果發現部屬目標達成不理想，那麼可以提出建議。有的部屬當主管指出他的工作偏離目標時，他可以很快的意識到這一點，再根據主管的建議進

行調整，或是強行將目標拉回來。

不論是採用哪種方式，都必須做到及時反饋，這樣堅持的時間長了，部屬就會發現凡是偏離公司目標的事情都是不被允許的，這就在公司內部形成了一個基本的原則。既激勵大家完成目標，又威懾那些可能故意偏離目標的人。

062 吉德林法則

將難題清楚的寫出來，便已經解決了一半。

提出者：美國通用汽車公司管理顧問查理斯‧吉德林

評析：雜亂無章的思維，不可能產生有條有理的行動。

在瞬息萬變的環境下，如何才能最有效的解決難題，並沒有一個固定的規律。但是，成功並不是沒有公式可循的，遇到難題，不管你要怎麼解決它，成功的前提是看清難題的關鍵所在。找到了問題的關鍵，也就找到了解決問題的方法，剩下的就是如何具體實行。

美國華盛頓廣場有一座宏偉的建築──傑弗遜紀念館大廈。這座大廈歷經風雨滄桑，年久失修，表面斑駁陳舊，政府非常擔心，便派專家調查原因。

調查的最初結果認為侵蝕建築物的是酸雨，但後來的研究表示，酸雨不至於造成那麼大的危害，最後才發現原來是沖洗牆壁所含的清潔劑，對建築物有強烈的腐蝕作用，而該大廈牆壁每日被沖洗的次數多於其他建築物，因此腐蝕也比較嚴重。

問題是為什麼要每天清洗？因為大廈被大量的鳥糞弄得很髒。

為什麼大廈有那麼多鳥糞？因為大廈周圍聚集了很多燕子。

為什麼燕子會聚集在這裡？因為建築物上有燕子愛吃的蜘蛛。

為什麼這裡的蜘蛛特別多？因為牆上有蜘蛛最喜歡吃的飛蟲。

為什麼這裡的飛蟲這麼多？因為飛蟲在這裡繁殖特別快。

為什麼飛蟲在這裡繁殖特別快？因為這裡的塵埃最適合飛蟲繁殖。

為什麼這裡的塵埃最適合飛蟲繁殖？

其實真正的原因並不在塵埃，而是塵埃在從窗子照射進來的強光作用下，形成了獨特的刺激，致使飛蟲繁殖加快，因而有大量的飛蟲聚集在此繁殖，於是提供了蜘蛛豐盛的大餐。蜘蛛超常的聚集又吸引了成群的燕子往返流連。燕子吃飽了，自然也為大廈留下了大量糞便……

因此解決問題的最終方法是：拉上窗簾。結果，傑弗遜大廈至今完好。

要想解決問題，必須清楚問題出在哪裡。看到了問題的癥結所在，也就找到了解決問題的辦法。所以，遇到問題後，首先要分析問題，只有這樣，在解決問題時才會得心應手，事半功倍。將難題清楚的寫出來，便已經解決了一半。

有一天，愛維拜訪了查理斯·希瓦勃，對他說：「如果你允許讓我和你的每一位部屬處上15分鐘，我就能提高你公司的效率和銷售額。」

希瓦勃很自然的問：「我需要支付多少錢？」

「不需要，」愛維說，「除非的確有效。三個月後你可以寄給我一張支票，給我你認為值得的金額，這樣公平吧？」

希瓦勃同意了，在這家為生存而奮鬥的年輕鋼鐵公司裡，愛維每次用15分鐘時間與各級管理人員交談，並讓他們完成一個簡單的任務。在之後的三個月裡，這些經理每天晚上必須列出一份清單，寫出第二天他要做的六件最重要的事。然後依照事情的重要程度，對所有事情做出排列。愛維告訴他們，每完成一件事情就把它擦掉。你只需按順序做完這六件事。如果你沒有完成，就把它寫在第二天的清單上。

三個月試驗結束後，公司的效率和銷售額都變得非常高，這讓希瓦勃既吃驚又興奮，隨即，他愉快的寄給愛維一張3.5萬美元的支票。

列出清單會促使你決定哪件任務是最重要的。清單要簡明扼要，不要過分熱心的記下太多必須做的事，這一點很關鍵。因為你看著那個數字會想：

我不可能做完這些。六件事是個容易安排的份量。當你能輕鬆的完成所有列出的任務時，你就可以考慮處理更大的事情。最重要的是，你必須親手將它寫在紙上。

用腦筋思考一遍是極為容易的，但也容易導致忽視或延緩去做那些最重要的事。當所有的一切被列上清單時，這就變成一定要動手了。

玫琳凱化妝品公司創始人說：「我經常因為太忙而沒有時間查看我的清單。但當我在晚上再一次快速掃一眼清單時，我通常已經完成了六項中的絕大多數。我認為這是因為坐下來寫出要完成的任務，加深了我的印象，使我更清楚的朝著實現每天的目標而工作。」

063 百人規則

如果你遇見員工而不認得，或忘了他的名字，那你的公司就太大了點。
提出者：英國史蒂芬·約瑟劇院導演亞倫·艾奇布恩
評析：攤子一旦過大，你就很難將它照顧周全。

組織規模迅速擴張，使得組織變得臃腫但不強壯。等組織變複雜了，它的獲利卻大大降低了，這是因為公司進行了很多周邊的瑣碎事務。讓公司變得複雜的行動，是人類行為中最降低效率的行動。

每一個人、每一個組織，都是由許多相互對抗的力量協力造成的。而這些對抗，是由許多瑣碎不重要的勢力，共同對抗少數的但必要的勢力。這些瑣碎無用的多數，代表著組織裡無所不在的惰性和無能，它們和組織中有活力和創造性的力量混雜一處，結果常使我們分不出垃圾，也看不見寶石。

商業世界和人生一樣，總是朝著複雜的方向發展。複雜後面的面紗，隱藏的還是一張官僚的臉。簡單管理的組織流程，面向客戶就非常簡單，而面

向權力就非常複雜。

　　所有複雜的組織都存在資源浪費和效率低下的情況，特別是一些大型的組織。他們沒有專注在應該關注的事情上，很多大型組織都在進行昂貴的、無生產力的活動，這種活動的數目極其龐大。

　　複雜往往會造成浪費，組織的高效率來自簡潔。所以，任何組織都可以做到降低成本，簡化進行中的活動，並將低價值或負面價值的活動消除，讓顧客享有更好的服務；任何時候都應該記住「KISS」原則（Keep it simple, stupid！意思是「笨蛋，怎不知簡化！」）

　　優秀公司最重要的特色，莫過於能及時靈活的採取行動。許多公司雖然組織龐大，但它們並未因過分複雜而停滯難行。它們從不沉溺於長篇大論的公文報告，也不設立僵化的組織結構。它們深信人一次只能處理少量資訊，並且一旦意識到自己是獨立自主的，他們就會大受鼓舞，工作積極性也大大提高。

　　一般公司內常見的抱怨是組織過分複雜，然而，令人耳目一新的優秀公司卻沒有這樣的問題。Digital、德州儀器、惠普、3M、IBM、達納、麥當勞、愛默生、比克特爾、波音、達爾塔航空等公司的高級主管並未被一大堆公司組織圖或工作說明所「淹沒」，他們準備妥當，集中火力，瞄準目標，在嘗試中學習。

　　在我們看來，優秀公司的結構形式只有一種關鍵的特性——簡單。只要具有簡單的組織形式，很少的員工就可以完成工作。事實上也是這樣，大部分優秀公司的管理階層員工相對較少，管理階層多數是在實際工作中解決問題，而不是在辦公室裡審閱報告。

　　在基層，實際操作者多而管理者少。因此，我們粗略的得出「百人規則」，即大型公司的核心領導層沒有必要超過100人。愛默生電氣公司擁有5.4萬名員工，但公司總部員工少於100人。達納公司擁有3.5萬名員工，但總部已由1970年的500人減少到現在的大約100人。施盧姆貝格爾探油公司是一家擁有60億美元資產的多元化石油服務公司，以大約90名管理人員經營著這個覆蓋全球的大帝國。

　　麥當勞的管理人員也很少，正像雷・克拉克那句歷久不衰的格言：「我

相信公司的管理階層應該是『人愈少愈好』。」所以一個企業，尤其是小型公司，盡量不要設分管職能的副職。一個副職夾在總經理和部門經理之間，往往成為可有可無的擺設。更嚴重的是，多了一個可以推諉責任和釀造是非的人。

在擁有10億美元資產的英特爾公司，事實上並沒有固定的行政人員，所有部門間的行政人員都是臨時性的。在價值20億美元的沃爾瑪公司，創建者山姆·沃爾頓說，他相信公司總部空無一人的規則：「關鍵在於走進商店仔細傾聽。」

同樣的規則也適用於一些經營狀況良好的小公司。如ROLM公司，它由15名員工組成的公司總部，管理著價值2億美元的業務。當查理斯接管價值4億美元的克利夫蘭公司時，他被行政人員的數目嚇壞了，在幾個月內，他將公司總部人員從120人減到了50人。

聯合航空公司前任主席愛德華·卡爾森曾提出過一個水漏理論。在多數公司中，中層管理人員除了一些「整理工作」以外——如阻止一些觀點向上傳和阻止一些觀點向下傳，真的幾乎沒有什麼作用。卡爾森認為，中層管理人員是一塊海綿，如果中層的人員少一些，親身實踐管理就能更好的發揮作用。

因此，想讓你的組織更有效率、更有活力，就必須先替你的組織減肥。

064 柯希納定律

在管理中，如果實際管理人員比最佳人數多兩倍，工作時間就要多兩倍，工作成本就多四倍；如果實際管理人員比最佳人數多三倍，工作時間就要多三倍，工作成本就多六倍。

提出者：管理學家柯希納

評析：在管理上，並不是人多就好，有時管理人員愈多，工作效率反而愈差。只有找到一個最合適的人數，管理才能收到最好的效果。

　　一個組織要想提高工作效率，先要辭退那些只會製造矛盾的人員。只有找到適合組織的最佳管理人員，貫徹管理工作，組織才會擁有一個較高的效率。

　　在《帕金森定律》一書中，有這麼一個故事：

　　A君有兩名部屬C和D，C君還有兩名部屬E和F，同樣D君也有兩名部屬G和H。有一天，A君囑咐部屬起草一份文稿，E兄認為該檔案是F兄管轄範圍內的事，於是請F兄起草一個初稿。

　　初稿送到C先生那兒，C先生大加修改後送D先生會簽。D先生本想將文稿交給G兄去辦，不巧G兄請假不在，文稿轉到H兄手裡，H兄寫上自己的意見，經D先生同意送還給C先生。C先生採納了意見，修改了草稿，然後將修改稿送呈A君審閱。

　　A君怎麼辦呢？

　　本來他可以不加審查，簽發了事，因為他的腦袋裡裝了許多其他問題。他盤算到明年自己該接W君的班了，所以必須在C先生和D先生之間物色一位來接替自己。嚴格來說，G兄構不成休假條件，可是D君又批准他休假，H兄的健康狀況不佳，臉色蒼白，部分原因是鬧家庭糾紛，也許本來該讓H兄休假才對；此外，A君要考慮F兄參加會議期間增發薪資的事，還有E兄申請調往養老金部去工作的問題；A君還聽說D先生愛上了一個女打字員，那可是個

有夫之婦；G兄和F兄鬧翻了，已經到了互不理睬的地步，誰也不知道是為了什麼。

因此，當C先生將修改檔案送來時，A君本想簽個字了事。但是因為同事們相互製造了矛盾，同樣也為他製造了矛盾，重重矛盾擾得他心煩意亂，而起因無非就是因為有這麼多大大小小的層級的存在。

A君又是一個辦事極為認真的人，他絕不敷衍塞責。於是，他仔細閱讀文稿，刪去C先生和H兄加上的囉唆話，將稿子恢復到精明能幹的F兄最初起草的模樣，改了些文字——這些年輕人簡直全不注意語法——最後定了稿。

這份定稿，如果說中間沒有穿插這一系列部屬們，A君同樣也可以寫出來。人多了，一件事情花費的時間反而更多了，誰也沒閒著，人人都盡了最大的努力。

西方管理學中著名的「柯希納定律」早就對這種現象做了透徹的分析：如果實際管理人員比最佳人數多兩倍，工作時間就要多兩倍，工作成本就要多四倍；如果實際管理人員比最佳人員多三倍，工作時間就要多三倍，工作成本就要多六倍。管理諮詢公司人員人數少、工資高的例子，就是明證。

柯希納定律再簡單不過了，它告訴我們：在管理上，並不是人多就好，有時管理人員愈多，工作效率反而愈差。只有找到一個最合適的人數，管理才能收到最好的效果。柯希納定律雖是針對管理人員而言的，但它同樣適用於對公司一般人員的管理。在一間公司中，只有每個部門都真正達到了人員的最佳數量，才能最大限度減少無用的工作時間，降低工作成本，從而達到企業的利益最大化。沃爾瑪前總裁山姆‧沃爾頓為我們提供了一個很好的案例。

作為全球最大零售企業之一沃爾瑪公司的掌舵者，山姆‧沃爾頓有句名言：「沒有人希望裁掉自己的員工，但身為企業高層管理者，卻需要經常考慮這個問題。否則，就會影響企業的發展前景。」他深知，企業機構龐雜、人員設置不合理等現象，會使企業官僚之風盛行，人浮於事，導致企業工作效率低下。為避免這些在自己的企業內發生，沃爾頓總是設法要以最少的人做最多的事，極力減少成本，追求效益最大化。

從經營自己的第一家零售店開始，沃爾頓就很注重控制公司的管理費

用。當時，多數企業都會花費銷售額的5％來維持企業的經營管理。但沃爾瑪不這樣做，它力圖做到以公司銷售額的2％來維持公司經營！這種作法貫穿了沃爾瑪發展的始終。

在沃爾頓的帶領下，沃爾瑪的員工經常都是早出晚歸，工作賣力盡責。結果，沃爾瑪用的員工比競爭對手少，所做的事卻比競爭對手多，企業的生產效率當然就比對手高。就這樣，在沃爾瑪全體員工的努力下，公司很快從一家零售店，發展到了現在擁有全球2000多家連鎖店。公司大了，管理成本也提高了，但沃爾頓卻一直不改一貫的作法——將管理成本維持在銷售額的2％左右，用最少的人做最多的事！

065 奧卡姆剃刀

如無必要，勿增實體。

提出者：英格蘭邏輯學家威廉

評析：不要人為的將簡單事情複雜化。

十四世紀前期，從法國的一所監獄中逃出一名囚犯。那時正是歐洲的黑暗時代，一個犯人越獄算不了什麼大事，可是這個人非比尋常，他是一位很有學問的基督教教士——威廉，人稱「駁不倒的博士」。威廉出生於英國奧卡姆，人們叫他「奧卡姆的威廉」。他曾在巴黎大學和牛津大學學習與研究，屬於方濟會教派。他發表的言論，有許多意見與當時的羅馬教廷不合，因此遭到囚禁。

在獄中過了四、五年，威廉找到機會逃出來，跑到巴伐利亞去找那裡的公爵，他對公爵說了一句很有名的話：「你用劍保護我，我用筆保護你。」於是正在和教廷鬧彆扭的公爵立刻收容了他。

隨後，威廉著書立說，名聲大振。他對當時無止境的關於「共相」、「本質」之類的爭吵感到厭倦，主張唯物論，只承認確實存在的東西，認為那些空洞無物的普遍性概念都是無用的累贅，應當被無情的「剃除」。

這也就是威廉所謂的「思維經濟原則」。因為他是英國奧卡姆人，人們就將他的這種思想稱為「奧卡姆剃刀」。

在某種意義上，「奧卡姆剃刀」是一種「反動」的哲學。人類文明的不斷發展，就是不斷為這個世界增添新的內容，而「奧卡姆剃刀」卻不斷向我們的文明成果發出挑戰，指出許多東西實際上是有害無益的，而我們正在被自己製造的這些麻煩壓垮。

不可否認，人類已經進入了一個不堪重負的時代。世界人口總數已突破了60億，全球環境問題愈來愈嚴重，人與自然的矛盾空前激化。我們的生活也變得緊張和沉重，人們為生活奔忙，為工作壓力所苦，休息和休閒時間愈來愈少。

雖然我們的物質生活比過去任何一個時代都富足舒適，但是我們的幸福感和滿足感卻比任何時代都差。我們創造了前所未有的財富，卻發現自己成了這些財富的奴隸。兩千多年前，蘇格拉底站在熙熙攘攘的雅典集市上感嘆：「這兒有多少東西是我不需要的！」

我們的企業正在不斷膨脹，制度愈來愈繁瑣，檔案愈來愈多，效率愈來愈低。要處理這種僅由企業規模產生的員工之間的複雜交流，我們需要更加複雜的系統。

如果我們留心觀察，就會發現一份常見的商業建議書常是厚厚的一疊，我們再看看一些高層經理的個人計劃，計劃中的目標數不勝數。

在企業管理中，奧卡姆剃刀定律可以進一步演化為簡單與複雜定律：把事情變複雜很簡單，把事情變簡單很複雜。複雜會造成浪費，而效能則來自於單純。因此，我們在處理事情時，要把握事情的主要實質，把握主流，解決最根本的問題。

066 彼得原理

人們在某一個職位取得一定成就之後，就會趨向於被晉升到更高一級的職位，一直晉升到自己不能勝任的職位為止，這樣，就可能導致企業裡的所有職位都被不勝任的人佔據。

提出者：管理學家勞倫斯‧彼得

評析：提拔員工一定要著眼於潛力，重視人與職位的匹配，目前的成績並不能做為晉升的理由，而要看到他是否能在更高層次上發揮能力。

　　管理學家勞倫斯‧彼得1917年生於加拿大，1957年獲美國華盛頓州立大學學士學位，6年後又獲得該校教育哲學博士學位。他閱歷豐富，博學多才，著述頗豐，他的名字還被收入至《美國名人榜》、《美國科學界名人錄》和《國際名人傳記辭典》等辭書中。

　　「彼得原理」是彼得經過對千百個有關組織中，不能勝任的失敗實例的分析而歸納出來的，首次公開發表於1960年9月美國聯邦出資的一次研習會上，聽眾是一群負責教育研究計劃，並剛獲晉升的專案主管，彼得認為他們多數人「只是拚命想複製一些老掉牙的統計習題」，於是引用彼得原理說明他們的困境。

　　演說遭到與會者的敵意與嘲笑，但是彼得依然決定以獨特的諷刺手法呈現彼得原理，於是寫成了《彼得原理》一書，1965年定稿，儘管所有案例研究都經過精確編纂，且引用的資料也都符合事實，該書的手稿卻遭到16家出版社的無情拒絕。1966年，作者在報紙上零星發表了幾篇論述同一主題的文章，讀者的反應異常熱烈，引起各個出版社趨之若騖。正如彼得在自傳中提到的，人偶爾會在鏡中瞥見自己的身影而不能立即自我辨認，於是在不自知前就加以嘲笑一番，這樣的片刻正好可以使人進一步認識自己，「彼得原理」扮演的正是那樣一面鏡子。1969年2月《彼得原理》出版，他在書中提出：

「人們在某一個職位取得一定成就之後，就會趨向於被晉升到更高一級的職位，一直晉升到自己不能勝任的職位為止。這樣，就可能導致企業裡的所有職位都被不勝任的人佔據。而在新的職位上，被晉升者使用的往往是他們在低層次職位上使用的管理經驗和辦法，顯然，這在更高層次是不適用的。由此，導致整個組織內部的管理水準下降，組織的效率降低。而組織中的任何人，遲早都將有同樣的遭遇。」

彼得的這一發現在西方曾被評價為，可以和科學史上牛頓、哥白尼的發現相媲美的、最深刻的社會和心理學發現。

多數員工都有「向上爬」的心理，無論自己是否可以勝任更上一層的工作。這是因為他們從小就接受著「不想當將軍的士兵就不是好士兵」之類的教育，或者，即使沒有這樣的教育，人的性格中也有這樣的基因。

可是在現實的職場中我們不難發現，一個優秀的銷售經理被提升為地區總經理、事業部總經理或者公司的銷售總監後業績平平，一個優秀的工程師被提升為技術部經理後帶不了團隊。一次又一次的事實告訴我們，個人的業績與其團隊領導能力完全是兩種不同的能力，作為團隊領導，更需要團隊建設、組織協調、知人善任的能力，但我們的企業一次又一次的重演著這樣的錯誤。

被提拔的員工，因為自己不能勝任工作，不但自己的優勢不能發揮，自身的價值沒有得到最大的展現，還會喪失工作的樂趣。對企業而言，這種不恰當的提拔，一方面失去了一個能夠勝任較低一級職位的優秀員工，另一方面又安插了一個蹩腳的管理者，就會造成組織的人浮於事，效率低下，導致平庸者出人頭地，發展停滯。

因此，企業需要改變單純的「根據貢獻決定晉升」的晉升機制，不能因某個人在某一個職位上表現出色，就推斷此人一定能夠勝任更高一級的職務。要建立科學、合理的人員選聘機制，客觀評價每一位員工的能力，將員工安排到可以勝任的職位。不要把職位晉升當成對員工的主要獎勵方式，應該建立更有效的獎勵機制，以加薪、休假等方式作為獎勵方法。有時將一名員工晉升到一個他無法發揮才能的職位，不僅不是對員工的獎勵，反而使員工無法發揮才能，也為企業帶來損失。

對個人而言，雖然我們每個人都期待不停的升職，但不要將往上爬作為自己的唯一動力。與其在一個無法完全勝任的職位勉強支撐、無所適從，還不如找一個自己能游刃有餘的職位，好好發揮自己的專長。

因此，根據彼得原理，提拔職員一定要著眼於潛力，重視人與職位的匹配，目前的成績並不能作為提升的理由，而要看到他是否能在更高層次上發揮能力。

067 啤酒效應

只有資訊共享、協調決策、減少官僚，最終才能降低交易成本。

提出者：彼得‧聖吉

評析：企業的興衰像水車的輪子一樣旋轉著，昨天還高高在上，今天卻屈居人下。

有一個笑話：一個官僚組織裡的人，就像一群在爬樹的猴子。上面的猴子往下看，對著的都是一張張的笑臉，而樹下的猴子往上看，見到的都是屁股。在二十一世紀的今天，競爭非常激烈，幾乎所有的行業都供過於求，在這種情況下，作風官僚、資訊不對稱、交易成本過高的企業是生存不下去的。

假設製造一件成品要經過七個流程，需要七層上游廠商提供原料和配件。如果第一個月，客戶向公司下的訂單是100件，為了防止缺貨風險，保證安全庫存，公司會要求上游廠商提供105件。然後，公司的上游廠商，為了保險，會要求他的上游廠商提供110件，如此類推，到了最上游的第七層廠商時，他所提供的數量可能達到200件之多。10個月下來，隨著時間與上下游的累計效應，這個數字會與實際需求相差很遠，導致最後一層廠商損失慘重，

可能受傷100倍。而在整個供應鏈中，如果有一段受傷的話，整條產業鏈就會受傷。這就是彼得·聖吉在《第五項修練》中所提到的「啤酒效應」。

問題出在哪兒？決策不透明、資訊不對稱（資訊不對稱理論是由美國經濟學家約瑟夫·斯蒂格利茨、喬治·阿克爾洛夫、邁克爾·斯彭斯在1970年提出的。指在市場經濟條件下，市場的買賣主體不可能完全佔有對方的資訊，這種資訊不對稱必定導致資訊擁有方為謀取自身更大的利益，而使另一方的利益受到損害。這三位經濟學家因對這一理論的傑出貢獻而榮獲2001年諾貝爾經濟學獎）。

官僚體制的表現是這樣：我是你的買家，那麼我的資訊為什麼要告訴你？我是你的老闆，我掌握資訊就比你厲害，「資訊是權力的來源之一」，我擁有資訊就擁有權力。資訊還可以賣錢，這個社會有許多人利用資訊賺錢，而且，資訊愈難得，價格就愈貴。

可是現在，如果我不將資訊充分告訴對方，對方一旦受損時，那我也一定會受到牽連，正所謂「一損俱損，一榮俱榮」，在現代產業鏈裡，哪一方都不能疏忽。所以對待上游廠商不僅要將他們看成夥伴，甚至還要將他們看成同一家公司，因為他受傷你也受傷。

那麼該如何改善呢？

第一，要實現資訊共享，對市場的需求情況大家都要瞭解，保證得到一樣準確的資訊。廠商可以提供保修承諾，或以廣告來向消費者傳遞優質產品的資訊。

第二，要實現決策的協調，大家共同參與決策，決定要備多少原料。可以建立獨立的質量監督、認證機構，幫助消費者識別劣質產品。

第三，在合約中對交易雙方進行行為約束，以及允許提供優質產品的廠商獲得超額利潤──「信譽租金」，從而形成一種有效的激勵機制。這樣廠商一旦在信譽上出問題，必定損失利益，使信譽成為一種真實的信號。

一間公司的內部也應如此，要資訊共享、協調決策、減少官僚，最終降低交易成本。我們經常透過視訊會議、網路等高科技來瞭解資訊，共同參與決策。因為有網路、視訊會議等高科技產品的存在，我們進行資訊共享的成本就能愈來愈低。

068 俄羅斯套娃定律

你要是永遠都只任用比自己差的人，那麼公司就會淪為侏儒；你要是敢啓用程度比自己高的人，公司就會成長為巨人！

提出者：廣告業的創始人奧格威

評析：評價一個經理人的表現，不僅要看他個人本身的才能，還要看他的部屬是否菁英輩出。

　　奧格威在一次董事會上，事先在每位與會者面前放了一個玩具娃娃。那是有名的玩具——俄羅斯套娃。

　　「大家都打開看看吧，這裡面就代表著你們自己！」奧格威說。

　　董事們很吃驚，疑惑的打開了玩具，發現裡面還有一個小一號的玩具娃娃；打開它，裡面還有一個更小的，接下來還是如此。當他們打開最後一層時，發現娃娃身上有張紙條，那是奧格威寫的留言：「你要是永遠都只任用比自己差的人，那麼我們的公司將淪為侏儒；你要是敢啟用程度比自己高的人，我們就會成長為巨人公司！」這就是有名的「俄羅斯套娃定律」，也就是「奧格威法則」。

　　現實中，我們常常可以看到這一種現象：一些管理者確實有愛才之心，但是這份愛才之心卻有一個上限，就是所用之人不能超過自己，一旦發現所用之人在某方面比自己高明，特別是當他與自己的意見不一致，而事實證明自己錯了的時候，嫉妒之心便油然而生。有能力的部屬往往恃才傲物，令上司大為困擾，同時，能人又往往鋒芒畢露，令上司產生危機感。

　　其實這些擔心都是不必要的，任用勝過自己的人，是一種健康心態的表現，而且，與比自己強的人共事，也是提高自身的一條捷徑。身為主管，遇到能力比自己高的部屬，首先應該承認這個事實，如果這個人真是各方面都很有能力，那麼或許有一天他會成為你的上司，但他現在還是你的部屬，對你來說，關鍵是如何利用他的能力。有些人的部屬中確實有一些能人，但這

些能人之所以還是部屬，就是因為他還有所欠缺；或者只是某些方面的能力比較強，但綜合能力不行；或者是恃才傲物⋯⋯

評價一個主管的表現，不僅要看他本身的才能，還要看他的部屬是否菁英輩出。公司應將主管能否帶領優秀部屬，發揮出最佳團隊精神，作為評價主管管理能力的重要指標。管理者不可能是全才，部屬在某一方面超越自己也是很正常的事。實驗證明，一個管理者任用比自己強的人愈多，其事業成功的機率也就愈大。

在美國的鋼鐵大王卡內基的墓碑上，鐫刻的文字深刻的展現了這一點：這裡安葬著一個人，他最擅長的能力，是將那些強過自己的人，網羅到他服務的管理機構中。

069 需求層次理論

人的行為是由需求決定的。

提出者：美國心理學家馬斯洛

評析：人在滿足了生存、安全的需求之後，就渴望被尊重，希望人格與自身價值被承認。

需求層次理論是研究組織激勵時應用最廣泛的理論。1943年馬斯洛（美國著名的社會心理學家、人格理論家和比較心理學家，人本主義運動的發起者之一，和人本主義心理學的重要代表，也是第三勢力的重要領導者）在《人類動機的理論》一書中提出了人的需求層次理論，並在1954年完成的《動機與人格》中完整的闡述了這個需求層次理論。

需求層次理論的構成根據四個基本假設：

1. 人要生存，他的需求能影響他的行為。只有未滿足的需求能夠影響行

為，滿足了的需求不能充當激勵工具。

2. 人的需求依重要性和層次性排成一定的次序，如食物和居住環境到自我實現。

3. 當人的某一層級需求得到最低限度的滿足後，才會追求高一級的需求，如此逐級上升，成為推動繼續努力的內在動力。

4. 滿足高層次需求的途徑多於滿足較低層次需求的途徑。

在馬斯洛看來，生理需求是人類最基本的需求和欲望；人類不會安於底層的需求，較低層的需求被滿足之後，就會往高處發展；滿足生理需求之後就追求心理滿足和社會認同，之後就想被愛、被尊重，希望人格與自身價值被承認。這是人類共同的特質。因此馬斯洛將需求層次理論分為五個層次：

第一個層次是人的基本生理需要，包括對衣、食、住、行等基本生存條件的需求。

生理需求的級別最低，人們在轉向較高層次的需求之前，總是盡力滿足這類需求。一個人在饑餓時不會對其他任何事物感興趣，他的主要動力是得到食物。

如A與B參加趕驢比賽，比賽規則非常簡單：不管用什麼手段，只要能在較短的時間將驢子由牧場一端趕到另一端就算贏。A站在驢子背後，用一隻腳踢驢子的臀部，驢子因為怕痛，所以當A踢一下，牠就往前走一步，A不踢，牠就停下來，結果A花了一個小時才將驢子踢到終點。B則騎在驢背上，手中拿著一枝竹竿，竹竿末端掛著一根紅蘿蔔，這根紅蘿蔔剛好落在驢子眼前不遠處，驢子很想吃蘿蔔，所以拚命往前跑，結果B只花了10分鐘就讓驢子自己走到了終點。

在這個故事中，B之所以能夠成功的贏得比賽，就在於他瞭解驢子的生理需求，知道怎麼激勵一頭驢子。

管理人員應該明白，如果員工還在為生理需求忙碌時，他們真正關心的問題就與他們所做的工作無關。當努力用滿足這類需求來激勵部屬時，（假設人們為報酬而工作，主要關注收入、舒適等），可以試圖利用增加薪資、改善工作環境、給予更多的業餘時間和休息時間、提高福利待遇等來激勵員工。

第二個層次是安全感需求，主要是對現在和未來生活安全感的需求。

安全感需求和生理需求一樣，在安全感需求沒有得到滿足之前，人們唯一關心的就是這種需求。對許多員工而言，安全感需求表現為安全而穩定以及有醫療保險、失業保險和退休福利等。受安全感需求激勵的人在評估職業時，會將安全感看成不致失去基本需求滿足的保障。

如果管理人員認為對員工來說，安全感需求最重要，就可以在管理中利用這種需求，強調規章制度、職業保障、福利待遇，並保護員工不致失業。如果員工對安全感需求非常強烈時，管理者在處理問題時就不應標新立異，並應該避免或反對冒險，讓員工們循規蹈矩的完成工作。

第三個層次是歸屬和愛的需求，這種欲望產生於人的社會性，希望在自己的群體中有一席之地，希望與別人建立友情，得到理解和愛。

當生理需求和安全感需求得到滿足後，社交需求就會突出，進而產生激勵作用。在馬斯洛需求層次理論中，這一層次是與前兩層次截然不同的另一層次。這些需求如果得不到滿足，會影響員工的精神，導致高缺席率、低生產率、對工作不滿及情緒低落。

管理者必須意識到，當社交需求成為主要激勵時，工作便被員工視為尋找和建立溫馨和諧人際關係的機會，因此，能提供同事間社交往來機會的職業會受到重視。管理者感到部屬努力追求滿足這類需求時，通常會採取支持與讚許的態度，開展有組織的體育比賽和集體聚會等業餘活動，並且遵從集體行為規範。

第四個層次是尊重的需求，包括維護自己的尊嚴和來自別人的尊重。

有尊重需求的人希望別人依照他們的實際形象來接受他們，並認為他們有能力，能勝任工作。他們關心的是成就、名聲、地位和晉升機會，這是由於別人認識到他們的才能而得到的。當他們得到這些時，不僅贏得了人們的尊重，其內心也因對自己價值的滿足而充滿自信。若是不能滿足這類需求，就會使他們感到沮喪。如果別人給予的榮譽不是因為他們的真才實學，而是徒有虛名，也會對他們的心理構成威脅。

在企業管理中，我們應該進行一種人性的回歸，實行以尊重員工為核心的人本管理。簡而言之，人的欲望是無止境的，要想激發員工的工作熱情，

就要不斷捕捉和滿足他們的低層次欲望需求，同時讓他們有新的欲望，這樣一個組織才會有源源不絕的發展動力。

第五個層次是自我實現的需求，這是一種發展和發揮潛能的需求，是人類最高層次的欲望。

達到自我實現境界的人，接受自己也接受他人，解決問題能力增強，自覺性提高，善於獨立處事，要求不受打擾的獨處。一個人如果想滿足這種發揮自己才能的需求，他應該已在某部分滿足了其他需求。當然自我實現的人可能過分關注這種最高層次需求的滿足，以至於自覺或不自覺的放棄滿足較低層次的需求。自我實現需求處於支配地位的人，會受到激勵，在工作中運用最富於創造性和建設性的技巧工作。

同樣是以金錢形式作為激勵和回報，處於不同需求階段的人對金錢會有不同的認識。有能力的年輕人更看重自我實現的需求，公司若能給他們提供一個相對寬鬆的環境，給他們一個表現的舞台、能力釋放的空間，他們甚至會降低對其他需求的要求。

一個企業應首先滿足全體員工的生理需求和安全感需求。在員工的生理需求和安全感需求得到基本滿足後，他們可能會繼續關注這兩個層次的需求，而不轉向對更高層次需求的關注。因此，應該在企業文化營造和企業價值觀引導方面做積極的工作，啟發員工嚮往更高層次的需求，如此，將有利於員工身心的健康發展。企業老闆和管理者萬萬不可簡單的將「金錢萬能論」和「唯金錢論」作為激勵手段，如此一來，你最終將無計可施，企業也將缺乏生機。

如果希望激勵某人，就必須瞭解此人目前所處的需求層次，然後著重滿足這一層次或在此層次之上的需求。在對員工的激勵中，排在前面的首先是員工的薪資與待遇，之後是工作穩定，進而是對工作環境的需求。在滿足了這些基本的需求之後，員工多傾向於滿足自我實現，如學習培訓機會、升遷的希望等。

當然，激勵的過程是動態的、逐步的、有因果關係的。在這一過程中，一套不斷變化的「重要」的需求，控制著人們的行為，這種等級關係並非對所有人都是一樣的，不同的人對於各個層次的需求是不同的，社交需求和尊

重需求這樣的中層需求尤其如此，其排列順序因人而異。

馬斯洛的需求層次理論說明，人的行為是由需求決定的，這五個層次的需求是由低到高依次上升，而只有未滿足的需求才能發揮激勵作用。

070 蘑菇管理原則

將初學者置於陰暗的角落（不受重視的部門，或打雜跑腿的工作），澆上一頭污水（無端的批評、指責、代人受過），任其自生自滅（得不到必要的指導和提攜）。

提出者：二十世紀七〇年代的一批電腦工程師

評析：「蘑菇」的經歷對於成長中的年輕人來說，就像蛹，是化蝶前必須經歷的一步。

據說，「蘑菇管理原則」是二十世紀七〇年代一批年輕的電腦工程師提出來的，這些天馬行空、獨來獨往的人早已習慣了人們的誤解和漠視，所以年輕的電腦工程師就經常形容自己「像蘑菇一樣的生活」。因為蘑菇長在陰暗的角落，得不到陽光，也沒有肥料，自生自滅，只有長到足夠高的時候，才開始被人關注，可是此時它已經能自己接受陽光了。在這項「原則」中，自嘲和自豪兼而有之。

相信很多人都有這樣一段「蘑菇」的經歷，但這不一定是什麼壞事，尤其是當一切都剛開始的時候。對於剛出校園的學生來說，一般都有一些通病：自命不凡、激情四射、驕傲浮躁、不甘心做配角等。讓他們當上幾天「蘑菇」，能夠消除他們許多不切實際的幻想，讓他們更加接近現實，看問題也更加實際。

一個組織，一般對新進員工都是一視同仁，從起薪到工作都不會有太大

的差別。無論你是多麼優秀的人才，在剛開始的時候都只能從最簡單的事情做起。而如何高效率的走過這一段，盡可能從中汲取經驗，並樹立良好、值得信賴的個人形象，是每個剛步入社會的年輕人必須面對的問題。

蘑菇管理是多數企業對待初學者的一種管理方法。讓初入門者當上一段時間的「蘑菇」，從傳統的觀念上來說是一件好事，它對人的意志和耐力的培養有促進作用。

但以發展的眼光來看，蘑菇管理有著先天的不足：一是太慢，還沒等它長高長大，一旁的野草恐怕就已經將它蓋住了，使它沒有成長的機會；二是缺乏主動，有些本來基因較好的蘑菇，一鑽出土就碰上了石頭，因為得不到幫助，結果胎死腹中。

做為領導者應當注意的是，「蘑菇」過程不可過長，時間太長會使其消極退化乃至枯萎。要知道不給陽光、不給關愛，不僅是任其自生自滅，更是對成長的抑制。如何讓他們成功的走過這一段「蘑菇」時光，盡快汲取經驗，才是管理者應當考慮的地方。

071 帕金森定律

一個不稱職的官員，可能有三條出路：一是申請退休，將位子讓給有能力的人；二是讓一位有能力的人來協助自己工作；三是聘用兩個程度比自己更低的人當助手。

提出者：英國歷史學家、政治學家諾斯科特‧帕金森

評析：帕金森定律深刻揭示了行政權力擴張引發人浮於事、效率低下的「官場傳染病」。

一個不稱職的官員，可能有三條出路：一是申請退休，將位子讓給有能

力的人；二是讓一位有能力的人來協助自己工作；三是聘用兩個程度比自己更低的人當助手。

第一條路是萬萬走不得的，因為這樣會喪失許多權利；第二條路也不能走，因為那個有能力的人將會成為自己的對手；看來只有第三條路可以走了。

於是，兩個平庸的助手分擔了他的工作，減輕了他的負擔。由於助手的平庸，不會對他的權力構成威脅，所以這名官員從此就可以高枕無憂。兩個助手既無能力，他們只能上行下效，再為自己找兩個更加無能的助手。如此類推，很快就形成了一個機構臃腫、人浮於事、效率低下的領導體系。

1957年，歷史學博士帕金森在馬來西亞一個海濱度假時，悟出這個定律，並將自己思考的結果發表在倫敦的〈經濟學家〉期刊上，後來，人們就將這個定律叫作「帕金森定律」。

直到今天，還有許多機構仍然沒有完全解決人員膨脹、效率低下的問題。帕金森對機構病症的獨到觀察與尖銳批評，仍然值得所有機構的高級人員參考與反省。

如何消滅帕金森定律的副作用，是各級政府以及企業面臨的重要問題。建設初期，一個縣的行政管理人員只有幾百人，而現在卻有上千人。龐大的行政管理開支必然落到每個納稅人身上，過多的行政干預必然制約經濟的發展。

有一則計劃經濟年代的真實笑話：某工廠蓋廁所，報告經過層層審批，經費總算批下來了，但只夠蓋一間。工廠主管經過反覆研究，終於決定先蓋一間男廁所，至於女廁所，只有明年再說了……

除了這個帕金森「組織定律」之外，帕金森還總結了有趣的「時間定律」：

一位閒來無事的老太太為了給遠方的外甥女寄張明信片，足足花了一整天的時間。找明信片要一個小時，尋眼鏡又一個小時，查地址半個小時，寫信花了一個小時又十五分，然後送往鄰街的郵筒，其間考慮究竟要不要帶傘出門，又去掉了二十分鐘。就這樣，一個平常人總共三分鐘可以辦完的事，另一個人卻要猶豫、焦慮和操勞整整一天，最後還累得半死。

一個做事迅捷、工作效率高的人，即使同時應對幾件事也能愉快勝任；而一個行動遲緩、推三阻四的人，也許一天下來連一件事也做不成。兩人的區別在哪兒？就在於前者已經養成了習慣，而且掌握了做事最簡捷的方法。而後者只學會了拖延，他的事情總是無法完成，所以時間也總是不夠用。

帕金森「時間定律」指出，工作會自動的膨脹並佔據所有可用的時間。要想成為一個有效率的人，你就必須為每一項任務規定完成的最後期限，如果你為自己安排了充裕的時間，你便會放慢節奏，以便用掉所有分配的時間。

072 洛克忠告

規定要少，但制訂之後，便要嚴格遵守執行。

提出者：英國教育家洛克

評析：一個企業的成功，30%靠策略，40%靠執行。

俗話說：「無規矩，不成方圓。」在管理中，將事情標準化、制度化，讓各職能部門有章可循，員工按部就班，可以提高管理效率。要做到這些，制訂各種規定就不可避免。如何制訂規定，從而使企業能以最好的狀態運轉，是每個管理者都不可忽視的問題。

少訂規定會讓員工有較大的個人發展空間，在工作中充分發揮積極性和創造性，從而提高企業的效率。但是，規定若是不能嚴格執行，那會比沒有規定還差。適當的規定，並得到嚴格執行是成功的保證。

古語云：「慈不掌兵！」一個優秀的管理者應該堅持正確的原則，雖然推行的結果可能會得罪一些高層人士，從而導致自己的職位不保，但是如果你的政策無法推行，那麼同樣沒有前途。其實，只要你是真正客觀公正的執

行規定，而不是關注自己的私利，你會得到員工的尊重。

　　春秋時期，有一次孫武去見吳王闔閭，與他談論帶兵打仗之事。吳王見他說得頭頭是道，便看看他說的實效如何。於是吳王要求孫武替他訓練宮女。孫武答應了，並挑選了一百個宮女，讓吳王的兩個寵姬擔任隊長，有板有眼的操練起來。

　　孫武先將列隊訓練的要領清楚的講了一遍，但正式喊口令時，這些宮女笑成一團，亂成一堆，誰也不聽他的。孫武再次講解了要領，並要兩個隊長以身作則，但他一喊口令，宮女們還是滿不在乎，兩個擔任隊長的寵姬更是笑彎了腰。孫武嚴厲的說道：「這裡是演武場，不是王宮。你們現在是軍人，不是宮女。我的口令就是軍令，不是玩笑。妳們不按口令訓練，就是公然違反軍法，理當斬首！」說完，便叫武士將兩個寵姬殺了。

　　這下，場上頓時肅靜，宮女們嚇得誰也不敢出聲。當孫武再喊口令時，她們步調整齊，動作劃一，真正成了訓練有素的軍人。孫武派人請吳王來檢閱，吳王正為失去兩個寵姬而惋惜，沒有心思來看宮女訓練，只是派人告訴孫武：「先生的帶兵之道我已領教，由你指揮的軍隊一定紀律嚴明，能打勝仗。」其實孫武沒有多說什麼，而是從立信出發，換得了軍紀森嚴、令出必行的效果。

　　企業的本質就是執行。在目標──執行──結果這一企業的基本流程中，目標的制訂是經營者在很久以前就決定的事。結果的好壞，是一個年度或許久以後才能統計出來的數字。

　　其他日子裡的常態，應該是所有員工在自己的崗位上為企業目標不斷奔忙、不斷努力完成任務的過程，這才是企業生生不息的原因。從經營者、管理者到基層的每位員工，無時無刻不是處在一種「執行過程」中，他們在執行中表現出的態度、能力、速度、品質、應變等因素，都將成為企業命運真正的決定性力量。

　　為什麼滿街的便利商店，只有7-11一枝獨秀呢？為什麼滿街的咖啡店，只有星巴克高朋滿座呢？其實各家店策略基本相同，結果卻不一樣，原因便在於執行力不同！權威人士說：「一個企業的成功，30%靠策略，40%靠執行。」顯然，執行比策略更重要。

　　你可以不進行模式的創新，只需要像多數企業那樣採取尾燈戰略。但是，你卻不能沒有完成任務的能力。即使你靠獨創的經營模式，拉開了與競爭對手之間的距離，但若執行的力度不夠，就一定會被模仿者追上。

　　規定的生命在於執行，行勝於言，最終也只有結果才能夠說明一切。優良的規定，一定是有利於創新的規定，而有了規定，就需要嚴格的執行。規定的成敗在於我們如何正確的執行，否則再好的規定都不過是一紙空言。

073 華盛頓合作定律

一個人敷衍了事，兩個人互相推諉，三個人則永無成事之日。

提出者：美國前總統華盛頓

評析：在用人上不僅要考慮人才的才智和能力，更要注意人力資源的整合。

　　有一位年輕人到海邊旅遊，在那裡遇到了一位捉螃蟹的老翁。他看到老翁旁邊放著兩個小竹簍，一個蓋著蓋子，一個敞著口。他猜想肯定是那個蓋著蓋子的竹簍裡裝滿了螃蟹，而那個敞開口的竹簍裡沒有螃蟹或者很少。他走上前去往那個敞口的竹簍一看：「哎喲！怎麼裡面這麼多螃蟹？」他又掀開了那個蓋著蓋子的小竹簍一瞧，卻發現只有一隻螃蟹。他納悶了，於是問老翁：「老伯，你這個竹簍裡只有一隻螃蟹，為什麼還要蓋著蓋子，而另一個竹簍裡裝滿了螃蟹，你卻不蓋？」

　　老人淡淡一笑，回答說：「年輕人，你有所不知。這兩個竹簍的形狀和一般的不同，它的開口部分較小，而底下的部分較大。如果竹簍裡只有一隻螃蟹，就得將竹簍蓋好，防止那隻螃蟹逃走；但是如果竹簍裡有兩隻以上的螃蟹，那麼竹簍口就算不蓋，也不必擔心。因為只有一隻螃蟹時，螃蟹可以

順著竹簍口逃走，而若有兩隻以上的螃蟹，那麼所有的螃蟹都會拚命的往竹簍口逃跑。但是這時候問題就出現了，竹簍口設計得很小，只能讓一隻螃蟹通過，一旦有螃蟹順利爬到簍口處，其餘的螃蟹便會蜂擁而至，設法佔據出口的位置。這樣一來只要有螃蟹想逃走，其餘的螃蟹便會將牠拉下來，所以沒有一隻螃蟹可以順利逃走。」

螃蟹如此，人又何嘗不是如此，每個人都想出人頭地，可是總有一些人害怕別人超過了自己，而為別人的成功設置各種障礙。可是互相拆台的最終結果是：誰都無法獲得成功。

「一個人敷衍了事，兩個人互相推諉，三個人則永無成事之日。」這是人性的弱點，也是我們每個人的弱點。美國前總統華盛頓看到了這一點，中國的古人也早就看到了這一點，否則怎麼會有「三個和尚沒水喝」的說法。

許多時候，人多力量未必大。人與人之間的合作不是簡單的力量和智慧的相加，而是更微妙和複雜。在人與人的合作中，假設每個人的能量都是1，那麼10個人的能量可能比10大得多，也可能比1還小，因為人的合作不是靜止的，它像是方向各異的能量，相互推動時自然事半功倍，但是相互牴觸時便一事無成。

074 共生效應

在自然界，一株植物單獨生長時，往往長勢不旺，沒有生機，甚至枯萎衰敗，而當眾多植物一起生長時，卻能相互影響、相互促進，長得鬱鬱蔥蔥，挺拔茂盛。

評析：生意不能遠離大市場，靠市場才能賺錢，遠離了大市場，就等於遠離了賺錢的可能性。

　　共生效應也叫群聚效應。無論在自然界還是人類社會都是一樣，任何人與事都具有相對集中的傾向。

　　有一家公司擁有半條街的店面，近幾年因為公司業務不景氣，店面冷清。恰好這個街巷附近是一個很大的住宅區，於是公司只好撤了店面，空房對外招租。

　　有一對夫婦率先在這裡租下店面，開了一家風味小吃店，生意竟出奇的好。許多風味小吃全聚到了這條街上。這條街上人聲鼎沸，很快成了遠近聞名的小吃街。

　　眼見承租店面的人生意這麼好，對外招租的公司再也坐不住了。公司收回了全部店面，趕走了所有在這裡經營各式風味小吃的人，搖身一變，自己經營起小吃生意。不料僅僅一個月，這條街巷又冷清起來，許多時常往來於這條街上的食客，漸漸不再來了。公司的收益也出奇的差，自己獨家做生意的收入，竟還沒有出租店面的收入高。公司經理百思不得其解，便去詢問一位經濟學方面的老專家。

　　專家聽完之後，微笑著問他：「如果你要吃飯，是到一條只有一家餐館的街上，還是要到一條有幾十家餐館的街上去？」

　　經理說：「當然哪裡餐館多，選擇性多，我就會到那裡去。」

　　專家聽了，微微一笑說：「那麼你的公司壟斷了那條街巷的小吃生意，與一條街上只有一家餐館有什麼不同呢？」

經理幡然醒悟，回去後迅速縮減了自己公司的店面，又將店面對外招租，這條街的生意頓時又恢復了昔日的熱鬧光景。

生意不能遠離大市場，靠市場才能賺錢，遠離了大市場，就等於遠離了賺錢的可能性。

在現今市場競爭中，共生效應的重要性日益顯著。現今競爭早已脫去了那層血淋淋的外衣，互補互助，共同謀利，成為新一輪競爭中的重要手段。企業間組成戰略同盟，可以取長補短，發揮資源的協同作用，從而形成共生型渠道關係，節省企業成本，避免重複建設，實現雙贏，這樣才更能贏得市場。

2003年，兩大全球影像業巨頭「柯尼卡」和「美能達」正式合併。合併後的柯尼卡、美能達在專利數統計中上升至全球第三位，並與新力公司合作，共同抗衡數位相機老大——佳能公司，非但沒有被吃掉，反而在數位影像處理和數位照片沖印設備方面取得了不錯的業績，並於2006年完全淘汰傳統膠片業務。合作不僅能夠發展自身，還可以提高抵禦風險的能力。同時，在合作中也能不斷學習和吸收到合作夥伴的優勢，來彌補自己的不足。

與共生效應類似的還有叢林法則。在艱難的環境中，一片樹林總是比一棵樹苗更能抵禦狂風暴雨，存活下來的機會也更大。法國紀錄片《國王企鵝日記》中的一幕就真實反映了我們這個時代的叢林法則。

在寒冷的冬天裡，一群小企鵝緊縮成一團，禿鷹不敢輕舉妄動，而不遠處的一隻小企鵝因離團隊太遠，未能及時趕回，不幸成為禿鷹的獵物。聚成一群的企鵝也只能眼睜睜的看著，卻無能為力。

在殘酷的競爭中，個人的力量畢竟有限，與其在危機四伏的「陣地」中孤軍奮戰，不如尋找戰略夥伴，就像那些小企鵝一樣。在危險來臨的時候，別忘了你的身邊還有戰友共患難，大家的力量總是比一個人的力量大。

075 霍茲華斯法則

商業的本質就是叫人願意與你合作。

提出者：美國戲劇理論家霍茲華斯

評析：要讓別人與你合作，你首先就應是一個有效的合作者。

有人不明白天堂和地獄究竟有什麼區別，便去問上帝。

上帝對他說：「來吧！我讓你看看什麼是地獄。」於是，上帝將他帶進一間房間，那裡有一群人正圍坐在一大鍋肉湯前。但是，每個人看起來都營養不良、面黃肌瘦、弱不禁風。

那人仔細一看，雖然他們都拿著一支湯匙，但湯匙的柄卻比他們的手臂長，根本無法將食物送進嘴裡，於是他們只能眼睜睜的看著一鍋香噴噴的肉湯興嘆。在饑餓帶來的死亡面前，他們的神情十分悲苦。

「來吧！我再讓你看看什麼是天堂。」看過地獄之後，他們又走進另一間房間，和第一個房間裡的情況完全相同：一鍋湯、一群人、一樣的長柄湯匙。但是這裡的每個人都顯得很快樂，吃得飽，睡得香，一個個滿面紅光，精神抖擻。

這究竟是什麼原因呢？那個人仔細一看：原來他們都將自己湯匙裡的湯送到對面人的嘴裡，在相互幫助中，每個人都喝到了美味可口的肉湯。

相同的環境，為什麼有人生活得很快樂，而有人卻過得很悲慘？原因就在於他們會不會伸手去餵別人，這就是天堂和地獄的差別。

《華爾街日報》曾與哈里斯互動公司進行過一項聯合調查，結果顯示，美國公司在招聘企業管理專業的畢業生時，最重視的特質是處理人際關係的技巧和團隊合作的能力。「學生從商學院裡學習了很多特質和才能，但是溝通和處理人際關係的能力，顯然是招聘人員最看重的特質。」

隨著知識型員工的增多以及工作內容智力成分的增加，愈來愈多工作需要團隊合作完成，因此團隊更加強調組織中，個人創造性的發揮和整體的協

同合作。如果不能將團隊成員整合在一起，那麼不管是多少個菁英，也只能是一盤散沙。

　　成立於1977年的蘋果電腦公司，之所以能發展成為與IBM具有同等競爭力的電腦公司，祕訣就在於有一個精誠合作的團隊。

　　面對強大的競爭對手IBM公司，當年28歲的董事長史蒂夫‧賈伯斯並沒有打算認輸。因為他有一群充滿著青春活力、有著親密無間合作關係的夥伴們為他撐腰。在這群年輕人之中，賈伯斯充當教練、領導者和冠軍栽培人等多重角色，是一個完美的典型。他是一個既狂熱又明察秋毫的天才，他的工作就是專門出各種新點子，對傳統觀念提出挑戰。而團隊中的年輕人則是他各種構想的實踐者，他們精誠合作，相信賈伯斯的眼光，都希望在工作中取得偉大的成績。他們對技術有最新的理解，知道如何運用這些技術來造福大眾。

　　蘋果電腦公司招聘的辦法是面談，一個應徵者可能要到公司談好幾次才會被錄用。當對應徵者做出最後決定時，蘋果電腦公司常會把自己的個人電腦產品——麥金塔式機拿給應徵者看，讓他坐在機器前，如果他沒有顯出不耐的神情，蘋果公司就說這是一部挺棒的電腦，以此來刺激他一下，目的是讓他的眼睛亮起來，真正激動起來，這樣就可以知道他和蘋果電腦公司是否志同道合。

　　由於公司的員工都是志同道合的一群人，有共同的目標，所以他們很容易就能進行密切合作。正是由於這種密切合作的文化氛圍，造就了蘋果電腦一個又一個奇蹟。

　　在蘋果電腦公司中，如今一切都要學習麥金塔式的經驗，每個製造新產品的小組都是依照麥金塔式的模式做的。麥金塔式的例子表示，當一個發明團隊組成以後，要有效的完成任務，辦法就是分工負責，各盡其職。在麥金塔式機殼內，不為顧客所見的部分，便是全組的簽名，蘋果電腦公司的這一特殊作法，目的就是表揚每一個最新發明的創造者本人，而不是替公司樹碑立傳。成績是大家的，但名譽可以歸個人，這就是優秀的團隊合作境界。

076 史密斯原則

如果你不能戰勝他們，你就加入到他們中間。

提出者：美國通用汽車公司前董事長羅傑·史密斯

評析：不要一意孤行，如果潮流擋不住，至少，你要去思考為什麼。

　　作為全球最大的汽車製造商，到目前為止，美國通用汽車已經長達70年穩居全球銷售量第一的寶座。不過，這個成立於1908年企業的發展過程並不是一帆風順。在二十世紀九〇年代初，通用汽車差點慘遭淘汰，拯救這個企業的，便是1981年出任董事長的羅傑·史密斯，以及他倡導的史密斯原則。

　　「如果你不能戰勝他們，你就加入到他們中去。」史密斯原則的表述十分簡單。

　　傳統的企業競爭通常是採取一切可能的手段擊敗競爭對手，將其逐出市場。企業的成功是以競爭對手的失敗和消失為基礎。「有你無我，勢不兩立」是市場通行的競爭規則。但是在新的形勢下，傳統的競爭方式發生了根本的變化，企業為了自身的生存和發展，需要與競爭對手進行合作，建立戰略聯盟，即為競爭而合作，靠合作來競爭。在激烈競爭的環境下，硬碰硬的競爭手段換取的往往是兩敗俱傷的結果，而在競爭中採取共生的合作，不失為明智之舉。

　　在微軟剛創業時，負責人比爾·蓋茲和他的微軟都還無人知曉。與當時的電腦業大亨IBM相比，簡直不值一提。

　　但在當時，比爾·蓋茲就已經認為，個人電腦將是未來電腦的發展主軸，為它服務的系統軟體也將愈來愈重要。於是，他組織人員日夜奮戰，開發研製新型的系統軟體。不久，他聽說派特森的西雅圖電腦產品公司已經研製出一種基於8086，稱為Q-DOS的作業系統。微軟馬上決定以合適的價格買下使用權和全部的所有權，之後組織研究人員進行改進，終於研製出了自己的作業系統——MS-DOS系統。在當時，微軟公司力小利薄，根本無法完成

自己的抱負，向社會推出這項產品。這時，比爾‧蓋茲想到了IBM。

雙方合作的基礎首先在於對雙方都有價值，因此合作的基礎也就成了「你為我所用，我為你所用」。在當時，IBM想向個人電腦方向發展，但它必須有合作夥伴，IBM雖然十分強大，但要完成此項開發，軟體上仍需合作。恰好微軟公司在軟體發展方面小有名氣，具有一定的優勢。

在與比爾‧蓋茲會面前，IBM讓他簽署了一項保證不向IBM談任何機密的協議。IBM經常採用這種辦法從法律上保護自己，如此一來，IBM今後即使從客戶的設想和資訊中賺錢，客戶也難以起訴。但是，從這種例行公事中，比爾‧蓋茲立即明白IBM是很認真的和他商量合作事宜，否則就不會擬訂協議。他興奮的對同伴說：「夥計們，機會來了。」

不過直到和IBM第二次見面後，比爾‧蓋茲才意識到IBM準備涉足個人電腦領域，於是，比爾‧蓋茲希望說服IBM使用微軟軟體，對與IBM的合作傾注了滿腔熱情，合約的第一項便是訂下微軟的作業系統。要完成IBM與微軟的合作專案，軟體的成品必須在1981年3月底前設計完成，時間緊迫，但是比爾‧蓋茲還是帶領自己的同伴們，交給IBM一份滿意的考卷。

不久，IBM PC研製成功，微軟DOS也因而成為業界的唯一標準。自此，由於IBM PC銷量日增，MS-DOS的影響也與日俱增，為其開發的應用軟體也愈來愈多，更加鞏固了微軟的基礎地位，微軟最終成了最大的贏家。

透過與電腦業巨人IBM的成功合作，微軟賺到了至關重要的一筆財富，正是這筆財富成就了微軟後來的輝煌。微軟與IBM的合作詮釋了弱者透過與強者合作走上成功之路的道理。而微軟與SUN公司之間的合作，則向我們展示了強強合作的一種雙贏結局。

2004年4月2日，微軟首席執行長史蒂夫‧巴爾默和SUN公司首席執行官兼主席史考特‧麥克利尼爾向全世界宣布：「微軟和SUN將為產業合作新框架的設置達成一個十年協議。」當人們看到兩個巨人，也是一對冤家親密的坐在一起，就知道合作已經突破了很多局限。

眾所周知，在過去的20多年中，微軟與SUN之間的競爭，從市場到技術產品，從來沒有停止過，但是現在雙方合作了，巴爾默與麥克利尼爾親密的樣子，比什麼都有說服力。

對今天的IT界來說，沒有誰是不能合作的，也沒有什麼事是不能透過合作達成的。微軟與SUN公司的合作向我們說明了這一點。

077 韋爾奇原則

我的全部工作便是選擇適當的人。

提出者：美國通用電氣公司總裁傑克‧韋爾奇

評析：讓合適的人做合適的事，這才是領導的藝術。

有「經理人中的經理人」之稱的傑克‧韋爾奇，是二十世紀最偉大的CEO之一。

在最近一次全球前500名經理人員大會上，傑克‧韋爾奇透露他成功的重要祕訣：通用電氣公司成功的最重要原因是用人。傑克‧韋爾奇為通用電氣做的最後一件重要工作，就是在退休前選定了自己的接班人伊梅爾特。

與很多CEO不同，傑克‧韋爾奇將50％以上的工作時間花在人事上，他自認為他最大的成就是關心和培養人才。韋爾奇曾說：「我們所能做的是將賭注押在我們所選擇的人身上。因此，我的全部工作就是選擇適當的人。」

韋爾奇認為，企業的高級管理階層要有慧眼識英才的本領，挑選合適的人並放在合適的崗位上，讓人才成長並為公司所用，是領導者最重要的職責。他說：「領導者的工作，就是每天把全世界各地最優秀的人才招攬過來。他們必須熱愛自己的員工，擁抱自己的員工，激勵自己的員工。」

韋爾奇還有一個自創的用人祕訣「活力曲線」：一個組織中，必有20％的人是最好的，70％的人是中間狀態的，10％的人是最差的。這是一個動態的曲線，但一個合格的領導者，必須隨時掌握那20％和10％的姓名和職位，以便實施準確的獎懲措施。

在一個企業中，領導者並不一定是最聰明的人，但是他們一定最擅長識別人才，讓合適的人做合適的事情。在現今這樣一個瞬息萬變的市場環境下，事無鉅細的管理者只會筋疲力竭。而重視領導的管理者則是最成功的管理者，他們強調「有所為有所不為」，不讓自己身陷於繁忙的事務性工作中。

美國鋼鐵大王卡內基說過，他本人對鋼鐵生產的工藝流程知道得並不多。但他手下有300名精兵強將在這方面都很精通。他任用這些人，所以取得了事業上的成功。

管理的任務其實很簡單，就是找到合適的人，然後把他放在合適的位置，鼓勵他們用自己的創意完成手上的工作。

企業生存的另一個重要因素就是培養人才。

成功的企業不一定注重人才的培養，但是一個成功的企業一定非常注重人才的培養。就像摩托羅拉為了培訓員工，專門成立了摩托羅拉大學。愛立信也在中國成立了愛立信中國學院。IBM在中國的培訓有「魔鬼訓練營」之稱。思科則在無處不在、永不關閉的網路世界裡形成了獨具特色的多媒體培訓環境。聯想集團更是成立了以總裁柳傳志親任院長的聯想管理學院。

以上許多國內外成功企業的事例，有力的證明了培養人才的重要性。對每一個企業來說，無論怎樣強調人才的重要性都不過分。一個好的管理者要善於選人、用人、培養人才，依照員工的優缺點，做機動性調整，讓團隊發揮最大的效能。

078 海潮效應

海水因天體的引力而湧起，引力大則出現大潮，引力小則出現小潮，引力過弱則無潮。

評析：一個企業應該有這樣的人力資源管理理念：以待遇吸引人，以感情凝聚人，以事業激勵人。

西元前314年，燕國內亂，相臨的齊國乘機侵佔了燕國的部分領土。燕昭王當上國君之後，消除了內亂。他決心招納天下有才能的人振興燕國，奪回失去的領土。雖然燕昭王發出招賢的號召，但並沒有多少人投奔他。於是，燕昭王就去請教郭隗。

郭隗為燕昭王講了一個故事：從前有一位國君，願出千金買一匹千里馬。可是三年過去了，千里馬還是難覓蹤跡。這位國君手下有一位不出名的人，自告奮勇請求去買千里馬，國君同意了。這個人用了三個月的時間，打聽到某處人家有一匹良馬。可是，等他趕到時，那匹千里馬已經死了。於是，他用五百金買了那匹馬的骨頭回去獻給國君。國君看到他用五百金卻只買了副馬骨頭，很生氣。買馬骨的人卻說：「我這樣做，是為了讓天下人都知道，大王您是真心誠意的想出高價錢買馬，並不是欺騙別人。」果然，不出一年，就有人送來三匹千里馬。

郭隗講完上面的故事後，又對燕昭王說：「大王要是真心想得人才，也要像買千里馬的國君那樣，讓天下人知道您是真心求賢。您可以先從我開始，人們看到像我這樣的人都能得到重用，比我更有才能的人就會來投奔您。」

燕昭王認為有理，便拜郭隗為師，給他優厚的俸祿。並讓他修築「黃金台」作為招賢納士的地方。消息傳出去不久，樂毅、鄒衍和劇辛等大批賢士紛紛來到燕國。經過20多年的努力，燕國終於強盛起來，打敗了齊國，奪回了被佔領的土地。

燕昭王採納郭隗的建議，不以「才」小而不敬，敢向天下人昭示自己尊重人才、招募人才的誠心，所以能夠吸引四方賢士紛至遝來。對企業來說也一樣，是否擁有企業不斷發展所需要的優秀人才，已經成為企業經營成敗的關鍵，而吸引、留住人才要靠自身的吸引力，沒有吸引力的企業就無法留住人才。

　　日本松下公司的創始人松下幸之助在創業之初，就特別重視加強企業的向心力，藉此留住員工，特別是尖端的技術人員。經過幾十年的努力，松下終於發展成為世界聞名的大企業。

　　與海潮效應類似的還有酒井法則：與其在招募員工時使盡渾身解數、各種方法，不如使自身成為一間好公司，這樣人才自然會匯集而來。

　　酒井法則的提出者酒井正敬解釋：「如果只是在招募員工時採用各種手段，說盡甜言蜜語，等年輕人進入公司後，發現公司本身並不好，馬上會認為『我受騙了』，接著就會辭職。我的經營指導方針是：不一定做大企業，但要努力做優良的中小企業。公司規模大，並不值得驕傲，值得驕傲的是公司本身優秀。」

　　目前許多知名企業都十分注重增強企業自身的吸引力來留住人才，人才是企業的根本。對於一間企業來說，重要的是要透過調節對人才的待遇，以達到人才的合理配置，從而加大企業對人才的吸引力。因此企業應該要有這樣的人力資源管理理念：以待遇吸引人，以感情凝聚人，以事業激勵人。

079 橫山法則

最有效並持續不斷的控制不是強制，而是觸發個人內在的自發控制。

提出者：日本社會學家橫山寧夫

評析：在一家企業裡，如果員工只是像機器一樣，機械性的執行管理者的命令，即使他能做到百分之百的準確，也難以為企業做出創造性的貢獻。

在管理的過程中，我們時常強調「約束」和「壓制」，事實上這樣的管理往往適得其反。如果人的積極性未能充分受到運用，規矩愈多，管理成本愈高。聰明的企業家懂得在「尊重」和「激勵」上下工夫，瞭解員工的需要，然後滿足他。只有這樣，才能激起員工對企業和工作的認同，激發他們的自發控制，從而化消極為積極。真正的管理，就是沒有管理。

微軟公司的企業文化就十分強調發揮人的主動性，讓員工有強烈的責任感，同時給他們做事的權力與自由。

簡單的說，微軟的工作方式是「給你一個抽象的任務，要你具體的完成」。對於這一點，微軟中國研發中心的桌面應用部經理毛永剛深有體會。毛永剛說，他在負責Word時，只有一個大概的資料，沒有人告訴他該怎麼做，該用什麼工具。在和美國總部溝通後，得到的回覆是一切要靠自己去做。就如要測試一件產品，沒有硬性規定測試的程序和步驟，完全要根據自己對產品的理解，考慮產品的設計和用戶的使用習慣等，再從中發現許多新問題。這樣，員工就能發揮最大的主動性，設計出最滿意的產品。

微軟是個公平的公司，這裡幾乎沒有特權。正是這種公平和富有挑戰性的工作環境，促成了微軟員工的工作熱情，這種熱情就是管理員工的最大工具。在微軟，員工基本上都是自己管理自己。就像山姆・沃爾頓所說：「員工不應只是被視為會用雙手工作的工具，更應視為一種豐富智慧的泉源。」

如何才能讓員工做到自我管理？那就是處處從員工利益出發，為他們解

決實際問題,提供他們自我發展的機會,尊重他們,營造愉快的工作氛圍。做到了這些,員工自然就和公司融為一體,也就達到了員工的自我控制。

在一家企業裡,如果員工只是像機器一樣,機械性的執行管理者的命令,即使他能做到百分之百的準確,也難以為企業做出創造性的貢獻。

080　溝通的位差效應

來自領導階層的資訊只有20%～25%被部屬知道並正確理解,而從下到上反饋的資訊則不超過10%,平行交流的效率則可達到90%以上。

提出者:美國加利福尼亞州立大學

評析:平等交流是企業成功的保證:有平等才有忠誠,有平等才有效率,有平等才有競爭力。

研究發現,平行交流的效率之所以高,是因為它是建立在平等的基礎上。在企業中,資訊的交流主要有三種:上傳、下達、平行交流。前面兩種是非平等交流,後一種為平等交流。要想使溝通變得有效,就要將平等的理念注入到前面兩種交流形式中。

美國加利福尼亞州立大學在研究企業內部溝通時,為試驗平等交流在企業內部實施的可行性,便在企業內部建立一種平等溝通的機制。結果他們發現,在企業內建立平等的溝通管道,可以大大增強領導者與部屬間的協調溝通能力,使他們在價值觀、道德觀、經營哲學等方面很快的達成一致;可以使上下級之間、各個部門之間的資訊形成較為對稱的流動,業務、資訊、制度也更為通暢,資訊在執行過程中發生變形的情況也會大大減少。

美國著名的未來學家約翰·奈斯比特曾說:「未來的競爭將是管理的競爭,競爭的焦點在於每個社會組織內部成員之間,以及與外部組織的有效溝

通上。」許多企業也強調溝通，卻往往忽視有效溝通管道的建立。在企業規模不大時，這種問題可能不太明顯。但當企業發展到一定規模時，必定會出現溝通上的問題，進而影響企業發展。如果不能妥善的解決這些問題，企業發展就會嚴重受挫。

當管理層增加後，基層的聲音就很難傳達到高層領導那裡。要解決這些問題，最好的方法就是打破上下級之間的等級壁壘，實現平等交流。在沃爾瑪公司，這一信條得到了完美的體現。

沃爾頓強調員工是「合夥人」，沃爾瑪公司擁有全美最大的股東大會，每次開會，沃爾頓都盡可能要求部門經理和員工參加，讓他們看到公司的全貌，瞭解公司的理念、制度、成績和問題。

每次股東大會結束後，被邀請的員工和沒有參加的員工都會看到會議的錄影，而公司的刊物《沃爾瑪世界》也會對股東大會的情況，進行詳細的報導，讓每個員工都能瞭解大會的每一個細節，做到對公司全面的瞭解。

沃爾頓說：「我想透過這樣的方式使我們團結得更緊密，使大家親如一家，並為共同的目標奮鬥！」

在沃爾瑪公司，任何一個員工佩戴的名牌上除了名字之外，沒有標明職務，包括總裁。公司內部沒有上下級之分，見面就直呼其名，這種規定使員工放下了包袱，分享到了平等分工的快樂，營造了一個上下平等的工作氛圍。

平等的溝通管道為沃爾瑪公司帶來了巨大的財富，同時也給我們很大的啟示：有平等才有交流，有平等才有忠誠，有平等才有效率，有平等才有競爭力。

081 霍桑效應

由於工人長期以來對工廠的各種管理制度和方法有諸多不滿，無處發洩，「談話試驗」使他們將這些不滿都發洩出來，從而感到心情舒暢，幹勁倍增。

評析：對那些未能實現的意願和未能滿足的情緒，切莫壓抑克制，而要千方百計的讓它宣洩出來，這對人的身心和工作都有利。

美國芝加哥市郊外的霍桑工廠是一間製造電話交換機的工廠，它擁有較完善的娛樂設施、醫療制度和養老金制度，但工人們仍憤憤不平，生產狀況也不盡理想。

為探求原因，1924年11月，美國國家研究委員會組織了一個由心理學家等多方面專家參與的研究小組，在該工廠展開一系列試驗研究。這研究的中心課題，是生產效率與工作的物質條件間的相互關係。研究中有個「談話試驗」，即專家們用兩年多的時間找工人個別談話兩萬餘次，並規定在談話過程中，必須耐心傾聽工人對廠方的各種意見和不滿，並詳細記錄，對工人的不滿意見不許反駁和訓斥。沒想到，這一「談話試驗」竟收到了意想不到的效果：霍桑工廠的效益大幅提高。

心理學家分析，這是由於工人長期以來對工廠的各種管理制度和方法有諸多不滿，無處發洩，「談話試驗」使他們將這些不滿都發洩出來，從而感到心情舒暢，幹勁倍增。社會心理學家將這種奇妙的現象稱為「霍桑效應」。

人的一生中會產生數不清的意願和情緒，但最終能實現、滿足的卻不多。對那些未能實現的意願和未能滿足的情緒，切莫壓抑克制，而要千方百計的讓它宣洩出來，這對人的身心和工作都有利。

西方已開發國家白領階層的競爭一向激烈而殘酷，因此，公司職員的心理壓力都很大。大家表面上微笑相待，一團和氣，心裡卻常常憋著一股無名

火，不知何時，也不知為什麼就會爆發。

所以在西方國家的白領階層中就很講究「醜醜畫」。所謂「醜醜畫」就是將心目中憎惡的人畫成一幅最醜的畫：例如狗頭、豬身、小細腿、大屁股，再加上一條小尾巴。你還可以將這個人想像成缸一樣的腰身，尺來寬的肥腳，頭上再紮一條小辮……總之，畫得愈醜愈好，你怎麼糟蹋都行。看著這幅「醜醜畫」，一般人心中的不悅很快會煙消雲散。「醜醜畫」的確是一種很好的心靈癒合劑。

因此，在西方一些白領職員的辦公室抽屜裡，常會有各色彩筆，就是用來畫「醜醜畫」的，也就是用來出氣的。

醜化你最恨的人，或將你想罵又不敢罵出口的人糟蹋一下，心中的怨氣就會減少許多，這是一種精神療法。人總有生氣不高興的時候，有了怨氣一定要想辦法發洩。因此，在一些公司，經理多數都成了「醜醜畫」的對象。大家都覺得經理最可恨，於是經理自然成了狗頭、豬身、鴨子嘴、小尾巴的樣子，男經理常被塗成紅嘴唇，女經理絕對會被畫上鬍子。

這樣的畫稍不留神就被扔得到處都是，被醜化了的經理經常可以看到這些畫。有些經理會氣得半死，有些經理只是一笑置之。仁者見仁，智者見智吧！

美國的唐吉公司是生產電腦配件的，經理胡安在他每次招聘員工的第一天，便會拿出一張「醜醜畫」，大家想胡安一定是要宣布制度，因為許多公司上班的第一天，都會宣布公司不許畫「醜醜畫」，就算要畫也不能拿經理當箭靶。

胡安手中的畫是最大眾的「醜醜畫」：大肚、細腿、斜眼、大紅鼻子頭，更令人生氣的是還戴了一頂綠帽子，此人正是胡安自己。胡安說：「從今天起，你們有什麼怨恨、不滿、不快，或是想罵人就衝著我來。我的『醜醜畫』畫得不好，年底公司要舉辦『醜醜畫』比賽，希望你們畫得比我好。」誰也想不到胡安會這樣灑脫。

有一天，胡安問員工湯姆：「湯姆，大家都畫『醜醜畫』，我怎麼沒發現你畫，難道你的生活都是愉快而沒有煩惱的嗎？」

原來湯姆是不敢畫「醜醜畫」，胡安替湯姆買了畫筆，讓湯姆每天都要

交作業，就畫胡安。從那天開始，湯姆過得快樂多了，他的工作效率是平日的兩倍。

「醜醜畫」的作用當然不僅是「醜醜畫」本身，它能使人感到公司的個性化與開闊的視野及和諧的氣氛。

到了年底公司真的舉辦了「醜醜畫」大賽，胡安帶頭將自己畫得可笑無比，挺著大肚子，穿著一條花布裙，牙從嘴裡翻卷出來，腦袋卻是米老鼠。大家一致認為經理應獲一等獎，胡安欣然接受。

唐吉公司是員工跳槽最少的公司，並非是因為薪資高，而是員工在這裡工作愉快。據世界有關組織調查，70％的人調動工作是因為心情不愉快，與上司、同事之間發生磨擦。

當然，唐吉公司也有離職的員工，但他們都會回來看望胡安，找回一點曾經的快樂。他們會拿出胡安的「醜醜畫」比較一下，看誰畫得最醜。而上面總會寫著一些員工們熱情的話，如：「親愛的胡安，我們好想你！」

唐吉公司的業績年年上升，在公司的檔案夾裡，除了裝著公司發展最寶貴的經驗之外，就是那成千上萬張的醜醜畫」。

082 藍斯登定律

跟一位朋友一起工作，遠比在「父親」之下工作有趣得多。

提出者：美國管理學家藍斯登

評析：管理需要的不只是頭腦，更要靠心、靠情感，不要用冰冷的語調和刻板的規定提醒員工他只是一個受雇者。用你的真情打動員工，他們會理解你的感受，會以主人翁的心態來關注公司的發展。

很多公司的管理者喜歡在崗位上板起面孔，做出一副「父親」的模樣。

他們或許認為這樣才能贏得部屬的尊重，樹立自己的權威，進而方便管理。但是，美國管理學家藍斯登在分析大量調查資料後得出一個結論：企業內部生產效率最高的群體，並不是那些薪資最豐厚的員工，而是工作心情舒暢的員工。

輕鬆愉快的工作環境能夠激勵人的才智幹勁，而冰冷嚴肅的氛圍只會讓人心生抗拒，從而影響工作績效。每個人喜歡像朋友那樣容易親近的上司，而不是板起臉孔說教的老闆。

日本三得利公司總裁島井信治郎就十分清楚這樣的道理。在三得利公司員工的心目中，總裁島井信治郎不僅是公司的領導者，更是一個近在咫尺、充滿關愛的朋友。

有一次，島井在加工廠檢查工作時，看到幾個員工無精打采，便上前詢問原委。員工們抱怨宿舍裡臭蟲太多，咬得人整晚睡不好，白天哪裡還有精神工作。檢查結束後，島井直接前往員工宿舍，找到管理員，要求他們在最短的時間內解決宿舍的衛生問題。他還以身作則親自捉臭蟲，員工們得知此事後大為感動。

正是島井的關心、幫助讓員工深受感動，從而更加努力工作。只有為員工創造輕鬆舒適的工作氛圍，才會有更多的快樂，使工作更具效率！有時候一個友善的微笑，一個鼓勵的眼神都會讓人增加無窮的力量。

著名跨國食品公司——亨氏的成功，也正是由於創辦者亨利‧海因茲注重在公司內營造融洽的工作氣氛。

亨氏公司在1900年前後，能夠提供的食品種類就已經超過200種，成為美國頗具知名度的食品企業之一。

當時，管理學泰斗泰勒的科學管理法盛極一時，在泰勒的科學管理法中，員工被認為是「經濟人」，物質刺激是他們工作的唯一動力。在這種管理方法中，業主、管理者與員工的關係是森嚴的，毫無情感可言。但亨利並不這樣認為。

在亨利看來，金錢固然能促進員工努力工作，但快樂的工作環境更能促進員工的工作效率。於是，他從自己做起，率先在公司內打破了業主與員工的森嚴關係，經常到員工中間和他們聊天，瞭解員工對工作的想法，瞭解他

們的生活困難，並不時鼓勵他們。

亨利每到一個地方，那個地方就談笑風生，其樂融融。他雖然身材矮小，但員工們都很喜歡他，工作起來也特別賣力。

正是亨利這種與員工同甘共苦的風度，使亨氏公司的員工們獲得了一個融洽快樂的工作環境，而這個環境也成就了亨氏公司。亨利的繼任者繼承了他的這種風度，也獲得了亨氏公司今天的輝煌。

管理是一門綜合的學問，僅僅將它定義在經濟層面，是狹隘而單一的。任何一個出色的管理者都必然是理智與情感的結合體。管理需要的不只是頭腦，更要靠心、靠情感，不要用冰冷的語調和刻板的規定提醒員工他只是一個受雇者。用你的真情打動員工，他們會理解你的感受，會以主人翁的心態來關注公司的發展。

083　吉伯特定律

人們喜歡為他們喜歡的人做事。

提出者：美國管理學家瑟夫·吉伯特

評析：不管你有500個員工還是只有5個員工，如果你想把自己的企業經營好，就必須懂得如何與人相處，這就是為什麼待人接物如此重要的原因。

俗話說，士為知己者死，女為悅己者容。每個人都願意為自己中意的人做事，而且往往會任勞任怨，不計得失。身為一個企業管理者，要想提高公司的營運效率，就必須打造一個融洽的團隊。要做到這些，管理者首先要做到對部屬的寬容和喜歡。管理者一些不經意的關懷，換來的可能是部屬長期的忠心耿耿。

有戰國第一名將之稱的吳起就是一個對士兵關懷備至的人。有一次他統率魏軍攻打中山國，有個士兵身上長了毒瘡，輾轉呻吟，痛苦不堪。吳起巡營時發現後，毫不猶豫的跪下身子，將這位士兵毒瘡中的膿血一口一口的吸吮出來，解除了他的痛苦。這位士兵的母親聽說了這件事大哭，有人問：「你兒子僅僅是個普通士兵，卻得到將軍為你兒子吮血，應是光榮之事，為什麼還要哭呢？」士兵的母親說：「不是這樣呀！前幾年吳將軍為我丈夫吮吸瘡口，結果他直到戰死也不回頭。如今吳將軍又為我兒子吮血，真不知我兒子要戰死在哪裡了！」

正是因為對部屬的一片赤心，吳起的軍隊攻無不克，戰無不勝，吳起自己也成為歷史上的一顆耀眼將星。

身為管理者千萬不要有這樣一種想法，以為人與人之間的關係只是管理學中的一個章節。一部管理學著作論述的全部問題，就是人與人之間的關係，因為如果不處理好人與人之間的關係，你就不可能有任何成就。使人們滿意的共事不是管理工作的一部分，而是管理工作的全部，因為在企業裡，只有人才能操作機器、加工原料和做其他各種事情。

資金、材料、機器是每個企業需要關心的基本問題。但是要記住，一個主管只有透過員工的努力，才能達到他預期的目的。這就是為什麼對人的關注，包括他們的知識、特點、脾氣是一個主管的主要工作。管理工作並不是主持一些重要的活動而已，而是處理好人與人之間的關係，管理即是處理人的關係。

不管你有500個員工還是只有5個員工，如果你想將自己的企業經營好，就必須懂得如何與人相處。哪個管理人員能正確待人接物，他就應該得到晉升。

德國偉大的羅曼爾將軍的成功之道就在於：經常在現場指示，說明情況，解決難題和視察工作進度。羅曼爾的方法十分成功，如果管理人員將它用於工廠、學校、企業或政府部門，也會產生同樣的效果。

每當你以同情、外交、忍耐的口吻去布置一件事情時，你千萬不要忘記，和善的態度必須有對工作一絲不苟的堅定性作後盾。應該富有同情心，通情達理，但也要讓你的員工知道你堅持工作至上，對於這點你是不會讓步

的。如果他們的工作不符合這個標準，你是會採取嚴厲措施的。要使他們明白你對完成工作任務是採取外柔內剛的態度。

當你的員工為他們個人的問題來向你求教時，這說明他們信任你、敬重你，表示你們之間關係良好，要注意繼續保持這種關係。不管你的員工要與你談什麼問題，請不要打斷他們的談話或將他們打發走。雖然對你來說，這種問題或許可笑，是微不足道的，但也不要置之不理，因為這些問題對你的員工來說是很重要的，對他們重要的事，你也應該看成是重要的。

雖然這只是一點小小的關心，但員工會一直想著主管的恩德，你會驚奇的發現這種小小的關心，竟使你與員工間關係大為改善。假如你的一名員工今天氣色不太好，你就要問他哪裡不舒服。如果他請假去照料他生病的妻子，那麼當他來上班時，就要問問他妻子康復了沒有。倘若發現他今天走路一瘸一拐，你就問問他怎麼回事，還要過問一下他女兒在學校的成績如何。

好的人緣並不需要花費你多大的精力。一點小小的關心，你的員工就會很喜歡你，而人們都喜歡為自己喜歡的人做事，你的企業因為有這麼多喜歡你的員工為你工作，一定會取得成功。

084 布羅克法則

跟隨一個最能幹、最有權力的主管，能夠更快的實現自己的理想，也能掌握更多的機會。

提出者：美國管理學家布羅克

評析：「愚」將手下無強兵，「智」將手下無弱兵。

有一天，一隻兔子在山洞前寫論文。一匹狼走了過來，問：「兔子，你在寫什麼？」

兔子答：「論文。」

狼問：「什麼題目？」

兔子答：「《論兔子是如何吃掉狼的》。」

狼哈哈大笑，表示不信，於是兔子便將狼領進山洞。過了一會兒，兔子獨自走出山洞，繼續寫論文。一隻狐狸又走了過來，問：「兔子，你在寫什麼呢？」

兔子答：「論文。」

狐狸問：「什麼題目？」

兔子答：「《論兔子是如何吃掉狐狸的》。」

狐狸不信，於是像狼一樣，也被兔子帶進了山洞，之後，只有兔子走了出來。

最後在山洞裡，一隻獅子在幾堆白骨之間，滿意地剔著牙，讀著兔子交給牠的論文：「一隻動物，能力大小並不重要，關鍵看你的老闆是誰。」

跟隨一個最能幹、最有權力的主管，能夠更快的實現自己的理想，也能掌握更多的機會。強將手下無弱兵，跟隨最能幹、最有權力的主管，你會獲得足夠的成長機會。好的上級是幫助部屬成功的一匹馬，可以為部屬提供實現理想和把握機會最近的道路。

對管理者而言，最重要的工作就是啟發部屬的自主能力，使每一個人都能獨立作業，而不是成為唯命是從的傀儡。成功的管理者應當扮演「領頭羊」的角色，他們的價值就是將一群人帶動起來。從某種意義上說，領導者必須成為所有員工的理想楷模。領導者的基本素質直接決定了員工的基本素質。正所謂：「愚」將手下無強兵，「智」將手下無弱兵。

085 德尼摩定律

凡事都應有一個可安置的所在，一切都應在它該在的地方。

提出者：英國管理學家德尼摩

評析：用人之道，不在於看到部屬多少缺點，而在於怎麼去運用這些人才的優點與缺點，寶貝放錯了地方便是廢物，廢物放對了地方便是寶貝。

也許是上帝的玩笑，多明尼加人馬斯達弗從背部多長出一隻手。這使他難以從事一般的職業。當他的經紀人寄給他一張飛往首都的機票和一套棒球隊的特殊制服時，馬斯達弗的職業才有了著落。他說：「球隊讓我穿上了背上有第三隻袖子的制服，它是為我的第三隻手特製的。球隊沒有限制不許戴第三隻手套，因此，我的實力比戴兩隻手套的球員更強。」

馬斯達弗比常人多出一隻手，在常人眼裡，這隻多出的手是廢物，但馬斯達弗利用了它，並因此超越了常人，成了棒球奇才。

法國巴黎有個女孩叫卡芙蓮，天生四隻手臂。她的父親曾為此憂慮，擔心女兒的前途會因身體畸形而受到影響。但後來這個女孩成為了一名排球健將。在比賽中，她利用她四隻靈活的手臂，左推右擋，攻守自如，連連扣殺，令觀眾刮目相看。

看來，特殊的「廢物」其實是一種獨特的資源，也許在哪一天，能憑藉其不同凡響的能量，發出燦爛的光芒。

用人之道，不在於看到部屬多少缺點，而在於怎麼去運用這些人才的優點與缺點，寶貝放錯了地方便是廢物，廢物放對了地方便是寶貝。管理者要做好不同人才的搭配組合，搭配不當，事倍功半；搭配得當，事半功倍。

汽車大王福特能取得成功，得益於他注重招攬人才，並善於根據人才的特點和要求，讓他們發揮最大的作用。

廣告設計師佩爾蒂埃在產品的營銷方面有極高的天賦，而且迫切需要

一個可以一展雄心的機會。福特發現了這一點，讓他負責T型汽車的營銷策劃，結果取得了極大的成功。

德國人埃姆不僅技藝精湛，而且善於調兵遣將，但長期得不到賞識，埃姆也因此鬱鬱寡歡。福特在發現了這些後，給予他極大的重視，為埃姆施展抱負提供了極大的空間。埃姆甚至可以自行決定人事任用，這使埃姆身邊聚集了許多精兵強將。如：公司的「外部眼睛」摩根那是公司的採購員。他有一種鑑賞機器設備的能力，只要到同行競爭對手的供應場上看一遍，就可以發現哪些是新的設備，然後回來向埃姆描述一番。過不了多久，仿製或加以改進的新機器便在福特汽車廠裡出現了。「檢驗員」韋德羅更是一位精明的機器設備檢驗專家，他專門負責向埃姆彙報安裝的自動機床試車情況。

擁有這些得力助手的埃姆，對福特公司做出了巨大的貢獻。埃姆發明的新式自動專用機床，其中的自動多維鋼鑽可以從四個方向加工，同時在汽缸缸體上鑽出45個孔，當時世界上任何機床公司都未能提供這樣出色的設備。埃姆被公認為是在汽車工業革命方面貢獻最大的人，所有這些成績的取得，都得益於福特對埃姆的知人善任，提供他施展才能的足夠空間，讓他感到極大的成就感。

負責福特汽車推銷的庫茲恩斯是一個優點和缺點都很突出的人。他虛榮、自私、性情粗暴，卻又聰明能幹、善於交際、處事果斷，他對汽車業的經營有著豐富的閱歷和經驗，精力充沛，工作熱忱，雄心勃勃。舊主不識良驥，未予重用，而福特卻用其所長，視之為臂膀，委以重任。結果，庫茲恩斯獨創了一種推銷方式，幫助福特公司輕而易舉的在各地建立了經銷點。

聚集一群優秀的人才，並不一定能使工作順利進行，只有進行合理的分工後，才能取得輝煌的成果。聰明的組織者在分工時，會考慮員工的優點及缺點，進行合理的搭配。每一個人都有自己的長處和短處，只有將他適當的安排在最合適的位置上時，才能發揮最大的作用。

086 薩迪定律

國王如果在百姓的園中摘一顆蘋果，大臣就會砍一棵果樹。

提出者：波斯著名學者薩迪

評析：上行下效。

　　齊景公喜歡穿紫色王袍，於是全國的人都跟著穿紫衣，使得紫布、紫絹大漲價。楚王喜歡細腰女子，於是全國的女子都為了減肥而不吃飯。

　　街頭小兒傳唱兒歌：「人人穿紫衣，穿上就神氣；升官又發財，不用再費力！楚王好細腰，細腰多苗條；三年不吃飯，餓成水蛇腰！」

　　齊景公問矮小而機智的晏子：「愛卿，我聽孔老夫子對他的學生說：『君子和而不同，小人同而不和。』這是什麼意思？」

　　晏子說：「主公，所謂『和』者，君甘而臣酸，君淡而臣鹹。君主如果是甜的，那麼，大臣就應該是酸的；君主如果是淡的，那麼大臣就應該是鹹的。只有這樣，才能形成高效能的領導集團結構。如果君主甜，大臣也甜，那就甜得膩人。滿朝文武一個味道，這個領導集團就沒有生氣，這個國家也就沒有創造力、凝聚力和戰鬥力。而且使得世風懶惰，投機取巧，即使有周公制典，尚父領兵，也不能有多大作為。」

　　齊景公說：「我明白了！天下一色，反而失色。先太史史伯說過：紅黃藍白黑，五色和諧配搭才好看。那麼什麼是『同』呢？」

　　晏子說：「單調的顏色使人疲倦，單調的聲音使人煩躁，單調的味道使人反胃，這就是『同』的不足。史伯是先太史，他看到先朝『去和而取同』，不准有不同意見、不同風格、不同流派存在，從而預言朝政一定會衰落，果然被他言中了。」

　　齊景公說：「寡人治國，有沒有這樣的危險呢？」晏子說：「主公，現在我們齊人不論男女老少，聽說主公愛穿紫衣，所以人人穿紫衣，以致全國一片紫色，民趨其利，士求其好，物價飛漲，產業單一，於時無補，於國不

利，臣每日面對這一片紫色，竊以為如居累卵！」

齊景公說：「卿言極是。寡人不察，該如何補過呢？」

晏子說：「先王時代，管子說：『千里之路，不可以扶以繩；萬家之都，不可以平以準。』就是說不要千篇一律，千人一面，而應該是『鄉有俗，國有法，飲食不同味，衣服異彩』。他的本義，就是君甘臣酸。」

齊景公悟到晏子之意，於是脫下紫衣，經常換穿不同顏色的衣服，全國的紫衣風便自然化解，國人著衣千姿百態，一派生機。

對於現在的管理者來說，道理也是一樣，如果自己犯了一個小錯，沒有改正卻自以為正確的話，部屬的犯錯率就可能是他的十倍、百倍，如此，將替公司帶來無法估計的損失，不可不防。

087 皮京頓定理

人們如果無法明白的瞭解工作的準則和目標，他必然無法對自己的工作產生信心，也無法全神貫注。

提出者：美國皮京頓兄弟公司總裁阿拉斯塔·皮京頓

評析：對企業管理經營者來說，最大的麻煩就是員工無法明確瞭解工作目標和準則。

有一個小和尚擔任撞鐘一職，半年下來，覺得無聊之極。有一天，住持宣布調他到後院劈柴挑水，原因是他不能勝任撞鐘一職。小和尚很不服氣的問：「我撞的鐘難道不準時、不響亮？」老住持耐心的告訴他：「鐘聲是要喚醒沉迷的眾生。你撞的鐘雖然很準時，但鐘聲空泛、疲軟，缺乏渾厚悠遠的氣勢，沒有感召力。」小和尚沒辦法，只好到後院去劈柴挑水。

工作標準和目標是員工的行為指南，缺乏它們，往往會導致員工的努力

方向與公司的整體發展方向不統一，造成大量的人力和物力資源浪費。因為缺乏參照物，時間久了員工就容易形成自滿情緒，導致工作懈怠。

組織行為的效率依賴於清晰的目標和明確的指令。而領導者作為發令者，必須保證指令的明確和相對穩定性，才能使部屬正確理解領導者的意圖，並制訂出詳細的計劃去完成任務。

有一個管理專家經常到一些諮詢企業做下面這個簡單的遊戲：

拿出一副撲克牌（牌面上有各種花色），將參與遊戲的人分成兩組：A組每人從中選取自以為最好看的兩張；B組每人選取兩張紅桃，並對點數做出明確的要求。最後，請兩組人員把牌亮出來。於是，出現了下面的結果：

A組：黑桃2、方塊A、黑桃8、梅花Q、紅桃3⋯⋯

B組：紅桃A、紅桃K、紅桃Q、紅桃J、紅桃10⋯⋯

由上可以看出，兩組的結果是完全不同的，A組是一把雜牌，B組卻是一手紅桃同花順。對於A組，因為沒有明確的指令，所以A組的人都是依照各自不同的審美觀選牌，他們每個人的作法都是一種個人行為。而B組卻是清一色的同花順，這是令行禁止的組織行為，因而步調一致。這就是組織管理上的同花順理論。

管理企業也是同樣的道理，我們能拿一副雜牌去打敗對手的同花順嗎？當然不能。如果公司的經營者不能及時下達明確的命令，部門就會各自為政，企業也就岌岌可危了。公司處於混亂狀態，通常不是員工的過錯，而是決策階層的問題。身為決策階層，想要得到一副同花順，必須滿足兩個條件：

第一，思路清晰。

第二，要對員工發出明確的指令。

員工的工作熱情和動力來自於一個明確的目標。在企業裡面，當員工的行動有明確的方向，並且將行動與目標不斷的加以對照，清楚知道自己行進的速度和不斷縮小達到目標的距離時，他們的行動動機就會得到維持和加強，自覺的克服一切困難，努力達到目標。而對於企業的管理和經營者來說，他最重要的一個作用，就是為員工確定工作目標，讓他們知道自己該做什麼。

088 手錶定律

只有一只手錶可以知道是幾點，如果擁有兩只或兩只以上的手錶，將無法確定時間。兩只手錶並不能告訴一個人更準確的時間，反而會讓看錶的人失去對準確時間的信心。

提出者：英國心理學家薩蓋

評析：兄弟，如果你是幸運的，你只需有一種道德而不要貪多，這樣，你過橋會更容易些（尼采語）。

每一個人都有這樣的體驗，當在為個人或企業做決策時，我們總是覺得掌握的資訊不夠充分，於是急於尋找其他的建議和諮詢，而且總覺得尋找的諮詢人士愈多，做出的決策就愈科學。

當各種建議從四面八方向我們襲來，我們頓時感覺大腦一片混亂，於是只能綜合一下各種意見，做出一個讓大家都滿意，但不一定合理的決策。當各種意見相左時，就像多餘的手錶一樣，很容易使我們喪失做出正確決策的信心。

所以有時候，建議並不是愈多愈好，就像手錶為我們提供的是一個標準，如果連標準本身都不能穩定，那參照這一標準進行的一系列事情就會謬以千里了。我們要做的就是選擇其中較信賴的一只手錶，盡力調準它，並以此為標準，聽從它的指引行事。

從個人角度來看，「手錶定律」說的是價值觀的問題，一個人不能同時設立兩個不同的目標，否則將無所適從。也不能同時選擇兩種不同的價值觀，否則他的行為將陷入混亂。

如果每個人都「擇你所愛，愛你所擇」，那麼無論成敗都可以心安理得。然而，許多人都被「兩只錶」所困擾。他們覺得無所適從，身心疲憊，不知自己該信哪一個。

從管理的角度來看，一個企業不能同時使用兩種不同的管理方法，不能

同時由兩個上司來指揮，否則將會亂掉。管理階層的標準不統一，對員工造成的影響是巨大的。獎勵標準、懲罰標準不統一，經營者不一致，主管對待不同員工的標準不一樣，都是影響團隊士氣的重要因素。

有些經營者的思維非常活躍，一天一個政策，一轉眼一個創意，今天搞ISO，明天搞人性化管理，後天又抓流程改造。往往一個政策才執行到一半，員工就被要求執行下一個政策，這樣的企業往往會令員工無所適從，消極懈怠。

所以，對一個企業來說，不能同時採用兩種不同的管理方法，不能同時設置兩個不同的目標，否則將使這個企業無所適從。一個人不能由兩個以上的人來指揮，不能同時選擇兩種不同的價值觀，否則，他的行為將陷入混亂。

記住尼采的話：「兄弟，如果你是幸運的，你只需有一種道德而不要貪多，這樣，你過橋會更容易些。」

089 參與定律

每個人都會支持他參與創造的事物。

提出者：美國著名企業家阿什

評析：當一個人積極置身於事務之中時，就會激發參與的責任心和濃厚的興趣，全力以赴投入工作，因為參與也是激發個人工作積極性和創造性的最大動力。

關於企業的決策和實施，多數企業都是：關鍵決策通常由幾位高級主管制訂，然後不管員工能否參與或融入其中，就在企業內部推行。這樣的結果常常會延滯企業戰略決策的推行。為什麼呢？因為員工的參與才是企業戰略

能否貫徹的關鍵。

為了探討員工參與及企業發展之間的關係，美國阿肯色大學教授莫利‧瑞珀特曾做過一個研究。這項研究是在美國一個物流公司總部及其分支機構中進行的。該公司的所有員工都參與了調查，其中有81％的人完成了調查內容。瑞珀特將調查結果分成了參與組與限制組兩類。參與組具有明晰的戰略目標，在制訂戰略決策時員工參與程度很高，且決策被員工高度認同；限制組戰略遠景模糊，員工在制訂戰略決策時參與度低，對決策缺乏認同。

在這項研究的基礎上，瑞珀特教授得出了這樣的結論：工作滿意度和組織參與度與企業的參與性文化密切相關。參與程度高的那一組顯示，對戰略決策的認同是工作滿意度的最重要因素，而對戰略決策的參與性是組織參與度的最重要因素。企業只有為員工提供明晰的戰略遠景，加強員工對戰略的認同，增強員工參與設計不同階段的戰略流程的意識，企業才能從中受益。只有當員工參與了公司的決策和管理後，才能對企業產生認同感和極高的滿意度。

讓員工積極參加管理和決策，他們就會覺得那就是自己的目標和行為規則，會充滿期待的投入工作。並且全面激發員工的智慧，集思廣益，在優化產品設計、提高產品質量、降低產品成本及增進福利等經營管理方面出謀劃策。這種「參與管理」的作法會強化員工的主人翁意識，可以留住人才，穩定員工隊伍。

現在，許多企業都已經認識到了員工參與對企業的重要性，紛紛推出各種員工參與決策或管理的方式，取得了很好的效果。

美國通用電氣公司是一家集團公司，1981年傑克‧韋爾奇接任總裁後，認為公司管理人員太多，而會領導的人太少。韋爾奇認為，員工對自己的工作會比老闆清楚得多，主管們最好不要橫加干涉。於是，他開始在通用實行了「全員決策」制度，使那些平時沒有機會互相交流的員工、中層管理人員都能出席決策討論會。全員決策的展開，打擊了公司官僚主義的弊端，減少了繁瑣程序。在這項制度實行後，通用公司在經濟不景氣的情況下，取得了極大進展，保持了連續的盈利。

相關資料表示，在實行員工建議制的企業裡，企業的獎勵費用與收益比

例為1：50。另外，品質控制小組也是企業中員工非正式組織參與管理的一種形式，它是以自由結合、自願參加的原則組織起來的。日本企業許多合理化建議的提出和實施都是透過這類小組實現的。例如大和精工的「三五運動」（提高稅率5%，節約經費5%，一切行動提前5分鐘）；大分鋼鐵廠的「001式企業」（事故為零，次品為零，品質第一）。現在，日本企業中這類小組有200萬個左右，每年為日本企業節約200億～250億美元，這在很大程度上保證了日本產品的競爭力。

總之，鼓勵員工參與決策和管理，賦予他們一些主人的權利，他們自然會以主人的身分約束自己、表現自己、以忠誠和長期不懈的工作回報企業。

090 霍布森選擇效應

沒有選擇餘地的選擇，不是一種選擇。

評析：當看上去只有一條路可走時，這條路往往是錯誤的，絕不能在沒有進行選擇的情況下做出重大決定。

1631年，英國劍橋有一個做馬匹生意的商人名叫霍布森，他在販馬時喜歡將所有馬匹都放出來供顧客挑選，並承諾：不管是買還是租用我的馬，只要給一個低廉的價格，就可以隨意挑選。但他又附加了一個條件：只能挑選能牽出圈門的那匹馬。

實際上這是一個圈套，因為霍布森在馬圈上只留了一個很小的門，大馬、肥馬、好馬根本出不去，只有那些小馬、瘦馬能出去。顯然，他的附加條件就等於告訴顧客不能挑選。大家挑來選去，以為挑到了令自己滿意的選擇，其實選擇的結果可想而知。這種沒有選擇餘地的選擇，被人們譏諷為「霍布森選擇」。

在我們的管理工作中，有很多現象與「霍布森選擇效應」類似。例如，有些公司的管理者口頭上說要聽取部屬的意見，發揮員工的創造性，但在對重大問題進行民主決策時，往往是部屬們還沒有開口，或者雖然提出了意見，但還沒來得及進行充分研究討論時，管理者自己就拍板定案了。

又如，有的管理者在為部屬分配工作時，本可以交代完任務後，就放心的讓部屬執行，但他們並不放心，總是要求部屬應該如何去做。如果發現部屬在工作中稍有一點自己的想法，沒有完全依照他的思路去做，就會很不高興。

社會心理學家指出：誰如果陷入「霍布森選擇效應」的困境，誰就無法進行創造性的學習、工作和生活。這個道理很簡單：好與壞、優與劣，都是在對比選擇中產生的，只有擬訂出一定數量和質量的方案提供對比選擇，判斷才可能合理。如果一種判斷只需要說「是」或「非」的話，這能算是判斷嗎？只有在許多可供對比選擇的方案中進行研究，並在充分瞭解的基礎上判斷，才能稱得上是科學準確的判斷。

因此，沒有選擇餘地的「選擇」就等於無從判斷，就等於扼殺創造。

091 瑪麗法則

假如還沒有破，就不要去修它，免得弄巧成拙。
評析：弄巧之所以成拙，往往是因為本來就無巧可弄。

歷史上有一個「蕭規曹隨」的典故，「蕭」指的是蕭何，「曹」指的是曹參。曹參這個人，為相不如蕭何，為將不及韓信。為相，蕭何是立法者，曹參只是守成者。為將，韓信大開大闔，改變天下格局；曹參只能縮小規模，補苴罅漏，聚沙成塔。不過曹參也有他的長處：懂得管理之道，有自知

之明。

　　曹參一生的事業大致可分為前後兩階段。前期為將，後期為相。

　　曹參前期為將未建奇功，然而在從「為將」到「為相」的轉折過程中，曹參遇到一個名為「蓋公」的道家高人，從此改變了他的性格，也成就了他的後期事業。

　　漢惠帝元年，廢除了諸侯國設置相國的規定，改相國為丞相，朝廷改派曹參為齊國丞相，統轄齊國七十座城池。天下方定，萬業凋敝，百廢待興，曹參便將齊國的長老和儒生召集起來，一起討論安定百姓的方法。齊國儒生數以百計，眾說紛紜，曹參不知所從。這時聽說膠西有一位名叫蓋公的高人精通黃老之學，曹參便派人將他請來，向他求教。蓋公對曹參說了一句話：「治道貴清靜而民自定。」換言之，也就是「無為而治」。曹參認為蓋公的說法很有道理，十分佩服，便仰仗著蓋公的黃老之術，當了九年的齊國丞相，在其治理下百姓安居樂業，齊人譽之為「賢相」。

　　漢惠帝二年，蕭何去世，曹參在齊國聽到這個消息，便讓手下趕緊收拾行裝。曹參說，我馬上要到朝廷去當丞相了。不久，朝廷果然遣使來召曹參擔任丞相。斷定自己必將替代蕭何的位置，「當仁而不讓」，這是曹參的自知之明。曹參代蕭何為相國之後，「舉事無所變更，一遵何約束」。他知道自己的才華不及蕭何，沒有必要畫蛇添足，這也是自知之明，因為畫蛇添足很可能會弄巧成拙。

　　曹參的這種作法，不但同僚不能理解，就連漢惠帝也沉不住氣了：「丞相的職責乃是治理國家，輔助皇上商議朝政大事，為皇帝排憂解難，現在曹參身為丞相而不治事，莫非是因為我年輕而看不起我嗎？」

　　當時曹參的兒子也在朝中為官，漢惠帝讓他回家質問父親：「先帝當年託付重臣輔佐當今皇上，皇上現在還年輕，你曹參身為丞相卻每日飲酒，也不向皇上請示裁量，這樣怎麼治理天下大事啊？」曹參的兒子為人機靈，回家勸諫父親時沒說這是漢惠帝的話，只當是自己的意見。曹參一聽勃然大怒，將兒子狠狠的打了兩百皮鞭，斥責道：「你小子知道什麼？也敢談論天下大事！趕快給我進宮侍候皇上去！」

　　曹參責打的是自己的兒子，得罪的卻是皇帝。這下子漢惠帝真的生氣

了，在朝會上當面譴責曹參。曹參自然裝糊塗，馬上脫帽謝罪，然後說：
「請陛下您想想看，陛下的聖明神武比得上高帝嗎？」

惠帝說：「我怎敢與先帝相比！」

曹參又問：「陛下您看我與蕭何，哪一個更高明呢？」

惠帝說：「依我看，你似乎不及蕭何。」

於是曹參繼續說：「陛下說的對啊！高帝與蕭何平天下，定法令，一應俱全，明確無誤；現在陛下只需垂衣拱手，無為而治，我等一班朝臣守住自己的職位，按部就班，遵循原有法度而不改變，不也就可以了嗎？」

漢惠帝無言以對，只得說：「好，曹參，現在你可以回去休息了。」

古今中外的管理者，往往喜歡標新立異，似乎不推出一套新的辦法，就不足以說明自己是個創新者，害怕後人遺忘他。一旦前任退休，後任就推翻前任的約定和制度。其實他們應該學學曹參與瑪麗法則，假如還沒有破，就不要去修它，免得弄巧成拙。

092 費斯法則

在沒有拿到第二個以前，千萬別扔掉第一個。

提出者：美國管理學家費斯

評析：步步為營，方可百戰百勝。

在不確定的市場條件下，企業的調查有時並不能保證做出最好的決策。市場環境不斷變化，競爭對手的行為也在變化，消費者的消費心理與行為更是充滿了不確定性和非邏輯性。想要在競爭中立於不敗之地，就得從多方面進行考慮，切勿在拿到新牌之前，放掉你手中原有的牌，尤其是手中的牌對你來說很重要時。這方面最鮮明的例子就是「新可口可樂」的推出。

　　美國可口可樂與百事可樂同是全球著名的碳酸飲料生產商。在二十世紀的商戰史上，沒有比可口可樂與百事可樂的市場爭奪戰更激烈的了。這兩家世界飲料絕對主導地位的美國企業，在全球範圍內，掀起了一場曠日持久的商業大戰，百事可樂攻勢如潮，可口可樂穩守反擊。正是在兩強的爭奪戰中，本來有著絕對優勢的可口可樂由於自己的錯誤決策，而痛失了碳酸飲料的龍頭地位。

　　二十世紀八〇年代，百事可樂還是一家年輕的企業，具備新的思想，富有朝氣和創新精神，是一個發展較快，有望趕超第一的企業。不足之處是魯莽，甚至有些盛氣凌人。而可口可樂得到的積極評價是：美國的化身，可口可樂是「真正」的正牌可樂，具備明顯的保守傳統。不足之處是遲鈍，自命不凡。1983年，可口可樂的市場佔有率為22.5％，百事可樂為16％。1984年，可口可樂是21.8％，百事可樂是17％。隨著競爭的激烈，可口可樂與百事可樂的市場爭奪日趨白熱化。

　　運用自己的年輕優勢，經過精心策劃，著名的BBDO廣告公司為百事可樂公司策劃出一份稱為「白紙」的備忘錄，它規定了百事可樂未來所有宣傳的基本綱領，打出「奮起吧！你是百事可樂新生代生龍活虎的一員」的廣告口號。這個口號既迎合了年輕人追求時髦，想擺脫老一代生活方式的叛逆心理，又吸引中老年人想顯示自己仍富有青春活力，而將可口可樂映襯為陳舊、落伍、老派的代表。

　　百事可樂的這一舉措形成了一股強烈的衝擊波，撼動了可口可樂在飲料市場的至尊地位，至少在可口可樂公司的人看來是如此。措手不及的可口可樂公司為了拉回被百事可樂奪去的「百事新一代」，耗資400萬美元，於1985年5月修改沿用了99年的「神聖配方」，推出了「新可口可樂」。然而，「新可口可樂」的推出，卻使可口可樂走向了險象環生的深淵。

　　在新配方推出之前，可口可樂公司在美國和加拿大的幾大城市做了27萬人次的廣泛調查。調查結果表示：無論是美國人還是加拿大人，他們都想追求一種新的生活方式，他們認為可口可樂的古老配方在百事可樂的推波助瀾的攻擊下，缺乏競爭力。正是在這次調查的基礎上，推出了「新可口可樂」，同時，可口可樂公司宣布停止老配方可樂的生產銷售。

　　新產品推出後，可口可樂公司每天收到多達600封的抗議信和1500通以上的抗議電話，更有許多消費者上街遊行，強烈抗議新產品對他們的背叛。百事可樂公司更是火上澆油的推出了「既是好配方，為何要改變」的廣告語。這個雄霸可樂世界百年之久的可口可樂，終因自己的連連失誤，加上競爭對手的咄咄逼人，陷入了空前的危機之中。

093　克倫特定理

倉卒達成一項不盡如人意的協定，比根本達不成協定更糟糕；粗糙的做完一件有損失的工作，比根本不做更糟糕。

提出者：英國談判專家克倫特

評析：在勉強的妥協裡，往往隱藏著再次對抗的種子。

　　英國談判專家克倫特在總結自己的談判經驗時說：「倉卒達成一項不盡如人意的協定，比根本達不成協定更糟糕；粗糙的做完一件有損失的工作，比根本不做更糟糕。因為不做還不會造成損失，倉卒的談生意，對買賣雙方都不是好事。」

　　2001年，朱寶麒代表美國磁源公司，帶著微硬碟專案到中國尋求發展。經人

　　企業間不能倉卒達成協定，國家之間更是如此。因為一個協議關係到兩個國家的利益。中國和美國關於紡織品的談判就是非常典型的例子。

　　2005年8月31日，中國大陸和美國針對紡織品貿易糾紛進行第四輪談判。但由於雙方在一些問題上仍存在較大分歧，仍舊沒有進展。

　　在此之前，美國首席談判代表大衛‧斯普納曾表示，美中都迫切希望解決這個問題。美中紡織品三藩市磋商結束後，雙方已經接近達成協定。但是

兩國一致認為，寧願多花一些時間達成一個好協議，也不願倉卒行事，斯普納說道：「不能僅僅為了一個協定而達成一個壞協定。」

通常，在倉卒的談判中，你無法得到最佳的結果。倉卒不利於做出理性的思考和判斷，而且，花時間仔細考慮協議的後果也是十分重要的。一間公司很可能會因為倉卒之中達成的協定而後悔不已。

094 斯隆法則

在沒出現不同意見之前，不做出任何決策。

提出者：美國通用汽車公司總裁斯隆

評析：沒有不同意見，相同意見就極易成為偏見。

美國通用汽車公司總裁斯隆是汽車史上最有影響力的總裁之一，被西方管理學界譽為「現代化組織天才」，著名的麻省理工「斯隆管理學院」就是以他的名字命名的。

關於斯隆，流傳著這樣一則故事：有一次斯隆主持一個會議，討論一項重要的方案。會上沒有發生爭議，與會者表示同意公司決策層提出的方案，一致擁護。就在要進行表決時，斯隆卻突然宣布：「現在休會。這個問題延期到我們可以聽到不同意見的時候再開會決策。」據說這則故事就是「爭議決策」理論的起源。

所謂「爭議決策」，就是在決策過程中必須要有激烈的爭論和意見分歧，如果百分之百的贊成就應該暫時擱置，等到詳細調查研究和充分討論之後，再進行決策。換句話說，就是在弄清楚決策情況和意圖的基礎上，廣泛聽取意見，進行平衡利弊，選擇最佳的方案，以達到最佳決策。

通用汽車之所以成為世界汽車業的魁首，與斯隆一直提倡的「爭議決

策」有很大的關係。

斯隆先後領導通用公司33年。他到通用公司時，通用在美國汽車市場的佔有率只有12％。斯隆上任後，將科學決策和民主決策放在首位，廣開言路，認真聽取各種不同意見。到了1956年斯隆退休時，通用公司的市場佔有率上升到56％。他在總結通用公司的經驗教訓時說道：「一個企業的成敗，關鍵在於你的決策是否正確。決策如果正確，執行中即使出現偏差也可以彌補；而決策失誤，是最大的失誤，執行中的任何措施都不能彌補。」斯隆的做法很值得我們借鑑。

美國莊臣公司總經理詹姆士·波克提出的波克定理，和斯隆法則有異曲同工之妙。波克認為只有在爭辯中，才可能誕生最好的主意和最好的決定。

沒有磨擦就無法磨合，有爭論才有高論。舉世矚目的三峽工程不但本身可以作為奇蹟載入史冊，其科學的決策過程也可作為典範。三峽工程在二十世紀五〇年代就提出來了，當時的爭論很激烈，最後「反對派」意見佔了上風，工程沒有進行。後來，國家的經濟實力增強了，科學技術水準提高了，社會對電的需求量增大了，三峽工程應該是眾望所歸。但「反對派」們仍然提出了經濟、技術、安全等方面的問題。

對於這些「反對」意見，政府並沒有簡單的否定，而是組織專家逐一去調查、核驗、論證，使設計和施工做得更深更細，確保工程的順利建設。因此，兩院院士、三峽總公司技術委員會主任潘家錚每次談到三峽工程時，總會說：「『反對派』對三峽工程也做出了很大的貢獻。」

優秀的領導者和管理者在做任何重大決策之前，絕不武斷拍板，總是希望聽到相反的意見，其中的原因主要有三點：

首先，能進一步優化決策方案。不同意見之間互攻所短，各揚其長，使各自的利弊得以充分顯現，這樣就可以取長補短。

其次，不同意見爭論的過程就是一個統一認識的過程。一旦決策，就能齊心協力的實施，既減少了阻力，又有利於發揮大家的主動性和創造性。

其三，在實施過程中，一旦發現決策有錯誤時，原來的相反意見往往就是一個現成的補救方案。

令人遺憾的是，在現實工作中，有不少管理者在決策時與斯隆相反，一

味實行「求同決策」，聽不得半點不同意見。或是喜歡奉承阿諛，或是獨斷專行。在這種「求同決策」的影響下，人們不敢發表不同意見，「明知不對，但還是少說為妙」，就是一個真實心態的寫照。這樣的決策很容易出現失誤，為事業帶來損失。

095 菲米尼論斷

一個良好的撤退，也應和偉大的勝利同樣受到讚賞。

提出者：瑞士軍事理論家菲米尼

評析：退卻為防禦能力的集中表現。

隨著企業經營環境、企業資源和學習能力的變化，企業經營戰略會表現出動態性和環境的適應性，亦即是指企業在經營中應適時的進行戰略轉移。戰略轉移意味著戰略方向、目標的重新定位、業務的重組，也意味著既要發展，又要撤退。

戰略轉型過程中，若要實施具有前瞻性的「撤退」戰略，需要企業經營者具有非凡的經營智慧和魄力。因為相較於被迫出售，已經出現嚴重問題，或產生巨大虧損業務，主動的「撤退」戰略通常發生在一切仍然「看起來很美」的時候，此時往往需要突破各方面的壓力。但是如果在轉型過程中的企業善於利用「撤退」戰略，將為企業提供極大的幫助和機會。

利用「撤退」重新配置企業資源，將有限的資源轉移到對企業發展具有戰略意義的目標行業或市場，這是多數企業選擇「撤退」戰略的初衷。而另一種情況，是及時出售那些和企業方向不合，雖然當前狀態良好，但是未來極有可能造成損失的業務。

百事在二十世紀七〇年代曾實行業務多樣化的戰略，併購了大量速食連

鎖店。但後來為扭轉與可口可樂在競爭中的不利局勢，毅然退出了速食業務，集中精力發展飲料行業。

通用電氣公司總裁韋爾奇上任後不久，便果斷實行戰略轉移，退出通用起家致富且當時業績頗佳的家電領域，公司員工對此十分不解，認為韋爾奇是個傻子。然而事實證明韋爾奇是對的，他是一位天才企業家，在之後的多次企業重組中，有進有退，適時的調整自己的經營戰略，始終堅持要做就做第一，否則就不做的經營原則。

再來看看中國的「英雄」。1992年，格蘭仕果斷決策從毛紡、羽絨製品轉向微波爐。為了實現戰略性行業轉移，格蘭仕將資源集中在新的業務上，不斷從輕紡業中撤退，捨棄了年利潤800萬元、創匯3000萬元的毛紡廠，1995年還曾放棄一份數百萬美元的羽絨製品訂單。

可是有些企業只有在經歷了沉痛的教訓後，才認識到主動撤退的重要性。1964年，美國杜邦公司推出的合成式皮革，做成的皮鞋經久不壞。可是，當市場出現大受歡迎的真皮皮鞋時，杜邦仍無退意，直到一年損失1億美元時，才不得不被動退出市場。正反兩方面的經驗教訓告訴我們，企業經營者要善於採取撤退戰略，掌握戰略調整的主動權。

「撤退」還會產生一定的震動效應。一般來說，「撤退」永遠比進攻更受關注，經常會成為新聞重點。企業決策者可以善用「撤退」作為闡明企業發展的一種手段，一方面使企業內部的員工能將精力和重點聚焦到戰略目標上；另一方面對外界也會造成轟動效應，達到一定的宣傳效果。

當然，撤退戰略必然會使企業有一定程度的損失，例如市場、利潤、資源、人員、商業信譽、顧客利潤等。但這些損失應理解為實施戰略轉移的必要成本。不僅可以選擇適當的退出時機，透過合適的退出方式，將損失（成本）降到最低，還要考慮機會成本，結合戰略轉移，以戰略總成本最小或戰略總收益最大為目標，並考慮資源利用的比較優勢。採取撤退戰略的目的是將資源用於效率和效益更高的業務領域，因此，要從戰略全局高度正確認識撤退戰略。

對於那些正在考慮進行戰略轉型的企業，可以從以下5個方面進行思考，以確保戰略「撤退」行動的成功：

第一，一個堅定和強有力的領導或領導團隊，可以領導企業執行「撤退」戰略，並且克服此過程中可能出現的各種阻力，尤其是在企業內部出現動搖，或者反對意見時可以果斷的進行表態和迅速採取應對措施。

第二，企業內部良好的溝通和準備，明確企業發展的目標和方向，而且企業高級管理層面要在戰略「撤退」涉及的範圍、時機和步驟等方面達成共識。

第三，制訂詳細周密的財務計劃和實施規劃，選擇合適的撤退方式，明確可能出現的各種情況，包括準備多個詳細的備選方案。

第四，選擇恰當的時間和時機。

第五，處理好媒體和其他外部利益相關者的關係。

多數情況下我們都錯誤的認為，「撤退」就意味著承認錯誤或接受失敗，所以不願意正視，但是撤退並不全是失敗，它更需要一種大智慧來支持。

096 德西效應

在某些情況下，人們在外在報酬和內在報酬兼得的時候，不但不會增強工作動機，反而會減低工作動機。

提出者：心理學家德西

評析：行為如果只用外在理由來解釋，那麼，一旦外在理由不再存在，這種行為也將趨於終止。

薪資管理得當，可以達到意料之外的良好效果，但如果一味依賴薪資的外在刺激，卻也未必能事事如意，畢竟「金錢不是萬能的」。

一位老人在小鄉村裡休養，附近住著一群十分頑皮的孩子，他們天天追

逐打鬧，老人根本無法好好休養。在屢禁不止的情況下，老人想出了一個辦法。他將孩子們叫在一起，然後告訴他們：「你們使勁的喊，我將給每一個叫喊的人一些獎勵，誰喊得聲音愈大，誰得到的報酬就愈多。」每次，他都根據孩子們吵鬧的情況給予不同的獎勵。

等到孩子們已經習慣於獲得獎勵時，老人便開始逐漸減少給他們的報酬，最後，無論孩子們怎麼叫喊，老人也不再付出任何報酬。結果，孩子們認為受到的待遇愈來愈不公平，認為「不給錢了誰還叫給你聽」，從此就再也聽不到這群孩子大聲吵鬧了。

行為如果只用外在理由來解釋的話，那麼，一旦外在理由不再存在，這種行為也將趨於終止。因此，如果我們希望某種行為得以保持時，就不要給它足夠的外在理由。

關於這項心理特點，心理學家德西在1971年做了一項實驗。他讓大學生作受試者，在實驗室裡解答有趣的智力測驗。

實驗分三個階段：

第一階段，所有的受試者都沒有獎勵。

第二階段，將受試者分為兩組，實驗組的受試者完成一個難題可得到1美元的報酬，而控制組的受試者無報酬。

第三階段，休息時間讓受試者在原地自由活動，並將他們是否繼續解題作為喜愛這項活動的程度指標。

實驗組的受試者在第二階段確實很努力，而在第三階段繼續參加解題的人數卻很少，說明了興趣與努力的程度在減弱。而控制組的受試者中有更多的人花更多休息時間在繼續解題，說明興趣與努力的程度在增強。

德西在實驗中發現：在某些情況下，人們在外在報酬和內在報酬兼得的時候，不但不會增強工作動機，反而會減低工作動機。此時，動機強度會變成兩者之差。這就是德西效應。

這個結果表示，進行一項愉快的活動，如果提供外在的物質獎勵，反而會減少這項活動對參與者的吸引力。

公司的經營者如果希望員工努力工作，就不要給予員工太多的物質獎勵，而要讓職員自發性的勤奮、上進，喜歡這份工作，喜歡這家公司。希望

孩子努力學習的家長，也不能用太多的金錢和獎品去獎勵孩子的成績，而要讓孩子覺得自己喜歡學習，並且認為學習是件很有趣的事情。以外在理由支持的行動是不會長久的，只有自動自發才是長久之計。

某個企業總裁時常向人抱怨自己的高級人才大量流失：「我已經多次為他們加薪了，為何還是不見成效呢？」就薪資這個角度來看，原有的外在報酬如果距離人才需要滿足的水準太遠，直接激勵的原有強度又不足，必然導致「德西效應」。如果人才覺得工作本身所具有的外在報酬，和內在報酬都不盡如人意，即使外在報酬不斷增加，也無法達到他的預期，必然會轉投他處。

097 機會成本

選擇了一種方案，你就必須放棄另一種方案的收益。
評析：不僅要看當前實際的成本，還要看到背後隱藏的成本。

機會成本又稱「擇機代價」或「擇一成本」。它是管理經濟學上的一個辭彙，反映了一個決策、一件事物在管理上的真正價值。例如，你為了看一場電影而放棄一場舞會，那麼你看電影的機會成本就是一場舞會；為了打牌而放棄觀看一場球賽，那麼打牌的機會成本就是看一場球；為了應酬而放棄了朋友間的一次聚會，那麼應酬的機會成本就是一次聚會。

我們每時每刻的行動都有機會成本，你選擇了一件事，必然意味著在相同的時間裡你不得不放棄另一件事；在同樣的條件下，你選擇了一個方案，也意味著你不得不放棄另一個方案。我們時刻都面臨著選擇，也時刻存在著機會成本的問題，所以不要將時間和精力花在無謂的事情上。

有了上面的基礎，就不難解釋下面這個奇怪的現象了：據統計結果表示，當工資率上升時，人們願意花更多的時間來工作；可是在工資率上升到

某一個程度後，再繼續往上升，人們的工作時間不是增加，反而是減少了。

我們從機會成本的角度來看，人們休息的機會成本就是工作收入，當工資率上升的時候，人們閒暇的機會成本上升了，所以多數人會選擇工作。但是當收入已經足夠了（工作的時間也比較長），這時閒暇相對來說就比較有吸引力了，閒暇的機會成本——即工作收入的吸引力相對來說就低了，所以人們寧願減少工作時間、減少收入，而去享受他們認為難得的閒暇時光。無論是選擇多工作，還是選擇多休息，都是人們將自己的效用最大化的選擇。

將機會成本的概念應用到經營管理上，則反映了不選擇最佳方案或機會的「成本」，或者說是因為選擇了某一經營項目而犧牲了另一機會可獲得的利益。例如一家服裝廠，在布料供應有限時，如果用這些布料生產了一批童裝，那它就不能生產女裝，那麼生產童裝的機會成本就是指放棄生產女裝的收益。

又例如：某人決定開一家花店，開店需要購買商品和經營設施，需要花費時間和精力去經營。對這個人來說，開店的機會成本，便是他投資金額用於儲蓄時的可得利息（或將投資金額用於其他用途可得到的收益），加上他不開店而從事其他工作，可得到的工資。

從這些例子中，我們可以看到生產（經營）能力已經被充分利用，或接近被充分利用的時候，或者當人力、物力、財力資源供應不足時，機會成本對正確決策就有了一定的意義。它為我們展示了一種經濟學家看待問題的眼光，就像為了省錢搭公車辦事，看似勤儉節約，卻往往放跑了背後的商機一樣。

機會永遠存在，關鍵在於我們應如何把握，如何計算自己的機會成本。由於機會成本不同，不是每個人都可以走相同的道路，但這並不意味著你不可以選擇，不可以追求，只是有的時候，你需要付出比別人多的代價。所以我們在選擇的同時，也必須承擔選擇的後果。

無論如何，我們都應該慶幸自己有選擇的權利和自由。正是由於我們的祖先進行了選擇，我們才由原始和蠻荒，發展到了今天的現代繁華。但也恰恰是由於選擇，我們的生活從此充滿了無盡的煩惱和困惑。因為選擇，我們永遠在失去，但同時，選擇也讓我們在不斷的獲得。我們失去的也許永遠無法補償，但是我們卻得到了別人無法體會的人生。

098 卡貝定律

放棄有時比爭取更有意義，放棄是創新的鑰匙。

提出者：美國電話電報公司前總經理卡貝

評析：「金無足赤，人無完人」，無論是企業或個人，都不可能無所不能。「有所為，有所不為」，知道如何進行選擇，在關鍵時刻懂得放棄，才是智者必備的素質，也是開啟成功的鑰匙。

卡貝定律的中心思想是：放棄有時比爭取更有意義，放棄是創新的鑰匙。

現今社會似乎替我們描繪了一幅幅風和日麗、欣欣向榮的財富畫卷，而一個個神乎其神的成功故事，更令我們激情衝動、意亂情迷。於是，在眾多的致命誘惑面前，太多人忘記了理性的分析和選擇，忘記了放棄的智慧，而任憑欲望的野馬在充滿陷阱的商界裡縱橫馳騁。殊不知，「放棄」是一種戰略智慧。學會了放棄，也就學會了爭取。

成立於1881年的日本鐘錶企業「精工社」，是一家世界聞名的大企業。它生產的石英錶、「精工‧拉薩爾」金錶遠銷世界各地，其手錶的銷售量長期處於世界第一。精工社能取得這樣的成功，全取決於第三任總經理服部正次的放棄戰略。

1945年，服部正次就任精工社第三任總經理。當時的日本還處在戰爭破壞後的滿目瘡痍中。精工社步伐疲憊，征程未洗，此時，有「鐘錶王國」之稱的瑞士，由於沒有受到二戰的破壞影響，所生產的手錶迅速佔領了鐘錶行業的主要市場。精工社面臨著巨大的生存危機！

服部正次並未被困難所嚇倒，他沉著冷靜，制訂了「不著急，不停步」的戰略，著重從品質上下手，開始了追趕鐘錶王國的步伐。十多年過去了，服部正次帶領的精工社取得了長足的進展，但仍然無法與瑞士錶分庭抗禮。整個六〇年代，瑞士年產各類鐘錶1億只左右，行銷世界150多個國家和地

區，世界市場的佔有比例也達到了50％～80％之間。有「錶中之王」美譽的勞力士、浪琴、歐米茄、天梭等瑞士名貴手錶，依然是各國達官貴人、富商巨賈財富地位的象徵。無論精工社在品質上怎樣下工夫，都無法趕上瑞士錶的品質標準！

服部正次思量著究竟是要繼續尋求品質上的突破，還是另闢蹊徑？他發現想要在品質上超過有深厚製錶傳統的瑞士，那簡直是不可能的。服部正次認為精工社該換個作法了，他決定帶領精工社走出另一條路。經過慎重的思考，服部正次決定放棄在機械錶上和瑞士錶較勁，轉而開發新產品。

經過幾年的努力，服部正次帶領他的科研人員成功的研製出了一種新產品——石英電子錶！與機械錶相比，石英錶的最大優勢就是時間準確。「錶中之王」的勞力士月誤差在100秒左右，而石英錶的誤差卻不超過15秒。1970年，石英電子錶開始投入市場，立即引起了鐘錶界的轟動。到二十世紀七〇年代後期，精工社的手錶銷售量已躍居為世界首位。

在電子錶市場站穩腳步後，精工社於1980年收購了瑞士以製作高級鐘錶著稱的「珍妮·拉薩爾」公司，轉而向機械錶王國進攻。不久，以鑽石、黃金為主要材料的高級「精工·拉薩爾」錶開始投入市場，立即得到了消費者的認可，成為了人們心目中高品質的象徵！

透過放棄戰略，精工社取得了極大的成功。在風雲變幻的商場上，這種例子不勝枚舉。摩托羅拉公司放棄了製造，將製造中心託付給新加坡和中國，贏得了自己在研發和市場的戰略制高點。

同樣，「買賣的松下」和「服務的IBM」放棄了「統一於技術」的戰略導向，而日立、新力、本田、惠普則放棄了「統一於市場」的戰略努力。

放棄是一種基於戰略的價值判斷，是一種有進有退、以退為進、以守為攻、張弛有度的戰略智慧。在瞬息萬變的市場中，企業缺乏的往往不是商業機遇，而是面對無數商機進行取捨的決策力。目前世界上最具影響的管理學家——哈佛大學商學院教授邁克爾·波特認為，戰略的核心之一，就是在競爭中做出取捨，其實質就是選擇不做哪些事情。經歷過一番曲折後重新回歸PC主業，選擇退出IT服務業的聯想，其靈魂人物柳傳志對此的經驗教訓是：「沒錢賺的事不能做；有錢賺但是沒有足夠資金投資的事不能做；有錢賺也

投資得起錢，但是沒有可靠的人去做，這樣的事也不能做。」

　　面對戰略選擇的諸多困境，選擇放棄需要更大的勇氣和膽識，需要非凡的毅力和智慧。因此，企業家應勇於擺脫成功光環的羈絆，將企業利益作為最高利益考量，將企業的可持續發展作為終極追求。面對人人稱羨的規模、利潤等諸多誘惑，企業家要能把持得住，多一些耐心和耐力，少一些焦灼和浮躁。太多的經驗告訴我們：許多成功的企業是不斷的進行理性的放棄才獲得了持久的成功，而失敗的企業則因不能進行理性的放棄，才導致了最終的失敗。

099　女褲理論

當商品的需求價格彈性大於1時，隨著商品的價格下降，需求量就會增加，而且增加的幅度大於商品價格下降的幅度，因此即使單件商品的利潤減少了，但總利潤卻增加了。

提出者：山姆‧沃爾頓

評析：看事情不能侷限於一點，而必須從宏觀的角度，由上俯視。

　　美國作家福利森在論證「成為億萬富豪的祕訣之一就是要將臉皮磨練得很厚」這一判斷時，曾經引用過山姆‧沃爾頓的例子。福利森這樣形容山姆‧沃爾頓：「在市場中，他經常擾亂市場價格，一旦把握住機會，他便不失時機地向供應商殺價。所以同行們都知道，與沃爾瑪之間開展生意並不是一件容易的事情。」其實，福利森的這種說法並不是對山姆‧沃爾頓的貶低，而是對山姆‧沃爾頓行銷策略的肯定。山姆‧沃爾頓的「女褲理論」就是沃爾瑪行銷策略最好的證明。

　　在家鄉開設零售小店時，山姆‧沃爾頓結識了一位來自紐約的廠商銷售

代理哈瑞‧維納。在與哈瑞‧維納的交流中，山姆‧沃爾頓學習到了不少關於「商品價格」的理論。山姆‧沃爾頓說：「哈瑞‧維納賣女褲，每條只賣20美元。而我們雖然一直在同一地點買入相同款式的女褲，但是每條我規定售價25美元。然而，在長期的經營中，我們發現，如果按照哈瑞‧維納的價格銷售褲子，那麼褲子的銷量就會大為增加。從中，我學到了一個看似簡單的道理：假如用80美分的價格買入商品，以1美元的價格出售，那麼銷量竟然是以1.2美元價格出售的三倍！所以，雖然從一件商品上看，我少賺了一半的錢，但是我卻賣出了三倍數量的商品，所以從總利潤的角度看，我的收穫大多了。」其實，這就是沃爾瑪堅持至今的「女褲理論」，其實質就是「薄利多銷」。

薄利多銷是企業採用低價微利的方式擴大銷售的策略，是一種被企業廣泛採用的行銷方式。「薄利多銷」中的「薄利」就是降低商品的價格，商品降價就會吸引更多的顧客，從而使企業達到「多銷」的目的，而企業的總收益自然會增加。在成立沃爾瑪的時候，山姆‧沃爾頓就認定了「沃爾瑪的服務對象是中低收入的大眾階層，應經營低價位、多而全的商品。」因此，當那些競爭對手正在使用定期推出特價商品的方式競爭市場時，沃爾瑪就制訂出了「每天都要為中低收入的階層提供質優價廉的商品」這一獨特的競爭策略，並且因此吸引了眾多的顧客，沃爾瑪的連鎖店也因此越開越多。

在市場中，任何一家企業都會面臨市場有可能擴大的情況，而山姆‧沃爾頓在此時就提出了「女褲理論」，透過「薄利多銷」的方式來使沃爾瑪的總利潤得到增長。沃爾瑪首先要做的，就是降低單件商品的價格。雖然這麼做會使沃爾瑪從單件商品上得到的利潤降低，但是會吸引更多的顧客，那麼沃爾瑪的銷售量自然會提高。所以，沃爾瑪最終所獲得的總利潤增加了。

但是，沃爾瑪用於「薄利多銷」的商品都必須滿足一個條件，就是商品要富有彈性，即商品的需求價格彈性大於1。因為那些富有彈性的商品有一個特徵，就是當這些商品的價格下降時，需求量會增加，而且增加的幅度大於商品價格下降的幅度，所以沃爾瑪的總利潤就會增加。

100 比馬龍效應

從旁人的角度來看，善意的謊言和誇獎可以造就一個人；從自我的角度來看，你認為自己是什麼樣的人，你就能成為什麼樣的人。

提出者：美國著名心理學家羅森塔爾

評析：人性最深切的渴望，就是獲得他人的讚賞。

傳說比馬龍是古希臘神話中，賽普勒斯的國王。這個國王性情孤僻，長年一人獨居，他善於雕刻，孤寂中，他用象牙雕刻了一尊可以表現出他理想中的女性雕像。久而久之，他竟對這尊美女雕像產生了愛慕之情，並且真切的期望自己的愛能被接受，於是，他祈求愛神阿佛羅狄忒賦予雕像生命。國王真摯的愛情終於感動了愛神阿佛羅狄忒，雕像被賦予了生命，比馬龍為她取名為伽拉忒亞，並娶她為妻。比馬龍的幻想變成了現實。

在這個神話的基礎上，美國著名心理學家羅森塔爾進行了一項有趣的研究。他先找到一間學校，聲稱要進行一個「未來發展趨勢」的測驗，然後從全校學生名單中抽樣，以讚賞的口吻向校長和老師提供了一份「最有發展前途者」的名單，並叮嚀他們一定要保密，以免影響實驗的準確性。其實，羅森塔爾撒了一個「權威性謊言」，因為名單上的學生只是隨機挑選出來的。

8個月後，奇蹟出現了，名單上的學生各科成績都有不同程度的提高，且性格活潑開朗、自信心強、求知欲旺盛，更樂於與別人相處。顯然，羅森塔爾的「權威性謊言」發生了作用。以羅森塔爾這樣的權威而言，老師們對他的話深信不疑，因此會對他圈選的幾名學生產生了積極的期望，像對待聰明孩子那樣對待他們。那些原本在老師心目中「不可雕」的學生，現在被認為是大器晚成，老師也對他們另眼相看，給予特別的照顧和關懷，使得他們的成績得以提高。同樣的，那些被圈選的學生感受到老師的這種期望後，也認為自己的確是聰明的，從而提高了自信心以及對自己的要求，最後，他們在各方面都獲得了超乎尋常的進步，真的成為優秀的學生。於是，羅森塔便借

用神話中主角的名字，將這項實驗命名為「比馬龍效應」。

心理學家威廉‧詹姆士說，人性最深切的渴望，就是獲得他人的讚賞，這是人類有別於動物的地方。比馬龍效應的一個著名「頑童當州長」的故事，對這句話做了很好的詮釋。

羅傑‧羅爾斯出生在紐約一個叫作大沙頭的貧民窟，在這裡出生的孩子，長大後很少有人能獲得較體面的職業。羅爾斯小時候正值美國嬉皮流行的時代，他跟當地其他孩子一樣頑皮，翹課、打架、鬥毆，無所事事，令人頭疼不已。幸運的是，羅爾斯當時就讀的諾必塔小學來了一位名叫皮爾‧保羅的校長，有一次，當調皮的羅爾斯從窗台上跳下，伸著小手走向講台時，出乎意料的聽到校長對他說：「我一看就知道，你將來是紐約州的州長。」校長的這句話讓他感到非常震撼。從此，羅爾斯記下了這句話，「紐約州州長」就像一面旗幟，帶給他信念，指引他成長。他的衣服上不再沾滿泥土，說話時不再夾雜污言穢語，走路時開始抬頭挺胸。40多年間，他沒有一天不依州長的身分要求自己，終於在51歲那年，他真的成了紐約州州長，而且是紐約歷史上第一位黑人州長。

比馬龍效應和霍桑效應在企業管理應用和領導行為上，有著一樣的成效。在企業管理方面，管理者如果能巧妙的利用這兩項效應，便能激發員工的鬥志，從而創造出驚人的效益。

有「經營之神」美譽的松下幸之助也是一個善用比馬龍效應的高手。他首創了電話管理術，經常打電話給部屬及新招募的員工，關心一下員工的近況。當員工回答還算順利時，松下幸之助便會說：「很好，希望你好好加油。」這樣的一通電話，使員工感受到總裁對自己的信任與看重，也使他們精神為之一振。許多人在比馬龍效應的作用下，勤奮工作，逐步成長為獨當一面的人才，畢竟每個人都有70%的潛能是沉睡的。

美國鋼鐵大王卡內基選拔的第一任總裁查理斯‧史考伯說：「我認為，我那能夠使員工鼓舞起來的能力，是我所擁有的最大資產。而使一個人發揮最大能力的方法，是讚賞和鼓勵。再也沒有比上司的批評更能抹殺一個人的雄心……我贊成鼓勵別人工作。因此我喜歡稱讚，而討厭挑剔。如果我喜歡什麼的話，就是我誠於嘉許，寬於稱道。我在世界各地見到過許多大人物，

還沒有發現任何人——不論他多麼偉大，地位多麼崇高——在被批評的情況下，比在被讚許的情況下成績更佳、工作更賣力的。」史考伯的信條與卡內基如出一轍。正是因為兩人都善於激勵和讚賞自己的員工，才穩固的建立起了他們的鋼鐵王國。

101 柯美雅定律

世上沒有十全十美的東西，所以任何東西都有改革的餘地。只有不拘於常規，才能激發出創造力。

提出者：美國社會心理學家柯美雅

評析：辦事情、想問題不要拘泥於常規，換一個思考的角度，往往會收到意想不到的效果。

　　美國社會心理學家柯美雅提出，世上沒有十全十美的東西，所以任何東西都有改革的餘地。只有不拘於常規，才能激發出創造力。

　　著名作家劉燕敏寫過這樣一個故事：

　　在一個小山村裡，所有的村民都去開墾山地，將石塊敲成石子運到路邊，賣給建築房子的人，而他卻不這樣做，他只挑揀一些奇形怪狀的石頭，賣給杭州的花鳥商人，他認為賣重量不如賣造型。兩年後，他成為村裡第一個蓋起瓦房的人。

　　後來此處不許開山，只許種樹，於是這裡成了果園。每到秋天，漫山遍野的鴨梨吸引了八方客商，他們將堆積如山的鴨梨成筐的運往北京和上海，然後再發往韓國和日本。因為這裡的梨子汁濃肉脆，純正無比。

　　就在村裡的人為鴨梨帶來的小康生活歡呼雀躍時，他賣掉果樹，開始種柳樹。因為他發現，來這裡的客商不愁挑不到好梨，煩惱的是買不到裝盛梨

的筐。兩年後，他成為村子中第一個在城裡買房子的人。

再後來，一條鐵路從此地貫穿南北，這裡的人上車後可以北達北京，南下九龍。小村對外開放，果農也由單一的賣水果開始談論果品加工及市場開發。就在一些人開始集資開設工廠時，他在他的地方築了一座3尺高、百尺長的牆。這座牆面向鐵路，背依翠柳，兩旁是一望無際的梨園。坐火車經過這裡的人，在欣賞梨花時，都會很清楚的看到四個大字：可口可樂！據說，這是五百里山川中，唯一的一個廣告。就憑這座牆，他成為了第一個走出小村的人，因為他每年都有10萬元的額外收入。

他一次次的成功，並不是因為他比別人強，而是因為他懂得變通的道理，明白懂得做事情、想問題要打破常規。一個懂得變通的人，無論在何時何地都會有成功相伴；一個懂得變革的企業，也總是可以在競爭中立於不敗之地。

其實，企業的每一個成長過程都是一次變革的過程。對於變革，畫組織結構圖和流程圖都相對好辦，但是更深層次、本質上的變革卻是人的思維、行為方式的變革。如果變革不能直接觸及到人的思維、行為方式以及企業的人力資源管理機制，這種變革就是膚淺的，很難取得實際的效果。

1999年日產公司虧損6600多億，年底可能就是日產公司宣告破產的時間，但是在9月，雷諾斥資收購了日產公司39％的股份，由巴西人卡洛斯來管理。當時只有卡洛斯一個人前來，他以不到兩個月的時間設定了一個名為NRP，為期三年的變革計劃。原本預計在2001年3月轉虧為盈，但是僅到2000年8月，日產公司就賺了2600多億。卡洛斯在極短的時間裡，讓整個日產企業文化完全脫胎換骨。

在記者採訪時，雷諾這樣說：「企業生存和發展的核心命題就是可持續發展。可持續發展包括兩個方面：第一，活下去，就是如何使企業成為一個長壽公司；第二，活得好，活得健壯，也就是如何將企業做大做強。而企業要想持續的活下去並活得健壯，唯一的選擇或是永恆的主題，就是持續不斷的變革與創新。」

變革是一個企業能夠持續發展的靈魂，時代不斷變化，思想也要不斷革新。一個企業管理者要時刻有變革和創新的意識，才能使企業在競爭中不斷

強大，長期生存；才能敏銳的感受到別人忽略的情況和細節；才能不斷發現每名員工的需要和潛力；才能從平常的事例中透視出缺陷和問題，巧妙的利用這些發現，改進組織管理的技巧和藝術。

102 馬蠅效應

在馬群中，馬蠅會不時的在馬身上叮一口。馬被叮後，疼癢難忍，拂之不去，就會發足狂奔，企圖甩掉馬蠅。由於馬蠅對馬的叮咬，讓馬有了一直奮蹄疾奔的動力。結果被叮咬的馬不僅沒有血盡身亡，反而由於不停運動，生命力更加旺盛。

提出者：美國總統林肯

評析：出色的領導，都深諳激勵之術。

1860年，林肯當選美國總統。有一天，一位名叫巴恩的大銀行家到林肯的辦公室拜訪，恰巧遇到參議員薩蒙·蔡斯從林肯的辦公室走出來。於是，巴恩對林肯說：「如果您要重組內閣，千萬不要將此人選入您的內閣。」

林肯奇怪地問：「這是為什麼呢？」

巴恩說：「因為他是個自大成性的傢伙，他甚至認為他比您偉大得多。」

林肯笑了，又問道：「哦，除了薩蒙·蔡斯以外，您還知道誰認為他比我偉大得多？」

「不知道。」巴恩答道，「不過，您為什麼這樣問呢？」

林肯說：「因為我要把他們全部選入我的內閣。」

後來事實證明，巴恩的話是有道理的。蔡斯果真是個狂妄自大且嫉妒心極強的傢伙。不過，他也的確是一個聰明且有才華的人。林肯對他十分器

重，任命他為財政部長，並盡量與他減少磨擦。

目睹過蔡斯種種形象並蒐集了很多資料的《紐約時報》主編亨利·雷蒙頓拜訪林肯時，談到蔡斯正有意謀求總統職位。

林肯卻以他一貫特有的幽默對雷蒙頓說：「雷蒙頓，你不是在農村長大的嗎？那你一定知道什麼是馬蠅了。有一次，我和我的兄弟在肯塔基老家的一個農場犁玉米地，我吆喝馬，他扶犁，偏偏那匹馬很懶，總是慢吞吞。但是，有一段時間，牠卻在玉米地裡跑得飛快，我們差點兒都跟不上牠了。到了地頭我才發現，有一隻很大的馬蠅叮在牠的身上，於是我將馬蠅打落在地。」

「我的兄弟問我為什麼要打掉牠？我告訴他，因為不忍心讓馬被咬。我的兄弟說：『哎呀，就是因為有那傢伙，這匹馬才跑得那麼快。』」

接著，林肯又意味深長的對雷蒙頓說：「現在正好有一隻名叫『總統欲』的馬蠅叮著蔡斯，那麼，只要牠能使蔡斯的部門不停的跑，我還不想打落牠。」

如今愈來愈多的企業也開始重視馬蠅效應，一些大的企業，如IBM、微軟等都成了圈養「馬蠅」的典範。

事實上，幾乎在每個企業裡都有像蔡斯那樣狂妄自負、不將任何人放在眼裡的人。這些人往往具有更高的學歷、更強的能力、更獨到的技藝、更豐富的經驗。在知識與技能的優勢面前，這些人表現得個性鮮明、我行我素。他們不會循規蹈矩，也不會輕易被權威折服，但這些人對利益、權勢、金錢有強烈的佔有欲。由於不會輕易滿足，他們的身上都叮著一些不斷刺激他們積極進取的「馬蠅」，所以他們才會表現得與眾不同。

對於能力超強、充滿質疑和變革精神的員工，如果管理者也像林肯一樣，善用馬蠅效應，為他們營造足夠的個人空間，提供適合他們的工作方式，不但可以有效的減少衝突，還可以讓這些人積極發揮，不斷為公司創造更大的利益。

103 鯰魚效應

透過引入外部競爭，來增強組織內部的生命力。

評析：在人與人的競爭過程中，總有各種形態的壓力伴隨而至。有壓力，才能有動力，有動力，才能使人不斷激發攀登高峰的信心和力量。

　　挪威人喜歡吃沙丁魚，尤其是活魚。市場上活沙丁魚的價格要比死沙丁魚高許多，所以漁民總是千方百計的想讓沙丁魚活著回到漁港。只是絕大部分的沙丁魚還是在中途窒息而亡，但有一艘漁船總能讓大部分沙丁魚活著回到漁港。

　　船長嚴格保守讓沙丁魚活著回到漁港的祕密，直到船長去世，謎底才揭開。原來船長在裝滿沙丁魚的魚槽裡放進了一條以沙丁魚為主要食物的鯰魚，鯰魚進入魚槽後，由於環境陌生，便四處游動。沙丁魚見了鯰魚十分緊張，左衝右撞，四處躲避，加速游動。這樣一來，增強了沙丁魚機體的內部活力，使得一條條沙丁魚活蹦亂跳的回到了漁港。可見，沙丁魚是受了外界刺激才保持了生機與活力，後來人們就把這種現象稱為「鯰魚效應」。

　　無獨有偶，日本的北海道盛產鰻魚，因為鰻魚的生命力非常脆弱，只要一離開深海區，不到半天就會全部死亡。但是有一位老漁民的鰻魚總是活蹦亂跳，原因在於老人將鰻魚的死對頭狗魚放進鰻魚中，幾條勢單力薄的狗魚遇到眾多的對手，便驚慌的在鰻魚群裡四處亂竄，這樣一來，反而激發了死氣沉沉的鰻魚。

　　一種動物如果沒有對手，就會變得死氣沉沉；一個人如果沒有對手，那他就會甘於平庸，養成惰性；一個群體如果沒有對手，就會因為相互的依賴而喪失活力，喪失生機；一個政體如果沒有對手，就會逐步走向懈怠，甚至腐敗和墮落；一個行業如果沒有了對手，就會喪失進取的意志，安於現狀而走向衰亡。

　　許多人都把對手視為心腹大患、異己、眼中釘、肉中刺，恨不得馬上除

之而後快。其實，只要反過來仔細想一想，便會發現擁有一個強勁的對手反而是一種福分，一種好運。因為一個強勁的對手，會讓你時刻有危機四伏的感覺，會激發你的精神和鬥志，會迫使你奮發圖強、革故鼎新、銳意進取。

鯰魚效應也是企業經營者激發員工活力的有效措施之一。一個組織如果人員長期固定，彼此非常熟悉，就容易產生惰性，削弱組織的活力。所以在人力資源管理中，企業要不斷補充新血，將那些富有朝氣、思維敏捷的年輕生力軍引入團隊甚至管理階層，為那些故步自封、因循守舊的員工帶來競爭壓力，打破昔日的平靜，啟動人才隊伍。而對引進的新人來說，嶄新的面貌、較高的業務品質與技術和先進的經驗都將對組織產生一種強大的衝擊力，使企業在市場中搏擊風浪，增強生存能力和適應力。

104 木桶定律

一個由許多塊長短不同的木板箍成的木桶，其容量的大小並不取決於桶壁上最長的那塊木板，而是取決於最短的那塊。

提出者：美國管理學家彼得

評析：不管個人還是組織，都應該突破自己的瓶頸，補齊最短的那塊木板。

對於木桶定律，初聽時你或許會懷疑，為何最長的木板反而不如最短的呢？仔細想過，你就會理解和贊同。的確，木桶盛水的多少，起決定性作用的不是那塊最長的木板，而是最短的木板，因為水的表面是與最短的木板相平齊的。

更進一層，我們可以知道：

1. 只有桶壁上的所有木板都一樣高，木桶才能盛滿水，只要這個木桶裡有一塊木板不夠高，木桶裡的水就不可能是滿的。

2. 比最低的木板高出的部分是沒有意義的，高出愈多，浪費愈大。

3. 要想提高木桶的容量，就應該設法加高最短的那塊木板的高度，這是最有效的、唯一的途徑。

與木桶定律相似的還有鍊條定律、氨基酸組合效應。

鏈條定律：一根鍊條跟它最薄弱的環節有著相同的強度，鍊條愈長，就愈薄弱。你可以很容易地發現二者的共同之處：構成組織的各個部分往往是參差不齊的，而最薄弱的部分，往往又決定整個組織的水準。

氨基酸組合效應：組成人體蛋白的八種氨基酸，只要有一種含量不足，其他七種就無法合成蛋白質。當缺一不可時，「一」就是一切。

「最短的木板」與「最弱的環節」都是組織中有用的一部分，只不過比其他部分稍微差一些。強弱只是相對而言，無法消除，你不能將它們當成爛蘋果扔掉。正如你可以清除一個屢屢犯錯的害群之馬，卻對辦公室隨處可見的浪費和低效率現象束手無策，因此，管理的真正意義，就是去修補最短的那塊木板。

如果將企業的管理比喻為一個三長兩短的木桶，而將企業的生產率或者經營業績比作桶裡盛裝的水，那這家企業的生產率或效率水準的決定性因素，就是最短的那塊木板。一個企業要想成為一個結實耐用的木桶，首先要設法提高所有板子的長度。只有讓所有的板子都維持「足夠」的高度，才能充分展現團隊精神，完全發揮團隊作用。

在這個充滿競爭的年代，愈來愈多的管理者都意識到，只要組織裡有一個員工的能力很弱，就足以影響整個組織達成預期的目標。而要想提高每一個員工的競爭力，並將他們的力量有效的凝聚起來，最好的辦法就是對員工進行教育和培訓。企業培訓是一項有意義而又實在的工作，許多著名企業都很重視對員工的培訓。

被譽為美國「最佳管理者」的通用公司總裁麥克尼爾宣稱，通用每年的員工培訓費用達5億美元，並且將成倍增長。惠普公司內部有一項關於管理規範的教育專案，僅僅這一個培訓專案，研究經費每年就高達數百萬美元。他們不僅研究教育內容，還研究哪一種教育方式更易於被人們接受。

員工培訓實質上就是透過培訓來增大「木桶」的容量，增強企業的總體

實力。而想要提升企業的整體績效，除了對所有員工進行培訓外，更要注重對「短木板」的開發，即非明星員工的開發。

但是在實際工作中，管理者往往更注重對「明星員工」的利用，而忽視對一般員工的利用和開發。如果企業將過多的精力關注於「明星員工」，而忽略了佔公司多數的一般員工，將會打擊團隊士氣，進而使「明星員工」的才能與團隊合作兩者失去平衡。經實踐證明，超級明星很難服從團隊的決定，明星之所以是明星，是因為他們覺得自己和其他人的起點不同，他們需要的是不斷提高標準，挑戰自己。所以，雖然「明星員工」的光芒很容易被看見，但佔公司人數絕大多數的非明星員工也需要鼓勵。三個臭皮匠，勝過一個諸葛亮，對非明星員工激勵得好，效果可以遠勝對「明星員工」的激勵。

注意對「短木板」的激勵，可以使「短木板」慢慢變長，從而提高企業的總體實力。人力資源管理不能局限於個體的能力和水準，更應將所有人融合在團隊中，有效配置，才能使每個人都發揮作用。木板的高低有時候不是個人問題，而是組織的問題。

對於個人來說，首先要確保自己不是組織中最薄弱的部分；其次要知道自己身上哪個方面是「最短的一塊木板」，要盡快將它補足，因為有些缺點如果得不到改善，將會為自己帶來致命的打擊。

105 犬獒生存法則

為了培養兇猛的獵犬，當幼獵犬剛長出牙齒並能撕咬食物時，主人就將牠們放到一個沒有食物和水的封閉環境裡，讓這些幼犬互相撕咬，直至剩下最後一隻活著的獵犬，而最後存活的獵犬被當地人稱為獒。

評析：物競天擇，適者生存。

　　鷹是兇猛的動物，牠們靠自己強健的身體和兇猛的個性來捕食獵物。但是這些兇猛的個性和強健的身體，並不全是與生俱來的，而是靠後天的成長與磨練得來的。

　　母鷹一次生下四、五隻小鷹，由於牠們的巢穴很高，常常築在懸崖峭壁上，母鷹每次帶回來的食物只能餵飽一隻小鷹，牠的餵食方式並不是平均分配，而是哪一隻小鷹搶得最兇，就給哪隻小鷹吃。在這種情況下，瘦弱的小鷹往往吃不到食物，最後只能餓死，結果是兇狠的小鷹存活了下來。

　　當幼鷹長到足夠大的時候，母鷹會將巢穴裡的鋪墊物全部扔出去，這樣，幼鷹們就會被樹枝上的刺扎到。因此，牠們不得不爬到巢穴的邊緣，此時，母鷹就會將牠們從巢穴的邊緣趕下去。當這些幼鷹開始迅速墜向谷底時，牠們會拚命的拍打翅膀來阻止自己繼續往下落。最後，會飛的幼鷹就保住了性命，同時也掌握了身為一隻老鷹所必須具備的本領──飛翔！不會飛的幼鷹只能摔下谷底。即使看著自己的孩子摔得粉身碎骨，母鷹也不會有一絲一毫的動搖。因為母鷹知道，想讓自己的家族愈來愈強壯，牠只能這樣做。這聽起來有些殘酷，然而生物界就是這樣一代代生存繁衍下來的。

　　許多游牧民族為了培養兇猛的獵犬，當幼獵犬剛長出牙齒並能撕咬食物時，主人就將牠們放到一個沒有食物和水的封閉環境裡，讓這些幼犬互相撕咬，直至剩下最後一隻活著的獵犬，而最後存活的獵犬被當地人稱為獒，據說十隻獵犬才能產生一隻獒。後來，人們便把這種殘酷的培養方式稱為「犬獒生存法則」。

曾經在一則漫畫上看到這樣一句話：「你可以繼續哭，但不可以在原地哭，即使哭著，我們仍要前進。」失敗和挫折並不可怕，真正令人恐慌的是害怕和逃避。不管遇到什麼事情，學會堅強面對和適應環境，成功就在你的眼前，這正是犬獒生存法則所要告訴我們的道理。

IBM每年都要淘汰掉10％的員工，並不是說那些裁掉的員工有什麼重大的錯誤，而是做得不夠好！「我們就是要最好的，這樣我們才可以在激烈的競爭下存活。」IBM如是說。

自然界「適者生存，優勝劣汰」的進化規律同樣適用於人類。只有爭取勝利，成為強者，你才能在競爭中立於不敗之地。

但是人總是有惰性的，如果總是讓自己處在輕鬆寬裕的環境中，誰都會慢慢滋生安逸享受之心，不思進取。因此，身為企業的管理者，應該設法替員工製造競爭壓力，使其奮發上進。日本松下公司就非常注重培養員工的競爭意識，在公司裡，每一個員工都能意識到不進則退，如果不及時「充電」，隨時都有被淘汰的危險。

不僅如此，這個「不能適應競爭進化的物種會遭到無情的淘汰」的理論，已經廣泛存在於生活、經濟各個領域中。尤其是在競爭激烈的二十一世紀，如何面對和適應自己所處的生活環境，已經是一個不可忽視的話題。

106 目標置換

如果一個人對於如何完成工作太過關切，致使方法、技巧、程序等問題佔據了他的心思，那麼就會使他忘了對整個目標的追求。

提出者：美國管理學家約翰‧卡那

評析：許多人爬到梯子的頂端，才發現梯子架錯了牆。（勞倫斯‧彼德）

　　蘇珊要在客廳裡掛一幅畫，於是請鄰居來幫忙。當畫已經在牆上扶好，正準備釘釘子時，鄰居說：「這樣不好，最好釘兩個木塊，將畫掛在上面。」蘇珊採納了他的意見，讓他幫著去找木塊。

　　木塊很快找來了，正要釘時，鄰居又說：「等一等，木塊有點大，最好能鋸掉一些。」於是蘇珊便四處去找鋸子。找來鋸子，還沒有鋸兩下，鄰居又說：「不行，這鋸子太鈍了，得磨一磨。」

　　銼刀拿來了，鄰居又發現銼刀沒有把柄，為了幫銼刀安柄，他又去學校旁邊的灌木叢裡尋找小樹做柄。當要砍下小樹時，他又發現蘇珊那把生滿老鏽的斧頭實在是不能用。於是他又找來磨刀石，可是為了固定磨刀石，必須得製作幾根木條，為此鄰居又到校外找一位木匠。

　　然而這一走，就再也沒見鄰居回來。而那幅畫，最後還是蘇珊一邊一個釘子，將它釘在了牆上。當蘇珊再見到鄰居時是在街上，當時他正在幫木匠從五金商店裡抬出一台笨重的電鋸。這種情況就是人們所說的「目標置換」。

　　工作和生活中有許多這種走不回來的人。他們認為要做好一件事，必須先去做前一件事，要做好前一件事，必須去做更前面的事。他們逆流而上，尋根探柢，直到將原始目的淡忘得一乾二淨。這種人看似忙碌，其實他們並不知道自己在忙什麼。

　　做一件事情過分強調技巧、方法和程序，很可能忘記整體目標的實現。而任何組織的活動都是繞著既定目標而展開的，但在實踐中目標難以達成，或只是部分達成的情況居多，其中「目標置換」就是比較典型、普遍的因素

之一。一個優秀的企業身處複雜的市場環境之中，必須時刻牢記企業的發展目標。如果過分迷戀市場利潤而忘記企業的終極目標，則很可能淪為「白沙置於泥土中，與之皆黑」的處境。

蓬生麻中，不扶自直。組織或個人在實現目標時，不能過分拘泥於形式上的外在因素，直奔主題才能避免「偏差」、「錯位」現象，遠離失敗災難。

107 南風法則

溫暖勝於嚴寒，在處理人與人之間的關係時，要特別注意方法。

評析：與人相處好壞，在很大程度上取決於我們用什麼方式與人打交道。

南風法則源於法國作家拉封丹寫過的一則寓言：在風的家族中，北風和南風一直較勁兒，他們都覺得自己比對方厲害。有一天，北風和南風比威力，看誰能把行人身上的大衣脫掉。北風先颳來一股凜冽的冷風，想藉著更大的風將人的衣服吹掉，結果行人為了抵禦北風的侵襲，把大衣裹得緊緊的。稍後，南風徐徐吹動，頓時風和日麗，行人覺得春意融融，開始解開紐扣，脫掉大衣，最終南風獲得了勝利。

在處理人與人之間的關係時，要特別注意方法。北風和南風都想使行人脫掉大衣，但方法不一樣，結果也大相徑庭。

生活中的複雜與精采，在於一個人用什麼樣的心態去對待問題，也在於一個人用什麼樣的行為模式去獲取別人的認同與尊重。跟人打交道便是一門複雜的學問。複雜之處在於人的思維既有無法掌控的局限性，也具有一定的排他性。就如我們與人相處時，起起浮浮中，我們看到的正面與背面，便是有差異與差距的臉孔。

人與人之間的交往，首先是你認可了這個人的存在，你才可能認可這個

人所做的事，如果你連這個人的本性都無法認可，你就無法認同此人做的任何事情。

人，有著一種很奇怪的思考方式，一種讓人捉摸不透的心態。但是無論從整體或個體，人的心都是在矛盾、困惑和挑剔中成長的，也在彼此炫耀、較量中學會了取捨與生存。

人有時候是難以掌握的，除了學會寬容感恩與真誠讚美之外，我們不可能在其中找到別的內容。寬容是一種很溫柔而又讓人感覺舒適的為人處事方式，而讚美則是每個人都需要的語言，是一句話，一個眼神，一個動作就可以完成的。除了這些以外，還需要我們用心經營。

精明是一種在事業上的敬業態度和敏感度，而不是與人相處的手段。對一位經營者來說，在管理中運用南風法則，就是：尊重和關心員工，以員工為本，多點人情味，少點高姿態，盡力解決員工工作和生活中的實際困難，這樣的公司才能得到員工的長期回報。因為，只有真正感覺到經營者給予的溫暖，員工才能丟開包袱，激發工作的熱情和積極性。

108 250定律

在每一位顧客的背後，大多有250個親朋好友，如果你贏得一位顧客的好感，就意味著贏得250個人的好感；反之，如果你得罪了一位顧客，也就意味著得罪了250位顧客。

提出者：美國汽車推銷大王喬·吉拉德

評析：點亮一盞燈，能夠照亮一大片。

喬·吉拉德在剛投入汽車推銷這行不久時，有一次出席一位朋友母親的悼念儀式。在殯儀館裡，他拿到分發給他的彌撒卡，上面印有去世人的姓名

和照片。他好奇的問主持人：「你怎麼知道要印這麼多卡片？」

「全憑經驗。剛開始我們會數簽到簿上的簽名，久了之後就發現，平均每次來這裡祭奠的人數大概是250人。」

不久，又一位殯葬業主向喬‧吉拉德買車，買賣成交後，他問對方通常參加葬禮的正常人數是多少，得到的回答是：「約250人。」

還有一次，吉拉德去參加一位朋友的婚禮，意外的得知前來參加婚禮的人數中，「新娘親友大概250人，新郎親友也是如此。」

又是250人！職業敏感啟發了喬‧吉拉德，使他洞悉了一條商業法則：一個人一生中交往的人數大約是250人。經過進一步調查，證實了這一項推測，250人可以被視為一個人親友圈的平均數字。

基於這一法則，喬‧吉拉德對自己的業務進行了分析：假如每星期接待50位顧客，其中有兩人不滿意自己的態度，年終時，便會有5000個以上的人不滿意自己的態度；如果從事汽車推銷工作14年，便會有七、八萬人會說「別去喬‧吉拉德那裡買車」，這還未涉及250人中的任何一人對其認識的其他250人的影響。

每一個人的身後，都有一個穩定的、數量不小的群體，包含了同事、鄰居、親戚、朋友。因此，我們必須認真對待身邊的每一個人，善待身邊的每一個人。

對一個企業來說，「顧客就是上帝」不只是一句口號，它是企業的生存之本。企業的現實目標，就是讓顧客百分之百滿意之後，才談得上利潤、名譽。對於來自顧客的抱怨，不要緊皺眉頭、退避三舍，而是要將它看成改進服務、完善自身的絕佳機會。如果能重視顧客的建議，並積極加以改進，以誠意打動這些愛挑剔的顧客，滿足他們苛刻的要求，他們將會成為企業忠實的顧客和朋友，接著再運用他們身邊的250人，以「裂變效應」為企業帶來穩定的客源和收入。

與「250定律」類似的，還有著名學者唐松提出的「100－1＝0定律」。當100個顧客中有99個顧客對服務滿意，但只要有1個顧客對企業持否定態度，企業的美譽就立即歸零。對商家而言，不滿意的顧客只是百分之一，但對客戶來說，他的體驗就是對整個企業的全部印象。一個產品要吸引更多消

費者，並使已有顧客群持續購買，關鍵在於保證每次服務都令顧客滿意。

109 沃爾森法則

將資訊和情報放在第一位，金錢就會滾滾而來。

提出者：美國企業家沃爾森

評析：在資訊的時代，資訊就是財富的領路人，關注資訊就是關注金錢，及時擁有資訊的人，就等於擁有了財富。

日本尼西奇公司原是一家生產雨傘的小企業，一次偶然的機會，董事長多博川看到了一份最新的人口普查報告。從人口普查資料獲悉，日本每年有250萬名嬰兒出生，他立即意識到尿布這項商品有著巨大的潛在市場，依每個嬰兒每年最低消費2條尿布計算，一年就是500萬條，再加上廣大的國際市場，潛力是巨大的。於是尼西奇公司立即決定轉產被大企業不屑一顧的尿布，結果暢銷全國，走向世界。如今該公司的尿布銷售量已佔全球的三分之一，多博川本人也因此成為享譽世界的「尿布大王」。

多博川從一份人口普查報告中看到了商機，從而取得了巨大的成功，這來自於他對市場的敏銳觀察力，和及時出擊的戰略。獲取情報很重要，快速對情報做出反應更重要，這需要企業善於根據新情況、新問題，及時調整原來的思路和方案，採取相應的對策，做到市場變，我也變。

對於資訊不僅要有敏銳的思維，更重要的是要注重平時的累積，這樣才能使資訊成為賺錢的引路人。

亞默爾肉類加工公司的老闆菲普力‧亞默爾習慣天天看報紙，雖然生意繁忙，但他每天早上到了辦公室，都會閱讀祕書送來的各種報刊。

1875年初春的一個上午，他和平時一樣細心的翻閱報紙，一條不顯眼的

消息吸引了他的注意：墨西哥疑有瘟疫。

亞默爾頓時想到：如果墨西哥發生了瘟疫，就會很快傳到加州、德州，而加州和德州的畜牧業是北美肉類的主要供應地，一旦這裡發生瘟疫，全國的肉類供應就會立即短缺，肉價一定也會飛漲。

他立即派人到墨西哥實地調查，幾天後，調查人員回報，證實了這一消息的準確性。亞默爾立刻集中大量資金收購加州和德州的肉牛與生豬，運到離加州和德州較遠的東部飼養。兩、三個星期後，瘟疫果真從墨西哥傳染到聯邦西部的幾個州。聯邦政府立即下令嚴禁從這幾個州外運食品，北美市場頓時肉類奇缺、價格暴漲。

此時，亞默爾將囤積在東部的肉牛和生豬高價出售，短短三個月時間，他淨賺了900萬美元。一條資訊讓他獲取了鉅額利潤。

亞默爾的成功在於他長期看報、累積資訊的結果。他有幾位專門為他蒐集資訊的人員，這些人員的文化水準較高，長於經營，富有管理經驗。他們每天都閱讀美國、英國、日本等世界幾十份主要報紙，再將每份報紙的重要資料一一分類，並對這些資訊做出評論，最後由祕書送到亞默爾的辦公室。如果他覺得某條資訊有價值，就和他們共同研究這些資訊。如此，亞默爾在生意經營中便因資訊準確而屢屢成功。

在與競爭對手的征戰中，情報也特別重要。如果自己處於優勢，能將對手擠出競爭領域外，這當然是最好不過的了。但是很多時候都是勝負難料的，在對擊敗競爭對手並無把握，市場也看不出對自己的公司多麼有利時，該怎麼辦？猶太巨富羅斯柴爾德的第三個兒子尼桑，為我們提供了一個絕妙的案例。

1815年6月19日，英國和法國進行了決定兩國命運的戰役——滑鐵盧之戰。第二天一早，倫敦證券交易所便充滿了緊張氣氛，因為這次戰役如果英國獲勝，英國政府的公債將會暴漲。反之，如果法軍獲勝，英國的公債必定一落千丈。此時，每一位投資者都明白，只要能比別人早知道哪方獲勝，哪怕只早半小時、十分鐘，甚至幾分鐘也可以大撈一筆。

戰事遠在比利時的首都布魯塞爾，當時還沒有無線電，沒有鐵路，主要的資訊都靠快馬傳遞。對方的主帥是赫赫有名的拿破崙，在前幾次的戰役

中，英國均吃了敗仗，獲勝的希望不大。

大家都在看著尼桑，尼桑面無表情，突然他開始賣出英國公債。「尼桑賣了！」這條消息馬上傳遍了交易所，所有的人都毫不猶豫的跟進，霎時間，英國公債暴跌，尼桑繼續拋出。

當公債的價格跌得不能再跌時，尼桑又開始大量買進。

「這是怎麼回事，尼桑玩的什麼花樣？」大家紛紛議論。

這時，官方宣布了英軍大勝的捷報，交易所又是一陣大亂，公債價格暴漲，再看尼桑滿臉得意的笑容。事實證明，他已經賺取了一大筆利潤。

尼桑為什麼那麼輕而易舉的買賣？一旦英軍戰敗，他不是要大大的損失了嗎？

原來尼桑擁有自己的情報網！

羅斯柴爾德共有五個兒子，遍布西歐的各主要國家，他們非常重視資訊，認為資訊和情報就是家族繁榮的命脈，所以他們別出心裁的建立了橫跨整個歐洲的專用情報網，並不惜花大錢購置當時最快最新的設備，從商務資訊到社會熱門話題無一遺漏，而且情報的準確性和傳遞速度都超過了英國政府的驛站和情報網。因此，人們稱他是「無所不知的羅斯柴爾德」。正是因為有了這一高效率的情報通訊網，才使尼桑比英國政府搶先一步獲得滑鐵盧的戰況。

在資訊時代，資訊就是財富的領路人，關注資訊就是關注金錢，及時擁有資訊的人，就等於擁有了財富。如果要在變幻莫測的市場競爭中立於不敗之地，你就必須準確快速的獲悉各種情報：市場有什麼新動向？競爭對手有什麼新舉動？……在獲得了這些情報後，果斷的採取行動，一定會取得成功。

第四章
謀　略　篇

110　認知對比原理

人在潛意識中總是運用對比的方式來對事物進行認知，每遇到一件新事物，總是拿它與某樣熟悉的東西進行對比來獲得認知。如果兩件東西極不相同，就會傾向於認為它們之間的差別比實際的更大，尤其是在時間相近的情況下。

評析：要想贏得多，開價就要高，提出要求的順序決定成敗。

1972年6月17日，以美國共和黨尼克森競選團隊的首席安全顧問詹姆斯·麥科德為首的5人闖入位於華盛頓水門大廈的民主黨委員會辦公室，在安裝竊聽器並偷拍有關文件時，當場被捕。

由於此事，導致尼克森成為美國歷史上首位辭職的總統。這件事的演變過程據聞是這樣的：最初尼克森競選團隊的成員提出給詹姆斯·麥科德為首的5位核心成員決定是否採用的計劃，是用一架直升飛機跟蹤載有「高級應召女郎」的遊艇，並以此威脅遊艇上的對手，並建立綁架搶劫小分隊等。由於這個龐大計劃需要耗資100萬美元，因此被詹姆斯·麥科德等5人否決了。被否決之後競選團隊又提出了第二個計劃，刪掉了原計劃中的某些方案並把費用降低到了50萬。這個計劃由於費用等問題，又被麥科德等人否決了。當兩個計劃都被否決了以後，又提出了「精簡」的僅25萬美元的計劃——在對手辦公室安裝竊聽器。

這個時候，「對比原理」發生了作用，麥科德等人竟出人意料地批准了這個不可思議的愚蠢計劃。「如果他們一開始就跟我們說：『我有一個闖入勞倫斯的辦公室安裝竊聽器的計劃』，我們絕對會毫不猶豫地拒絕這項提案。」這是尼克森競選團隊的成員事後回憶所說的話。

一群平時精明幹練的競選團隊成員竟在尼克森當選前景看好，且對手辦公室中並沒有任何足以對尼克森造成危害情報的情況下，愚蠢地把竊聽器安放到對手的辦公室，最終導致尼克森下台，這是多麼愚蠢的舉措啊！而這正

是「認知對比原理」的影響在作祟的結果，在前兩項更愚蠢、苛刻的提案的對比下，一個仍然愚蠢的第三項的提案就顯得沒那麼愚蠢了。

接下來再讓我們看另一個有關認知對比原理應用的例子：

一家機械公司打算與一家零件供應商合作，卻又覺得對方的價格太高了，於是總經理就向該廠提出了一份書面要求，希望對方能夠降價。

一週後，零件供應商約他們見面，希望可以就價格一事進行協商，但是當機械公司的代表到達零件廠後，對方負責人卻沒有直接進入正題，而是向他介紹了公司的銷售情況和成本，並為難地表明來年不容樂觀的財務前景。

機械公司的代表很納悶，一頭霧水，不知該如何應對，為了掩飾自己的尷尬，他只好隨意地翻看著自己手邊的會議資料，其中放在最上面的一份就是他們提出的那份書面要求。

他突然發現這份書面資料上，經理所提出的希望對方降價12％的建議，被祕書錯誤地打成了21％（而他們的最低成交底線是8％）。他現在終於明白對方無厘頭的開場白是其來有自了。

因此明白前因後果，心裡有數的機械公司代表由始至終一言不發地坐在那裡靜觀其變。結果，透過幾個回合的討價還價，雙方最終以15％達成協議。

雖然這次談判機械公司贏得有點僥倖，但是這次的歪打正著讓他們總結出一個談判的技巧：要想贏得多，開價就要高。

現在，這種在談判桌上藉著「拒絕——退讓」以提高提出方利益的策略已經很普遍了，但是仍然很有效。

因此出於對這種對比心理的考慮，人們在談判時總是會在開始時提出非常苛刻的要求，而後再提出一個妥協方案，當然這個妥協方案同樣苛刻，只不過它比第一個方案要寬鬆些，對方在經過一番考慮後會相對覺得這個方案要寬鬆得多，而樂於接受。

這種在談判中時常會出現的祕訣，該如何操作呢？其實很簡單：

第一步就是在開始時不能畏首畏尾，低要求是得不到高回報的，要大膽地提出過分的要求，當然這種要求也不能太離譜。因為要求過高，可能會讓對方產生牴觸心理，認為你沒有誠意，從而破壞談判氛圍，使談判陷入僵

局。

第二步就是在與對方的討價還價中適時妥協，提出一個比原定方案要求稍低的方案，當然，這個方案相對來講還是對自己有利的。如此一來，對方就會因為覺得這個方案比第一個方案的要求要低一些，於是產生錯誤的認知：對方已經做出了讓步。

當然，掌握這一原則還需注意一點，即在制定談判的標準時千萬要三思而行，不能太苛刻或離譜。

111 奧狄思法則

在每一次談判中，你都應準備向對方做出讓步。

提出者：美國談判專家奧狄思

評析：爭，丈不足；讓，寸有餘。

談判作為一項技能，愈來愈受到重視。許多領域的專業人士都開始意識到談判在他們工作中的重要地位。

美國談判專家奧狄思根據自己多年的經驗得出：「在每一次談判中，你都應準備向對方做出讓步。」與此同時，美國著名談判學家尼倫伯格也提出：「一場圓滿、成功的談判，每一方都應是勝利者。」即「雙贏」談判。將談判當作一個合作的過程，透過談判，不僅是要找到最好的方法去滿足雙方的需求，更要解決責任和任務的分配，如成本、風險和利潤的分配。能和對手像夥伴一樣，共同找出滿足雙方需要的方案，使費用更合理，風險更小，才能達到雙贏的結果。如果總想自己得勝，必然勢不兩立。

2004年5月，可口可樂談判代表到溫州，與開發區管委會及招商局進行了二十餘場談判，最後終於在香港達成協議。談判內容大多圍繞著地價、稅

收、過路費等敏感問題展開。因為問題敏感，所以每次談判都十分激烈，談到接近雙方底線時，就變成了聲音提高八度，語速加快一倍的「爭吵」。整個談判過程雙方就像戀愛中的男女一樣，吵吵鬧鬧，分分合合。

有時談到「痛」處，管委會和招商局就會大喊：「這麼苛刻的條件，我們不妥協了！」有時可口可樂方也會因為管委會不肯降低門檻而翻臉。但一旦有一方態度強硬，另一方就會「軟」下來，好言相勸，降低價碼，以維繫雙方之間的關係。整個過程既像談了一場戀愛，又像孕育了一個孩子，既痛苦又快樂！不過，最後還是在彼此的妥協和諒解中，走向了「聯姻」的殿堂。

讓步是一種重要的談判手段，是一種以退為進的哲學。讓步的技巧在於談判前要充分調查、瞭解對方的情況，分析哪些問題是該談的，哪些問題是沒有商量餘地的。此外，還要分析什麼問題對於對方來說是重要的，以及這筆生意對於對方的重要程度等。同時也要分析自身的情況，將想問的問題先列出一份清單，仔細思考，否則談判效果會大打折扣。

一般缺乏經驗的談判者，最大的弱點就是不用心聽對方發言。他們認為自己的任務就是談自己的情況，說自己想說的話和反駁對方的反對意見。因此在談判中，他們總是只想著接下來該說什麼，而不去注意聽對方的發言，就這樣失去了許多寶貴資訊。他們還錯誤的認為優秀的談判員，是因為說得多才掌握了談判的主導權。其實成功的談判員會在談判時將50％以上的時間用來聽。「談」是任務，而「聽」是一種能力，甚至可以說是一種天分。「會聽」是任何一個成功的談判員都必須具備的條件。在談判中，應盡量鼓勵對方多說。

如果對方拒絕我們的條件，就換其他條件構成新的條件問句，向對方做出新的提問。對方也以可用條件問句向我方提問，雙方繼續協商。

但是，每一次的讓步都不能過大，如果買方一次就做大筆金額的讓步，會引起賣方對價格的堅持。所以，買方在讓步時必須步步為營，一次只做少許的讓步。另外，在沒有得到某個交換條件的時候，也不要輕易讓步，即指不要不經充分討論就太快的讓步，對方可能有一套和你不同的價值標準，可能很容易達到你的要求。無論處在哪種情況下，都不要太快接受對方的價

格，這是談判的大忌。

112 居家效應

一個人在家裡或自己最熟悉的環境中，言談舉止表現得最為自信和從容。

評析：在自己熟悉的領域，首先在心理上就已經佔了優勢，談判更容易獲勝。

　　日本的鋼鐵和煤炭資源短缺，渴望購買煤和鐵。澳大利亞生產煤和鐵，並且在國際貿易中不愁找不到買主。照理說，日本的談判者應該到澳大利亞去談生意。但日本人總是想盡辦法，將澳大利亞人請到日本。

　　澳大利亞人一般都比較謹慎，講究禮儀，不會過分侵犯主人的權益。因此，澳大利亞人一到了日本，便會使日本和澳大利亞在談判桌上的相互地位發生了顯著的變化。澳大利亞人過慣了富裕的舒適生活，他們的談判代表到了日本之後，就急於想回到故鄉別墅的游泳池、海濱和妻兒身旁，因此，容易在談判桌上表現出急躁的情緒。而身為主人的日本談判代表則是不慌不忙的討價還價，他們掌握了談判桌上的主導權。結果日本僅僅花費了少量款待作為「魚餌」，就釣到了「大魚」，取得了大量原本難以獲得的利益。

　　日本人在瞭解了澳大利亞人戀家的特點之後，寧可多花招待費用，也要將談判爭取到自己的領域進行。並充分利用主場優勢掌握談判的主動權，使談判的結果最大程度的對己方有利。

　　有時候，在和談判對手往來之間，常會感到自己置身在一些不利的處境中。例如，我方的座位剛好曬到太陽，陽光刺眼得看不清對手的表情；會議室紛亂嘈雜，常有噪音干擾，使我方聽不清對方談話的內容；連續談判，我方疲勞的不想再談，只想急於結束談判，或是對方在我方疲倦時提出一些細

小但關鍵的更動，讓我方難以覺察。更甚者，利用外部環境形成壓力，例如，中國知識產權代表團首次赴美談判時，紐約數家中資公司都「碰巧」關門，忙於應付所謂的反傾銷活動，美方企圖以此對中國代表團造成一定的心理壓力。

這些場景都屬於談判對手的主場優勢，而這些優勢可能是客觀條件，也可能是主動設置，但其中的道理都一樣，利用心理戰術——居家效應。這是因為在自己熟悉的領域中已經佔了優勢，而陌生人由於環境的生疏，對許多事情都表現出好奇和笨拙，甚為不利。所以在許多談判與社交領域中，很多人都選擇「主場優勢」，來發揮自己的「居家效應」，這也是為什麼球場上主客隊的戰績差別很大的原因。

113 回報性原理

一般來說，人都不喜歡對別人有虧欠感，在接受他人恩惠或拒絕施與恩惠後，將會為了擺脫這種心情而採取補償行動。

評析：人性本善

漢斯經營著一家罐頭食品公司。為了擴大公司聲譽，有一年他帶著公司的產品參加了美國芝加哥市舉行的全國博覽會。誰知他的產品被安排在展廳中一個最偏僻的閣樓裡。本來是想擴大市場，提高自己公司的知名度，但是這種安排顯然難以達到目的；於是，漢斯找到大會主辦方要求調換一下位置。

主辦方負責人卻說：「您瞧，這些都是大公司的名牌產品，我們只能把它們放到最合適的位置。漢斯先生，你的產品位置也是最合適的。」

漢斯一看，果真如此，在顯要位置擺放的都是全國數一數二的產品，自

己的產品雖然也不錯，但相比之下名氣就太小了。怎麼辦？花錢來參加博覽會，總不能一無所獲、空手而回吧！

博覽會開始後，參觀的人絡繹不絕。一天過去了，但是，很少人光顧漢斯的攤位。眼看展覽時間已經不多了，漢斯十分著急，晚上躺在床上苦苦思考。第二天他終於想出了一個巧妙的辦法，離開攤位出去了整整一天。

第三天，會場的地面上突然出現了許多小銅牌，銅牌的背面刻有一行字，上面寫著：「誰撿到這塊小銅牌，都可以到展廳閣樓上的漢斯食品公司陳列處換取一件紀念品。」

於是撿到銅牌的人紛紛擁到漢斯的攤位上。本來無人光顧的小閣樓，一下子被擠得水洩不通。市民們四處談論「漢斯小銅牌」這件新鮮事，記者還做了報導。這下，漢斯的產品聲名大噪，光這次博覽會就賺了55萬美元。

原來，這正是漢斯推銷產品的妙計。他在產品無人問津的情況下，找人做了這些小銅牌，然後派人遍撒展廳，先給予顧客一個小小的恩惠，把顧客吸引到他的攤位，加上他的產品品質不錯，如此一來，在「恩惠+負債感+優質的產品」的作用下，顧客自然紛紛購買了漢斯的產品。

除了贈送小禮物外，免費試用也是商家經常用來使顧客產生負債感的一種促銷手段。

有一家叫惠勒的公司經營著近萬種與吃、穿、住、用有關的商品。它的商品琳琅滿目、應有盡有，因而每日顧客如雲。商品品種齊全是這家公司生意興隆的原因之一，而奇特的經營方式則是吸引顧客最主要的原因。這家公司擺在陳列架上的商品是供顧客試吃試用的，而不是直接販賣。顧客經過試吃試穿後，記下滿意的商品，付款後只要取一張領貨單，就可以馬上在商店門口取到包好的商品或由商店送貨上門。

一位從肯亞來的客人要給自己的女兒買一件外套，可是無論在哪家商店都找不到合適的，因為她女兒的身材太高了。她帶著女兒來到惠勒公司的商店，試穿了13件衣服，終於滿意地為女兒訂購了3件外套。兩天之後，公司營業員就將3件新外套送到她的住處。

田納西州有一位叫瑪麗的顧客，要給她那剛生完孩子的兒媳購買一些營養飲料和食品，但她的兒媳不喜歡有牛奶味道的食品和飲料。這位顧客花了

半天的時間，試吃了72種食品、飲料，終於選到了12種無牛奶味的食品、飲料。當她付完款，領了貨單後，就到門口取了包裝好的一大包食物。

惠勒公司因為獨特的經營方式，名聲逐漸開始遠播，無形中產生了廣告效應。該公司總經理說：「本公司不做大型廣告，而把這筆費用省下來給顧客免費試吃、試穿，它的效益比大型廣告更有號召力。」

回報性原理如今被廣泛應用在職場與商場上，免費試用、禮品等運用回報性原理的行銷手段是商家的好幫手，它們使顧客在接受商家的恩惠後產生了負債感，因而使得他們會從商家那裡購買他們試用過的一些商品。同時，這個原理也被反向應用於談判中，是為「門面效應」，乃是利用他人拒絕時產生的「負債」感，令他人答應相對較容易的條件。

114　門面效應

先提高要求，然後再逐漸降低。

提出者：美國社會心理學家查爾・迪尼

評析：當一個人拒絕別人之後，心裡總會有一種歉意，此時你再提出另一個請求，多半會成功。

有人將「回報性原理」另闢蹊徑，為了達到小目的，先提出一個令人難以接受的要求。例如，你想找朋友借錢，如果你這樣問：「老朋友，借100元花花吧？」得到的回答很可能是：「借錢幹什麼，我還缺錢呢！」可是，如果你說：「老同學，我最近手頭很緊，借1000元讓我救急，行嗎？」對方可能會拒絕：「1000元？不行，我自己這個月都透支呢！」，這時若你再提出你真正的目的借100元，因為你的朋友之前已經拒絕過一次了，這次他便不好意思再拒絕你，覺得再拒絕就不夠朋友，對你有虧欠感，因此為了擺脫這種

虧欠感並對你進行補償，就極有可能答應。這樣一來，就達到目的了。

美國心理學家查爾迪尼曾經進行過一項「導致順從的互讓過程：門面效應」的研究實驗，他要求20名大學生花兩年的時間擔任一個少年管教所的義務輔導員。這是一件很費神的工作，20名大學生斷然謝絕了。

隨後，他提出了另一個要求，讓這些大學生帶領少年們到動物園玩一次，結果有50％的人接受。而當他直接向其他大學生提出這項要求時，只有16.7％的人同意。那些拒絕了第一個要求的大學生認為，第一次的拒絕損害了自己富有同情心、樂於助人的形象，且對被拒絕的查爾迪尼覺得不好意思，為了恢復他們的利他形象並擺脫這種虧欠感，便欣然接受第二個要求。再者，當實驗者提出一個要求遭到拒絕後，接著再提出另一個小一點的要求，這可以看作是某種讓步。那麼，出於一個文明社會的基本禮貌，另一方也應該做出相應的讓步。

其實，帶領少年們去動物園玩，同樣也是一件很費神的工作，這從被直接提出這項要求的大學生中，只有16.7％的人表示同意便可以看出來。但為什麼當把這項要求放在另外一個較困難的要求之後時，會有50％的人接受呢？

如果對某個人提出一項很大而又被拒絕的要求後，接著再向他提出一個小一點的要求，那麼他接受這個小要求的可能性就比直接向他提出小要求而被接受的可能性大得多，這種現象就被稱為「留面子效應」、「門面效應」。

許多人正是利用這種策略去影響他人，當他們想讓對方為自己處理某件事情之前，往往會提出一個對方根本不可能做到的要求，等對方拒絕且懷有歉意時，再提出自己真正要對方辦的事情。由於前面的拒絕，人們往往會為了擺脫這種虧欠感而接受之後的要求。

精明的商家也經常使用這種門面效應策略，每逢新裝上市，各品牌都貴得令人咋舌，可有些人就偏偏就喜歡這些名牌，若能便宜一點，就衝著名牌二字，也要把這些新裝買下來！商家非常清楚消費者的心思，他們適時的製造出各種名目打折，5折、7折的打花了消費者的眼，也平衡了消費者的心理：畢竟只花一半的錢就買了件名牌新裝呢！打折正是商家屢試不爽的「法

寶」。

門面效應也可以用於討價還價，如果你看中一件300元的衣服，而你打定主意最多只願意花200元買這件衣服，那麼「對半殺價」總不會錯。「150元」，「那賣不了，我連本錢都沒有收回來，實在虧大了。這樣吧，你再加一點，我就讓你帶一件。」「那我最多出200元。」「成交！」

當然，門面效應是否能產生作用，關鍵在於別人是否有義務對你提供幫助。如果既無責任，又無義務，雙方素昧平生，卻想讓別人答應有損自身利益的事情，此時即使採用「門面效應」也是徒勞無功。如果你想讓自己的父母為你買一台收音機，而先提出買一台電視機要求，或許能奏效。但如果你以為向一個陌生人也可以用這一招的話，就有點異想天開了。

115 歐弗斯托原則

說服一個人的時候，開頭就讓他不反對，是最要緊不過的事。

提出者：英國心理學家歐弗斯托

評析：要使人不反對，先令人不反感。

有個妻子要過生日了，她希望丈夫不要再送花、香水、巧克力或只是請她吃頓飯。她希望得到一顆鑽戒。

「今年我過生日，你送我一顆鑽戒好不好？」她對丈夫說。

「什麼？」

「我不要那些花、香水、巧克力。一下子就用完了、吃完了，不如你送我鑽戒，可以留個紀念。」

「鑽戒什麼時候都可以買。送妳花，請妳吃飯，多有情調！」

「可是我要鑽戒，人家都有鑽戒，我就沒有，你不愛我……」結果，兩

個人因為生日禮物居然吵了起來，甚至吵到要離婚。

但是在大吵完之後，兩個人都糊塗了，彼此問：「我們是為什麼吵架啊？」

「我忘了！」太太說。

「我也忘了。」丈夫搔搔頭，笑了起來。「啊！對了！是因為妳想要顆鑽戒。」

再說個相似的故事：

有個太太，想要顆鑽戒當生日禮物。但是她沒直說，卻跟她的丈夫說：「親愛的，今年不要送我生日禮物了，好不好？」

「為什麼？」丈夫詫異的問，「我當然要送。」

「明年也不要送了。」

丈夫眼睛睜得更大了。

「把錢存起來，存多一點，存到後年。」太太不好意思的小聲說，「我希望後年你能送我一顆小鑽戒……」

「噢！」丈夫說。

結果，你們猜怎麼樣？

生日那天，她還是得到了她想要的禮物———一顆鑽戒。

我們比較這兩個例子就可以知道，第一例中的妻子太不會說話，她一開始就否定了以前的生日禮物，傷了丈夫的心。接著她又用別人丈夫送鑽戒的事，傷了丈夫的自尊。最後，她居然否定了夫妻的感情。

至於第二例的太太就聰明多了，她雖然要鑽戒，卻反著來，先說不要禮物，最後才把目標說出。

因為她說後年才盼有個鑽戒，丈夫提前，今年就給她一份驚喜，無論太太或丈夫，感覺都好極了，不是「雙贏的溝通」嗎？

如果有好的意見卻不被接受或採納，那麼就得想方法說服對方。而說服力產生的最大要素，就是要因人而異去使用說服方法。簡而言之，就是因人而選擇適宜的說詞。如果不管對方是誰，都用同一種方法說服，很難順利達到目標。因為對某些人只要解說大意即可，而對某些人就要動之以情，曉之以理。要想說服人，就必須巧妙妥善的運用各種方法。

116 托利得定理

測驗一個人的智力是否上乘，只看他的腦子裡能否同時容納兩種相反的思想，而無礙於其處世行事。

提出者：法國社會心理學家托利得

評析：思可相反，得需相成。

　　一個能同時思考或從事兩種不同，甚至相反思想的人，是具有相當傑出的智力和能力的。

　　班傑明・富蘭克林——十八世紀美國最偉大的科學家、著名的政治家和文學家。他的父親原是英國漆匠，當時以製造蠟燭和肥皂為業，生有10個孩子，富蘭克林排行第八。富蘭克林8歲入學，雖然成績優異，但由於家中孩子太多，父親的收入無法負擔他讀書的費用，所以，到了10歲時他就離開了學校，回家幫父親做蠟燭。

　　富蘭克林這一生只在學校讀了兩年書。12歲時，他到哥哥詹姆士經營的印刷廠當學徒，自此當了近10年的印刷工人。但富蘭克林的學習從未間斷過，他從伙食費中省下錢來買書，同時利用工作之便，他結識了幾家書店的學徒，將書店的書偷偷借來，通宵達旦的閱讀，第二天清晨便歸還。富蘭克林閱讀的範圍很廣，從自然科學、技術方面的通俗讀物，到著名科學家的論文以及名作家的作品。

　　就是在當學徒的這段時間裡，富蘭克林把在學校曾兩度考試不及格的算術學了一遍，又讀了賽勒和舍爾梅關於航海的書，從這些航海的書裡，他接觸到了幾何學知識。他還讀了洛克的《人類的悟性》和波爾洛亞爾派作者寫的《思維的藝術》。富蘭克林的學習日漸深入。

　　1723年富蘭克林離開了波士頓，到費城的基未爾印刷廠和英國倫敦的印刷廠當工人。

　　1726年秋，富蘭克林回到費城，這時他已掌握了精湛的印刷技術，開

始獨立經營印刷廠，印刷和發行《賓夕法尼亞報》，並出版了《窮查理曆書》，當時被譯成12種文字，暢銷於歐美各國。

1727年秋，他和幾個青年在費城創辦了「共讀社」，組織了小型圖書館，幫助工人、手工業者和小職員進行自修，每星期五晚上討論有關哲學、政治和自然科學等問題。

這時富蘭克林還不到30歲，透過刻苦自修，已經成為一個學識淵博的學者和啟蒙思想家，在北美的聲譽日益提高。在富蘭克林的領導下，「共讀社」幾乎存在了40年之久，後來發展為美國哲學會，成為美國科學思想的中心。

1736年，富蘭克林當選為賓夕法尼亞州議會祕書。

1737年，富蘭克林任費城副郵務長，雖然工作日益繁重，可是富蘭克林每天仍然堅持學習。為了進一步打開知識寶庫的大門，他孜孜不倦的學習外語，先後學習了法文、義大利文、西班牙文及拉丁文，他廣泛的接受了世界科學文化先進的成果，為自己的科學研究奠定了堅實的基礎。

透過富蘭克林的故事，法國社會心理學家托利得從中總結出：「測驗一個人的智力是否上乘，只看他的腦子裡能否同時容納兩種相反的思想，而無礙於其處世行事。」後來，人們便將托利得的這句話總結為「托利得定理」。

並不是每個人都可以在心中同時容納兩件完全不同的事情。當然，它的好處也是不言可喻的，不但思路開闊，效率增高，且一個人若能同時思考兩件完全不同的事情，可以拓寬眼界，避免在某條錯誤的路上「一條路走到底」。

我們不得不承認：一個能同時思考或從事兩種不同，甚至相反思想或事情的人，是具有相當傑出的智力和能力的。從宏觀的角度來看，一種優秀的民族文化是要兼容並蓄，不斷汲取其他民族文化的精華，從而使民族文化更加豐富、更加璀璨奪目。

117 逆向操作原則

在別人貪心的時候保持謹慎恐懼的態度，而在別人恐懼時貪婪。

提出者：華倫・巴菲特

評析：腦之所以長在眼睛上，是因為我們在行動前必須自己先思考，而非看別人怎麼做，然後跟上去。

　　巴菲特之所以能夠成為精明的投資者，是因為他往往能夠在幾乎整個華爾街都敬而遠之或者漠視一個企業的時候，看到它所具有的潛力，購買它的股票。

　　巴菲特的老師——格雷厄姆一直教導他，投資要注意3方面：

　　一是在投資態度上，每時每刻都要保持謹慎，做到永遠不要虧損；二是在選股上，一定要保證股價明顯比其內在價值低；三是在安全程度上，一定要有足夠大的安全邊際。

　　那麼，在什麼時候我們才有機會找到符合後兩條原則的股票呢？巴菲特認為，這個機會就出現在市場犯下愚蠢錯誤的時候。這就像在打桌球時，你要想取勝，取決於兩個關鍵因素：一是你正常發揮不失誤；二是對手犯下愚蠢錯誤，使得你有機會得分。

　　對這一點，巴菲特說：「你一生能夠取得多大的投資成果，一是取決於你傾注在投資中的努力與聰明才智，二是取決於股票市場所表現出的愚蠢程度。市場表現越愚蠢，善於捕捉機會的投資者盈利機會就越大。」

　　在巴菲特一生的投資生涯中，他所扮演的角色就是一隻雄獅，靜靜地趴在地上，關注著野牛群，等待其中的一頭野牛犯下愚蠢的重大錯誤，離開牛群。換句話說，在股票市場中，巴菲特認為，人們最愚蠢的兩種行為就是：過於恐懼和過於貪婪。

　　巴菲特說：「在投資世界，恐懼和貪婪是兩種傳染性極強的流行病，會一次又一次突然爆發，這種現象永遠存在。」也就是說，在股票市場中，恐

懼和貪婪肯定會一再發生，當這兩種行為發生時，肯定會引起股票市場價格與價值的嚴重偏離，只是不知道它們什麼時候會發生，以及發生時後果有多嚴重罷了。

但有一個明顯的現象：當別人過於貪婪時，市場會明顯被高估，這時你就要懷有一顆恐懼之心，不要輕易買進；當市場因投資者過於恐懼而過度打壓股價時，將會導致很多股票的股價被嚴重低估，這時你反而要大膽貪婪地逢低買進。

用巴菲特的話說，就是：「我們只是設法在別人貪心的時候保持謹慎恐懼的態度，而在別人恐懼時貪婪。」也就是說，要想成為一個真正的投資者，就要設法在所有人都小心謹慎的時候勇往直前。

當巴菲特在20世紀80年代大量購買通用食品和可口可樂公司股票時，整個華爾街都對此嗤之以鼻，都覺得這樣的交易實在缺乏吸引力。在他們的眼裡，通用食品是一家不怎麼活躍、墨守成規的食品公司，而可口可樂公司給人的印象雖然安全穩健，但對機構投資者卻毫無吸引力。

在巴菲特收購了通用食品的股權之後，由於物價的回落導致成本降低和消費增加，使得該公司的盈餘大幅提高。當菲利浦‧莫里斯公司（美國一家香菸製造公司）1985年收購通用食品公司時，巴菲特的投資足足增長了3倍，而自伯克希爾1988～1989年購買可口可樂公司的股票以來，該公司的股價已經上漲了4倍之多。透過這些事例表明，巴菲特能夠毫無畏懼地採取購買行動，這種魄力非常人所能比。

在其他的案例中，巴菲特也表現出即使在金融恐慌期間，也不怕做出重大投資決策的膽識。1973～1974年間是空頭市場的最高點，巴菲特收購了華盛頓郵報公司，並在GEICO公司面臨破產時，將它購買下來。

他甚至在華盛頓公共電力供應系統拖欠大量債務時，大量購買它的債券。在1989年垃圾債券市場崩盤時，他卻在該年年底大量購入美國一家大型餅乾製造公司的高利率債券。

對此，巴菲特說：「價格下跌有一個相同的原因，就是投資者抱持悲觀的態度，這種態度有時是針對整個市場，有時是針對特定的公司或產業。在這樣的環境下我們希望能夠從事商業活動，並不是因為我們喜歡悲觀的態

度，而是由於這時候製造出來的價格對我們有利，換句話說，理性投資者真正的敵人是樂觀主義。」

蕭伯納曾寫過這樣一段話：「世故者改變自己來適應這個世界，而特立獨行者卻堅持嘗試要改變世界來適應自己。因此，所有的進步都是仰賴後者來促成。」如果這樣，巴菲特就應該歸納為「不按牌理出牌」的人。

118　停損法則

投資要懂得及時控制損失
提出者：華倫‧巴菲特
評析：留得青山在，不怕沒柴燒

在投資界，有一條大家都明白的道理：如果你損失了20％的本金，那麼你必須要賺回25％才剛好回本。如果你損失了50％的本金，那麼你就必須賺回100％才能回本。巴菲特常說：「如果你投資1美元，賠了50美分，那麼你手上就只剩下一半的本金，在這種情況下，除非有百分之百的收益，你才能回到起點。」所以，巴菲特要投資者在投資生涯中一定要做到永遠不損失。

但是，股市中充滿了各種不確定因素，誰都不敢也不能保證自己對每一支股票的投資都是正確的。所以，出現損失是在所難免的。那麼，當出現損失時，投資者該怎麼辦呢？巴菲特的答案是：立即實施停損措施。其實，巴菲特的「停損」，不是讓投資者一旦出現損失就拋出手中的股票，而是要求投資者控制損失。巴菲特說：「事實上，只要你對自己持有股票的公司感覺良好，你應該對價格下挫感到高興，因為這是一種能使你的股票獲利的方式。」

如果，在你的投資生涯中，不能夠引入控制損失這個概念，那麼毫無疑問，你在自己的投資中埋下了一顆定時炸彈。這顆定時炸彈遲早會把你和你

的財富全部毀掉。這絕對不是危言聳聽，因為在投資界，一次大虧損就毀掉前面99次的獲利是屢見不鮮的，其原因就是沒有及時地控制損失。

心理學研究證明，損失帶給投資者的痛苦，遠比同樣的獲利所得到的快樂強烈得多。因此，幾乎所有的投資者，在遭受損失時內心都有一種盡力挽回損失的潛意識。也就是說，在投資中一旦出現損失，投資者往往會做出非理性的行為。

在股市中，很多投資者都容易犯這樣的錯誤：只知道買進股票後賺了錢出場，卻很少主動在適當的虧損時機停損。原因就是，在出現損失後，他們仍然心存僥倖，總希望不久就會強勁反彈，但當反彈遲遲沒有出現時，他們的內心則更不願意虧本賣出。

時間一久，股價就已在盲目的等待中不斷縮水，結果本來只要停損就能降低虧損，但由於它門的非理性行為（主要指不肯認輸的錯誤思想），導致本金越虧越多。

控制損失方面，世界上出色的投資者都會遵循一個有用且簡單的交易法則——鱷魚法則。這條法則源自於鱷魚的狩獵方式：獵物被鱷魚咬住後，越使力掙扎，鱷魚的收穫愈多。假如你被鱷魚咬住了一隻腳，鱷魚不會馬上把你的腳咬斷吃掉，而是會等待著你去掙扎。

如果你想用手掰開鱷魚的嘴拔出你的腳，那麼鱷魚就會乘機咬住你的腳與手臂。這樣一來，你越掙扎，就陷得越深，所以，當你不幸被鱷魚咬住了腳，你唯一生存的機會便是犧牲那隻腳。

把這個法則用到股市上就是：當你知道自己犯錯時，唯一正確的作法就是立即出場，也就是當出現虧損時，你對自己所持有股票的公司又沒有信心，那麼你就要保存自己的實力，控制損失。

巴菲特為我們舉了這樣一個例子：一個投資者的分析準確率達到了40％左右，而另一個投資者的分析準確率達到了80％左右，誰能夠在投資中更長久地生存呢？也許你會認為後者的勝算更大。

但巴菲特不這樣認為。他認為，如果不能有效地實施停損措施，不能有效地控制風險，後者往往不如前者表現得好。巴菲特的解釋是這樣的：假設這兩個人的本金都是10萬美元，分析準確率為40％左右的投資者每次的風險

控制在2％，在10次交易中，有6次虧損4次盈利，結果只損失了1.2萬美元；而分析準確率為80％左右的投資者每次的風險控制在20％，在10次交易中，有兩次虧損8次盈利，結果損失了4萬美元。

所以，在虧損額相差2.8萬美元的情況下，分析準確率為80％左右的投資者必須比分析準確率為40％左右的投資者多盈利2.8萬美元，才能保持一樣的業績。

按照巴菲特的解釋，我們可以很容易地得出這樣的結論：如果不能有效地實施停損措施，合理控制風險，那麼即使分析準確率比較高，也不一定有好的業績表現。

在停損方面，巴菲特也不例外，那麼，巴菲特是怎麼做的呢？大致說來，巴菲特的停損方法主要有以下3個要點：

1.根據自己的實際情況，確定自己的停損點

所謂停損點，就是在實際操作中，股價處於下滑狀態時所設立的出局點。設立停損點的目的是為了最大限度地保住勝利果實，防範可能發生的市場風險，使虧損盡可能減少。一般來講，逢市值上漲時，停損點需及時提高，相反地，停損點可適當降低。巴菲特認為，投資者在制訂停損計劃時，首先要根據自身的投資狀況確定停損點。

2.確定合適的停損幅度

停損理念的關鍵就是確定合適的停損幅度（指停損點和買入價的距離）。這通常需要投資者根據相關技術和投資者的資金狀況而定。一般而言，做短線投資的停損幅度在5％～8％之間；做中線投資的停損幅度在8％～13％；做長線投資的停損幅度在15％～20％之間。當然，究竟取何種幅度，往往取決於投資者的經驗和對該股票的瞭解。

此外，在確定停損幅度的時候還要注意，停損幅度不能過大也不能過小。過大則喪失了停損的本意，這樣一來，一次錯誤將會帶來極大的損失；過小則有可能增加無謂的損失，因為停損幅度過小，停損點就容易在股價的正常波動中觸及。因此，根據實際情況確定停損幅度，是非常重要的。

3.堅定不移地執行停損計劃

巴菲特告誡投資者，設立了停損計劃就一定要執行，特別是在剛買進

就被套牢的情況下。如果在投資中，發現錯了又不迴避，一旦股價下跌到40％～50％時，那麼，就更加得不償失了。所以，在制訂了停損計劃後，如果發現失誤，就應及時停損出局，不要心存僥倖心理。

119 博弈規則

兩人或多人之間競爭合作，每個參與者的資訊不同，導致各有不同的想法，而規則決定了由這個想法如何產生最終出現的結果。

提出者：美國數學家約翰·馮·諾伊曼

評析：你決策的基礎在於別人怎麼想。

博弈論又稱對策論，是從棋、撲克和戰爭等帶有競賽、對抗和決策性質的問題中借用的術語，是研究兩人或多人之間競爭合作關係的一門科學，它使用嚴謹的數學模式，來解決現實生活中的各種衝突。

博弈一詞，英文為「game」，具有遊戲的意思，而象棋、撲克是最古老的博弈。兩人下棋，甲出子時，為了贏棋，必須仔細考慮乙的想法，而乙出子時也須考慮甲的想法，所以甲還得想到乙在想他的想法，乙當然也知道甲想到了他在想甲的想法。這個「你知道我知道你知道我知道……」的博弈邏輯，在莊子和惠施著名的「子非魚」的對話中就有精彩演繹。

博弈論由美國數學家約翰·馮·諾伊曼（1903～1957）創立，並與經濟學家奧斯卡·摩根斯坦在1944年合作發表的《博弈論與經濟行為》中，將博弈論引入了經濟領域。二十世紀五〇年代後，納許、澤爾滕、海薩尼等人又對博弈論做了進一步完善的闡釋。

在博弈論中，較為複雜的是時序博弈，指有時間順序的決策博弈過程，目前已經為更多人所運用。簡單說，時序博弈就是當你做出決策時，必須在

對對手上一輪的決策和偏好有所瞭解的基礎上，做出你的決策，因此你的決策將受對手上一輪的影響。如果我們將時序博弈的一些技巧用於生活中常見的遊戲之中，會得到意想不到的效果。以下先來分析一下生活中常見猜拳遊戲的博弈技巧。

首先猜拳遊戲的規則是：石頭贏剪刀；剪刀贏布；布贏石頭。

在遊戲開始前，我們要分析一下對手的出招偏好，如果對手是倔強型的人，那麼他連續出同一招（例如連出石頭）的機率就大，遊戲時就可抓他這個弱點，決策出布，贏的機率就大了。但是，我們可以觀察到現實生活中，連續出同一招的人很少（也就是遊戲中倔強型的人較少），這時我們的博弈技巧就發揮作用了。

事實上，我們無法猜出對手第一招會出什麼（否則就不是遊戲了，因為這種情況下我們總會贏），所以第一招只有靠運氣了。但是多數人在遊戲中都有出招的偏好，我們只要留心觀察，並記住對手喜歡出的招（例如石頭），那麼我們第一招就可以出對手偏好的剋星（例如布），贏的機率就會大於二分之一。如果第一招雙方出現了和局，遊戲得以繼續，我們的博弈技巧就在於第二招。

和局的情況下，雙方第一招肯定是相同的（例如雙方都出石頭），依照多數人不連續出同一招的假設，留給對手可出的第二招就只有布和剪刀了，那麼我們只要出剪刀便可保證不敗。如果對手第二招也出剪刀，依照多數人不連續出同一招的假設，留給對手第三招的只有石頭和布，那麼只要第三招我們出布，便可保證不敗。如此循環下去，我們贏的機率將非常大。

同樣的博弈技巧也可以用在另一個生活中非常普遍的遊戲——棒子、老虎、雞、蟲上。不同的是第一招變成了4個，第一招和局的可能性也不只局限於雙方同出一招，雙方出不同招也可能和局（例如出老虎和蟲，或雞和棒子）。第一招和局的機率愈大，愈有利於博弈技巧的發揮，因為我們的優勢在第二招及後面。

假如第一招和局，雙方同出老虎或者對手出老虎，我方出蟲，依照對手不連續出同一招的假設，留給對手可出的招就是棒子、蟲、雞中的一個，則第二招我們出雞（老虎的被剋之招）贏的機率最大。假如第二招仍然是和

局，則第三招我們仍出對手第二招的被剋之招。如此循環下去，我們贏的機率將變大。

綜合以上所述，我們的博弈技巧是：出第一招時要看對手的偏好（例如對手愛出石頭），我們便出可以剋制對手偏好的招（例如布）。如果第一招和局，第二招我們就出對手第一招的被剋之招（即剪刀），如果第二招仍然和局，第三招我們就出第二招的被剋之招（即布）。如此循環，我們離勝利就很近了。

博弈論透過科學家的精心研究和大力推廣，已從純數學理論轉變為研究經濟問題的重要工具，目前被經濟、政治、軍事、生物等領域廣泛應用。1994年，美國政府向商家拍賣大部分電磁波頻道，這一拍賣事先由一批博弈論專家精心設計過，因而取得極大的成功，不但政府獲得了上百億美元的收入，而各頻道也都找到了滿意的歸宿。

120　納許均衡

每個人都願意處在這一狀態，表明這是自願而不是強制性的；當其他人都不改變狀態時，沒有人會改變，也就是說改變只會使自己的狀況更差。

提出者：美國數學家小約翰‧福布斯‧納許

評析：好的規則在於因勢利導。

納許均衡是由美國數學家小約翰‧福布斯‧納許在他的博士論文《非合作型博弈》中提出。納許均衡是整個博弈論中，最基礎最重要的概念之一，是用來描述博弈雙方或多方在博弈結束時，所達成的穩定狀態的術語。

納許均衡的狀態是：

1.每個人都處在這一狀態，表明這是自願而不是強制性的。

2.當其他人都不改變狀態時，沒有人會改變，也就是說改變只會使自己的狀況更差。

以下是博弈理論中的一個經典案例：

豬圈裡有兩隻豬，一隻大豬，一隻小豬。豬圈的邊處有一個踏板，每踩一下踏板，在遠離踏板的投食口就會落下少量的食物。如果有一隻豬去踩踏板，另一隻豬就有機會搶吃到另一邊落下的食物。

當小豬踩動踏板時，大豬會在小豬跑到食槽前吃光所有的食物；但若是由大豬踩動踏板，則還有機會在小豬吃完落下的食物之前跑到食槽，爭吃一點食物。

問題：兩隻豬會採取什麼策略？

答案：小豬將舒服的等在食槽旁，而大豬則為了這一點食物，疲倦的奔忙於踏板和食槽之間。這就是著名的「智豬博弈」。

現實生活中我們也常常遇到這樣的情況：

一家澡堂在每天開門時，水管裡總有一段是涼水，而當這段涼水流完後，熱水便會源源不斷的流出。於是，每天第一批進澡堂的人，他們的情況是要忍受一陣涼水的放水過程，然後才能使用到熱水。而他們後面的人，則可以馬上使用到熱水。

現在撇開道德因素不談，僅從技術角度去看，「小豬」的策略是對的。但在一個群體之中，如果「小豬」的策略總是對的話，那麼「大豬」就必然愈來愈少。該如何解決這個問題呢？

總體思維就是提高「小豬」的投機成本。以那家澡堂為例，如果澡堂的經營者來個分時段收費，讓「大豬」享受五折優惠，那麼「大豬」就可能會多了起來。

當然，世上的事不會總是這麼簡單。例如股市，「小豬」總是特別多，都想讓「大豬」來拉動股價從中獲利。而股市裡的「大豬」往往是些「大鱷」，他們「踩動踏板」的同時，也會設置大量的陷阱，以提高「小豬」的投機成本。但如此一來，又會引出許多的問題，稍有不慎，大的動盪便會隨之而來。如何平衡「大豬」、「小豬」之間的利益關係？這才是經濟學家一直在苦苦思索的事。

121 零和遊戲

一個遊戲中，遊戲者有輸有贏，一方所贏正是另一方所輸，遊戲的總成績永遠為零。

評析：「利己」不一定要建立在「損人」的基礎上。通過有效合作，皆大歡喜的結局是可能出現的。

「零和」源於博弈論，博弈論的英文名為game theory，直譯過來就是「遊戲理論」。

「零和理論」的大意是：在任何一個遊戲中，正方所得與負方所失相同，兩者相加，正負相抵，和數必為零，即為「零和」。

當你看到兩位對弈者時，你可以說他們正在玩「零和遊戲」。因為在多數情況下，總會有一個贏，一個輸，如果我們將獲勝計算為得1分，而輸棋為-1分，那麼，這兩人得分之和就是：1+（-1）=0。這正是「零和遊戲」的基本內容：一個遊戲中，遊戲者有輸有贏，一方所贏正是另一方所輸，遊戲的總成績永遠是零。

零和遊戲之所以受人關注，是因為人們在社會生活中，處處都能找到與零和遊戲類似的現象，勝利者的光榮背後，往往隱藏著失敗者的辛酸和苦澀。

從個人到國家，從政治到經濟，似乎無不驗證了世界正是一個巨大的「零和遊戲」理論。這種理論認為，世界是一個封閉的系統，財富、資源、機遇都是有限的，個人、個別地區和個別國家財富的增加必然意味著對其他人、其他地區和國家的掠奪，這是一個「邪惡進化論」式的弱肉強食的世界。

比賽中，一方得分就意味著另一方失分，勝利者的光榮背後往往是失敗者的痛楚與淚水。我們大肆開發利用煤炭石油資源，留給後人的便愈來愈少；我們研究生產了大量的基因改造產品，一些新的病毒也隨之出現。

對於「零和遊戲」的社會狀況，義大利統計學家、經濟學家維爾弗雷·帕雷托提出了相對應的結論：改進一部分人的福利或滿足程度時，不能以犧

牲另一部分人的利益為代價，否則這個改進就不能認為是最終提高了社會總體發展水平。

帕雷托強調，歷史上人類建立的不少制度，犧牲甚至剝奪了部分群體的利益，這種作法延緩了人類文明的進步速度。帕雷托原則有很強的現實意義，當前國際上以犧牲他國利益為代價，極度不均衡的國際政治、經濟秩序，延緩甚至阻礙了整個人類文明進步的步伐，成為世界上戰亂不休的重要原因。

二十世紀，人類在經歷了兩次世界大戰、經濟的快速成長、科技進步、全球化以及日益嚴重的環境污染後，「零和遊戲」觀念正逐漸被「雙贏」觀念所取代。

人們開始認識到，「利己」不一定要建立在「損人」的基礎上。透過有效合作，皆大歡喜的結局是可能出現的。但從「零和遊戲」走向「雙贏」，必須要求各方要有真誠合作的精神和勇氣，在合作中不要總想佔別人的小便宜，要遵守遊戲規則，將視線放在對方的長處和優勢上，否則「雙贏」的局面就不可能出現，最終吃虧的還是自己。

122 限額理論

動物一生所能消耗的熱量有一個固定的限額，限額一旦用完，就意味著生命的永久停止，吃多吃少與壽命長短恰好成反比。

提出者：美國科學家麥侃

評析：吃得愈多，暴飲暴食，限額就愈早用完，生命也將早日終結；吃得愈少，細水長流，限額的消耗也就減慢，生命也相對的延長。

1925年，美國科學家麥侃進行了一個史無前例的老鼠實驗：將一群剛斷奶的幼鼠分為兩組，區別對待：第一組享受「最高待遇」，予以充足的食物

使其飽食終日；第二組則受到「歧視待遇」，只提供相當於第一組60％的食物，餓其體膚。

當人們都對第一組老鼠的待遇投以羨慕的眼光時，結果卻大大出人意料：第一組飽老鼠難逾千日，未到「中年」就早早死去；第二組餓老鼠卻是出奇的健康長壽，而且皮毛光滑，行動敏捷，體型勻稱，更耐人尋味的，是這些餓老鼠的免疫功能甚至性功能都比飽老鼠略高一籌。

後來科學家繼續將實驗範圍擴大至細菌、蒼蠅、魚等生物，又發現了相似的情況。

科學家追根溯源，形成了許多見仁見智、百家爭鳴的理論格局，其中「限額說」最為大眾採信。

這種說法認為，動物一生所能消耗的熱量有一個固定的限額，限額一旦用完，就意味著生命的永久停止，吃多吃少與壽命長短恰好成反比：吃得愈多，暴飲暴食，限額就愈早用完，生命也將早日終結；吃得愈少，細水長流，限額的消耗也就減慢，生命也相對的延長。儘管人是萬物之靈，但終究是動物，所以當然也受「限額理論」的約束。

123 冷熱水效應

一杯溫水，保持溫度不變。另有一杯冷水，一杯熱水。先將手放在冷水中，再放回溫水中，會感到溫水熱；而先將手放在熱水中，再放回溫水中，則會感到溫水涼。同一杯溫水，出現了兩種不同的感覺。

評析：人人心裡都有一把秤，只不過秤砣並不一致，也不固定，隨著心理的變化，秤砣也在變化。

約翰是某間汽車公司的銷售員，每個月都能賣出30輛以上的汽車，深得

公司經理賞識。由於種種原因，約翰預計他在這個月只能賣出10輛車，深諳人際奧妙的約翰對經理說：「由於銀行緊縮，市場蕭條，我估計這個月頂多只能賣出5輛車。」經理點了點頭，對他的看法表示贊同。沒想到一個月過後，約翰竟然賣出了12輛汽車，經理對他大大誇獎了一番。試想，若約翰事先向經理說本月可以賣15輛車，或什麼也不說，結果賣了12輛，公司經理會怎麼認為呢？他會覺得「約翰這個月實在是太失敗了」，不但不會誇獎他，反而可能會指責他。在這個事例中，約翰將最糟糕的情況——頂多賣5輛車，提前報告經理，使得經理心中的「秤砣」變小。因此，當業績出來之後，經理對約翰的評價不但不會降低，反而提高了。

一杯溫水，保持溫度不變。另有一杯冷水，一杯熱水。先將手放在冷水中，再放回溫水中，會感到溫水熱；而先將手放在熱水中，再放回溫水中，則會感到溫水涼。同一杯溫水，出現了兩種不同的感覺，這就是著名的「冷熱水效應」。

人人心裡都有一把秤，只不過秤砣並不一致，也不固定，隨著心裡的變化，秤砣也在變化。當秤砣變小時，它所稱出的物體重量就大，當秤砣變大時，它所稱出的物體重量就小。人們對事物的感知，就是受這秤砣的影響。

人生在世，難免有事業走下坡的時候，難免有不小心傷害他人的時候，難免有需要對他人進行批評指責的時候，倘若處理不當，就會降低自己在他人心中的形象。

如果巧妙運用「冷熱水效應」，不但不會降低自己的形象，反而會獲得他人的好評。當事業走下坡的時候，不妨預先將最糟糕的情況委婉的告訴別人，以後即使失敗也可立於不敗之地；當不小心傷害他人的時候，道歉不妨超過應有的限度，這樣不但可以顯示出誠意，還以化干戈為玉帛；當要說令人不快的話語時，不妨事先聲明，這樣就不會引起他人的反感，使他人體會到你的用心良苦。這些運用「冷熱水效應」的舉動，實質上就是先透過一、二處「伏筆」，使對方心中的「秤砣」變小，如此一來，它「稱出的物體重量」也就變大了。

124 沉默效應

沉默是一種威懾。沉默總讓人感覺到一種難以言語的威懾力。因為沉默的人就是保守祕密的人。祕密保留得越多，權力就越大。

評析：未知是對人而言最大的恐懼

沉默是一種威懾。沉默的人總讓人感覺到一種難以言喻的威懾力。因為沉默的人就是保守祕密的人。祕密保留得越多，權力就越大。電影裡的特務首領經常是一位沉默寡言的人，因為他知道太多致人於死地的祕密，所以必須少說。還有，皇帝也經常沉默寡言，因為他一說話別人就有生命危險。

陸象先是唐朝末年的宰相。俗話說：「宰相肚裡能撐船」，陸象先的器度確實不小，喜怒都不形於色，讓人無法揣摩。

陸象先早年擔任過同州刺史。在他擔任刺史期間，他的家童在路上遇到了他的下屬參軍，但是這個家童沒有下馬。在那個時代，奴僕見到當官的人都要下馬，否則就是失了禮數。但是不知為何家童沒有下馬，當然這也並非什麼嚴重的事，因為這個家童未必認識那位參軍，就算認識，也許家童可能根本沒看到那位參軍！

可是，這位參軍卻大發雷霆，拿起馬鞭狠狠地抽打了家童一頓。可能是為了顯示自己並不畏懼刺史大人，這位參軍打完家童後，還挑釁似的跑到陸象先的府上，對他說：「下官冒犯了大人，請你免去我的官職。」

參軍這麼說的言下之意是：如果你因為這件事免去了我的官職，那就說明你祖護家童，而如果不免去我的官職，就證明你這個人好欺負。

陸象先早就知道了事情的經過，於是答覆參軍說：「身為奴僕，見為官者不下馬，打也可以，不打也可以；下屬打了上司的家童，罷官也可以，不罷官也可以。」說完這句話，他就把這位參軍晾在一邊，自己走了。參軍一個人在邊上站了半天，也不知道陸象先到底是什麼意思，更揣摩不透陸象先的態度，只好灰頭土臉地退了出去，從此收斂了很多。

人們在日常生活中不可避免地會遇到各種摩擦、衝突。在你不想讓矛盾激化、衝突升級而又想嚇阻對手的時候，你可以學學陸象先的這種作法：給對手一種緩和些的威脅或是保持沉默，也就是用對手無法揣度的結果去威懾對手。既然是有可能發生，那就存在著不確定性，從而使對手不能夠把握形勢的變化。對手把握不了形勢的變化，自然無法採取行動。這樣就會迫使對手忍耐下來。

125 承諾效應

人們公開宣稱自己會做出社會期望的行為後，為了言行一致，他會去履行這個承諾。

評析：最好的說服，是讓對方做出承諾

正如政治家們所說，大選期間的候選人會處於極度壓力下，不僅要說服選民支持自己，還要讓支持者願意去為自己投票。至少在美國，候選人會透過電視、傳單和其他媒體為自己大力宣傳。當然這所需的花費是龐大的。但真正聰明的候選人，也許也是最後的贏家，他們不僅懂得說服藝術，還很懂得其中的科學道理。

以美國2000年總統大選為例，布希以537票的微小差距贏得選舉，這意味著人們會比以往更看重每張選票的價值。選舉中，整個美國都在關注著大大小小的競選演說，一個選民出席與否、支持誰，都會對結果造成很大影響。那怎樣能最簡單有效地說服選民前去投票呢？

其實只要事先問問選民會不會去投票？為什麼會去投票？就能得到答案。有研究人員在某次選舉前夜做了調查，那些被問到上述問題的人出席率比普通人要高25％。這是為什麼呢？

有兩個心理要素在影響他們的行為。

第一，當問到人們是否會做出社會所期望的行為時，他們會覺得必須回答「是」以贏得社會認同。因為社會認為參加投票是每個公民的義務，所以人們很難說出不想去投票，而想待在家裡看電視之類的話。這樣，就不難理解為何人們在回答會不會去投票的問題時，都說會去了。

第二，人們公開宣稱自己會做出社會期望的行為後，為了言行一致，他會去履行這個承諾。舉個例子，一家餐館透過更改訂餐的接待用語，減少了訂餐不到（預訂了席位，但沒有到場，也未打電話取消）的數量。其實餐館只是把「如果您不能前來就餐，請致電我們幫您取消」改為「您若不能前來就餐，會打電話給我們取消嗎？」這樣一來，幾乎所有的顧客都表示會打電話。更重要的是，一旦說出了這樣的話，顧客就會覺得自己有責任履行承諾。因此餐館的訂餐不到率從30％降到了10％。

這樣看來，政客要讓支持自己的選民前去投票也非常簡單。只要讓人打個電話給這些選民，問他們：「是否會在下次選舉中去投票」，你就等著他們說「是」吧。當然，如果打電話的人再加一句「太好了，我已經記下你的答案。我會讓其他人知道的！」那就更能保證支持者會去投票了，因為這句話有3個能鞏固承諾的因素，即承諾的自願性、活躍性和公開性。

這種方法能用在工作或其他地方嗎？

當然可以。如果你想在公司裡舉辦一次郊遊，但不確定是否會有足夠的人參加。當你正在為這個問題猶豫，考慮到底要不要舉辦時，你可以先問問同事們的參加意願。這不僅會讓你對活動的可行性心中有數，也能讓同意參加的人到時真的出現在活動中。

又或者你是位經理，對你來說，新專案的成功不僅要有隊員們的口頭支持，還要有真正的行動。因此，請不要一味強調該專案能帶來的收益，試著問問隊員們願不願意支持你的專案。他們的回答多半是同意的，接下來再問問他們支持的理由。如果你按照這個方法去做，會讓你的專案受益不少。

不管你是經理、老師、銷售員，我們相信這個說服方法會為你贏得重要的一票。

第五章
廣 告 篇

126 拉圖爾定律

一個好品名可能無助於劣質產品的銷售，但是一個壞品名則會使好產品滯銷。

提出者：法國諾門公司德國分公司負責人蘇珊·拉圖爾

評析：取名的藝術，亦是取得成功的藝術。

　　大文豪莎士比亞曾經說過：「玫瑰不管取什麼名字都是香的」。其實並不盡然，一個好的品名，對創造一個名牌來說，絕不是無關緊要的。要創造名牌，首先從取名開始。

　　法國的Carrefour是世界排名第二的零售公司，它的商標設計和品名也是可圈可點。

　　法語Carrefour有以下幾種意思：十字路口、街道、各種影響、思想或意見的會合處。一位浪漫的法國人看中了這個詞，將它作為公司的名稱，冠名於倉儲式百貨零售店，使得Carrefour的詞義也延伸為各種物質商品集合處。這種詞義的發掘，體現了現代物流的概念，獨到且貼切，具有文化的內涵和擴充的張力。

　　此外，Carrefour的商標設計也獨具匠心：左邊是一個尖端向左的紅色箭頭，右邊像一個指向右邊的藍色箭頭。事實上，這個商標表示的就是Carrefour的第一個大寫字母C，襯在法國國旗的紅藍兩色上。字母C上下邊緣顯出極力擴張的姿態，並將它融入背景之中，這是設計者最獨特的舉動，也是該設計最成功的地方，同時還將許多不注意商標的人帶入理解的盲點，讓人感覺看到的是各自獨立的圖像和色塊。

　　Carrefour飄洋過海在中國開店，取名為「家樂福」，其中蘊涵了相當豐富的中國傳統文化，溫馨且雋永。也正是品牌的這種親和力和低價策略，使家樂福很快就打入了中國的市場。

　　二十世紀五〇年代末，東京通信工業公司邁出了具有重要意義的一步，

它放棄原來的名字，採用一個新名——新力公司。該公司的銀行反對這個作法：「東京通信工業公司已經成立10年，好不容易讓自己的名字在通信業廣為人知。這麼長時間過去了，你們突然荒謬的建議要改名字，這是什麼意思呢？」新力公司的盛田昭夫以一句非常簡單的話回答說：「這有利於公司勢力向世界擴大，以前的名字外國人覺得太拗口，不易發音。」

或許這種行為並不能表現出多大的勇氣和氣魄，畢竟，大多數中、小公司最終都會看向海外市場。而且，只是將「東京通信工業公司」這個名字改成「新力公司」，也不值得大驚小怪。但是，我們不妨仔細研究一下盛田昭夫提出這個作法的理由：「雖然我們的公司還很小，而且我們也將日本看作一個極具開發潛力的市場……但是我最終認識到，如果我們不把目光對準國外市場，那麼我們永遠無法發展成我們所想的那種公司。日本產品在世界上以次品質聞名，我們要改變這種狀況。」

日本經濟起飛之初，「日本製造」就是「廉價、低劣、次品質」的代名詞。新力公司不但想憑自己的實力取得成功，還想改變日本消費品次品質的形象，贏得世界的最高讚譽。身為一個雇員不到千人，根本沒有海外勢力的小公司，這絕對是一個非常大膽的目標。事實證明，盛田昭夫的想法沒有錯，改名戰略的實施加速了新力公司的國際化，使其很快成為了世界家電行業的領導企業。

對於開拓海外市場方面，有些公司就沒有新力公司的高瞻遠矚。在華人世界，狼可能意味著勇猛、進取、生命力強，於是很多品牌都以「狼」命名；可是在西方，狼的形象意味著欺騙，外國人看到這個品牌名稱，必定不會有好的聯想。

127 赫斯定律

廣告超過12個字，讀者的記憶力要降低50%。

提出者：澳大利亞廣告家赫斯

評析：忘卻即等於拋棄，廣告必須一詞致勝。

廣告正大舉入侵我們生活的各個層面，每天都有幾十種甚至上百種廣告充斥著我們的感官。而在這個各種資訊充斥的社會裡，人的心智空間是狹窄有限的，它甚至只能讓人留下一個產品、一間公司、一座城市或者一個國家的印象。

雖然廣告的目標、訴求重點、定位、達成率這些概念早已被提出，並廣泛應用，但根據統計，在收看的廣告中只有三分之一能讓大眾留下一些印象，而這三分之一中，僅有半數能被正確理解，僅有5％能在24小時內被記住。

此外，隨著科技的發展，家庭成員不再聚在一起看電視，手提電腦、手機、遊戲，這一切現代資訊媒介，都帶來了更多的媒體細分，更多的頻道、更多的選擇、更多的複雜性。

所以傳統的那種30秒的廣告，離人們的生活愈來愈遠。

一個現代青少年能夠在30秒的電視廣告時間內，打一通電話、發一封E-mail、接收一張圖片、玩一場遊戲、下載一首音樂、讀一本雜誌，同時以6倍的速度觀看一則廣告。他們稱之為「CPA」，亦即持續局部注意力。結果是：電視廣告的次日回憶得分迅速下降，從上世紀六○年代的35％降至現在的10％。

面對愈來愈被人們忽視的廣告，如何才能重新吸引觀眾的注意，讓觀眾記住商品？新穎的創意當然是必不可少。大衛·奧格威說：「除非你的廣告有好的點子，不然它就像被黑暗吞沒的船隻。」為了適應現在人們快節奏的生活，「言簡意賅」成為廣告創意的新要求。「七喜，非可樂」，寥寥數字

就將自己推離了硝煙彌漫的可樂圈，並幾乎奪去了可樂的半壁江山。

現在這種「言簡意賅」已經被廣告人發揮到極致——用一個詞來概括商品。這就是「一詞權益」（one word equity）。在這種新的業務模式中，公司都希望打造「一詞權益」，來定義在全球範圍與他們的品牌瞬間相連的一個特徵，然後擁有它。

例如，「搜索」這個詞現在屬於Google，「最愛」這個詞曾被英國航空（British Airways）擁有了20年。新力（Sony）過去曾擁有「創新」，但這個詞現在已經被蘋果（Apple）佔有了。蘇格蘭皇家銀行（RBS）在美國市場營銷的過程中，很快擁有「行動」這個詞。這樣的情況同樣適用於政黨或國家——英國工黨憑藉「新」一詞贏得了三次選舉。而美國的一詞權益是「自由」。

為了變複雜為簡單，又不至於過分簡單，以伯特蘭·羅素（Bertrand Russell）的話來說：「需要經過一番痛苦的思考。」「痛苦」來自要無情的將一段話刪減成一句話，然後再將一句話刪減為一個詞。

128 羅密歐與茱麗葉效應

外界的干涉非但不能減弱戀人之間的愛情，反而使感情更加堅定。干涉愈多，反對愈強烈，戀人相愛就愈深。

評析：愈是得不到的東西，對人的吸引力愈大。

莎士比亞的名劇《羅密歐與茱麗葉》，描寫了羅密歐與茱麗葉的愛情悲劇，他們相愛很深，但由於兩家是世仇，感情得不到家裡其他成員的認可，雙方家長百般阻撓。雖然如此，但是他們的感情並沒有因為家長的干涉而有絲毫的減弱，反而相愛更深，最終雙雙殉情而死。

人都有一種自主的需要，希望自己能獨立自主，不願意被人控制，一旦別人越俎代庖，代替自己做出選擇，並將這種選擇強加給自己時，就會感到自己的主權受到了威脅，從而產生一種抗拒心理，排斥被迫接受的事物，同時更加喜歡自己被迫失去的事物。正是這種心理機制，導致了羅密歐與茱麗葉的愛情故事不斷上演。

某國中一年級的兩位學生由於相互吸引而開始交往，老師和家長都竭盡全力干涉。然而，這種干涉反而為兩個學生之間增加了共同語言，他們更加接近，儼然一對棒打不散的鴛鴦。後來，校長改變了策略，他將學生和老師都找去，沒有批評學生，反而說是老師誤會了他們，污滅了學生之間純潔的感情。之後，這兩個學生繼續交往，但是沒有多久，他們就因為缺乏共同點而漸漸疏遠，最終發現對方與自己理想中的王子和公主相差太遠而分道揚鑣。

心理學家發現，愈是難以得到的東西，在人們心目中的地位愈高，價值愈大，對人們愈有吸引力；而輕易得到的東西或者已經得到的東西，其價值往往會被人們所忽視。因此，婚外情如果受到干涉，雙方反而相愛愈深，恨不得天天廝守在一起；然而，一旦真的與自己婚外情的情人，如願以償的生活在一起時，又會覺得情人也不過如此，原來的伴侶或許更好一些。

現在的廣告宣傳也抓住了人們的這一心理，對多數人而言，強烈的色彩刺激、變幻的圖像切換、奢華的享受情景，都是一些無法達到的生活方式，廣告便以此來吸引人們的注意。例如LG的手機廣告宣傳策略就極具「羅密歐與茱麗葉效應」的特色。廣告表達的是一個生活在香車別墅中，高級白領階層的感情歸屬。這種享受的生活方式對於大眾的吸引力如同鴉片，無法達到卻又念念不忘，就只能把握住廣告宣傳的LG手機。

129 布里特定理

如果商品不善於做廣告，無異於在黑暗中向心愛的女孩拋媚眼。

提出者：英國廣告學專家布里特

評析：要推而廣之，先廣而告之。

可口可樂公司前任董事長伍德拉夫有句名言：「可口可樂99.1％是水、碳酸和糖漿，不進行廣告宣傳，誰去喝它？」提高商品知名度是企業競爭的重要內容之一，而廣告便是提高商品知名度不可缺少的武器。精明的企業家總是善於利用廣告提高企業和產品的「名聲」，從而開拓市場。在個人的成功領域中，這一定理也可稱為「自我推銷定律」，善於推銷自己是獲取成功的重要因素。

「全世界最偉大的推銷員」吉拉德曾連續12年保持推銷汽車的世界紀錄，平均每天銷售6輛，被載入金氏世界紀錄大全。他有一個習慣：只要他遇到人，無論對方是什麼態度，左手馬上會伸進口袋裡拿名片，遞給對方。

吉拉德認為，推銷的要點並非推銷產品，而是自己。他說：「如果你遞給別人名片時想著，這是一件很愚蠢、尷尬的事，那麼你絕不可能成為一個成功的推銷員。」而那些舉動顯得很愚蠢的人，正是會成功的人。

他到處用名片留下他的蹤跡，每次付賬都不忘在帳單裡放上名片。到餐廳吃飯，給的小費也比別人多，同時放上兩張名片。他甚至不忘在球賽現場推銷自己，他買最好的座位，在人們歡呼時，將名片灑出去，於是大家注意到了吉拉德，而不再注意球場上的明星。

一些專家的研究成果顯示，記憶中的感覺對人事晉升有巨大影響。若人事決策者考慮提拔員工，其腦海裡往往只有少數幾個對象，也就是那些脫穎而出的人及熟悉的面孔。如果你確實很有才幹，也完美的完成了主管交付你的任務，卻仍未獲得升遷，那麼，很可能你根本沒有推銷自己，或是在這方面表現得很差。

130 伯內特定理

只有佔領頭腦，才會佔有市場。

提出者：美國廣告專家利奧·伯內特

評析：佔領了人們的頭腦，你就掌握了市場的指揮棒。

只有先佔領消費者的頭腦，你的產品才會激起消費者的購買欲望，廣告可以幫你做到這一點。廣告是一個引起消費者注意產品的方法，一個好的廣告能有效的抓住消費者的心理特點，透過廣告創意與這些特點產生共鳴。這樣的廣告才能發揮強烈的衝擊力，打動消費者，從而挑起購買欲望。

從前，南京有家鶴鳴鞋店，牌子雖老，卻乏人問津。不久，老闆發現許多商家和名牌店都透過刊登廣告來推銷商品，於是他也想嘗試廣告宣傳。

但是怎樣的廣告才能打動消費者呢？老闆來回走動尋思著，這時，帳房先生過來獻計：「商業競爭與打仗一樣，必須注重策略，只要你捨得花錢在最大的報社登三天廣告，問題就會解決。第一天只登一個大問號，下面寫一行小字：欲知詳情，請見明日本報欄。第二天照舊，等到第三天揭開謎底，廣告上寫：『三人行必有我師，三人行必有我鞋——鶴鳴皮鞋』。」

老闆眼睛頓時亮了起來，於是依計行事。廣告一登出，果然吸引了廣大讀者，鶴鳴鞋店立即家喻戶曉，生意興隆。老闆大有感觸的意識到：做廣告不但要加深讀者對廣告的印象，還要掌握讀者求知的心理。

如何才能吸引更多的人，帳房先生可謂獨具匠心。他利用了人們對懸疑性特別關心的心理，大吊讀者胃口，最後再突然讓人恍然大悟。廣告雖然簡單，但標新立異，衝破了傳統觀念，因而取得了極大的成功。

要佔領消費者的頭腦，除了廣告之外，提供差異化的產品也是一個重要途徑。前者是宣傳已有產品，後者是創造沒有的產品。二者要成功，都要先佔領消費者的頭腦。管理大師德魯克說：「企業的宗旨只有一個，就是創造顧客。」有差異才能有市場，因此，從某種意義上說，創造了差異，你就佔

領了市場。

烏龍茶是台灣的特產，在東南亞等國早有盛譽，尤其是在日本備受青睞。日本人看準這一商機，注重消費潮流創意，從台灣進口一級、二級茶葉，製成品味高、口感好的「鳳凰」牌烏龍茶飲料，不僅暢銷歐美市場，而且還銷到全世界。

豆漿、豆花可謂中國的傳統小吃，但由於中國的豆花千百年來總是同一面孔，形、色、味、吃法並無多大變化，市場潛力有限。但是到了美國人的手裡，他們將豆花加工成香草味、巧克力味、草莓口味等，深受消費者喜愛，產品進入了200多家連鎖店銷售，年銷售總值達3億美元之多。台灣也有一商人透過創意，在豆花原料中加入奶油、大蒜汁、咖啡和各種果味，並用甜紅椒調成紅色，用食用鮮花調成黃色，用綠茶調成綠色，疊成紅、黃、綠「三色」豆花。由於產品令人觀色生津，這位商人也從中大獲其利。

「豆奶」原來定位為健康飲料，「飲豆奶，更高、更強、更健美」的廣告語用了10年，這種定位曾創造了輝煌的紀錄。然而，隨著時間的推移，各種新的、不同品牌的飲料相繼登場，它們紛紛抓住年輕人的心理，突出產品的時代感，相形之下，「豆奶」形象落伍，市場佔有率也跟著不斷萎縮。某廣告公司成為其代理後，決定進行廣告定位創新，塑造時髦有生氣、健康受歡迎的新形象。新的定位既突出了產品優勢，又把握了年輕人的心理，豆奶因此成為受年輕人歡迎的飲品，在激烈的市場競爭中穩定、擴大。

在市場競爭十分激烈的形勢下，沒有創意，即使老牌產品也會銷聲匿跡。只要善於運用創意，在「新」與「特」上做文章，就會有發展的商機。在五彩繽紛的市場中，處處孕育著商機，關鍵是經營者要有明亮的慧眼看準商機，要有靈敏的嗅覺把握商機，要有智慧的頭腦開拓商機。「市」在人為，「追求市場」不如「創造市場」，坐著等不如捷足先登。

131 錢的問題

當某人告訴你「不是錢，而是原則問題」時，十之八九就是錢的問題。

評析：金錢是「人情的離心力」（馬克思語）。

依照一般說法，金錢是價值的尺度、交換的媒介、財富的貯藏。這種說法忽略了錢的另一面：錢能令人陶醉、令人瘋狂、令人激動。而這種說法也撇開了人們愛錢的心理，馬克思說，金錢是「人情的離心力」，指的就是這種心理。

關於金錢的本質、作用和功過，從古到今，人們已經留下了無數精闢深刻的格言和妙語。我們常看到，人們為錢興奮，努力賺錢，用財富的畫面挑逗自己。

金錢對世界的秩序以及我們的生活產生了巨大、廣泛的影響，這種影響有時是潛在的，我們往往意識不到，但它完全是人類自己創造的。

致富的驅動力並不是起源於生物學上的需要，動物生活中也找不到任何相同的現象。它不能順應生物基本的目標，不能滿足根本的需求。

但是「致富」的定義，就是獲得超過自己需要的東西，這個看起來漫無目標的驅動力，卻是人類最強大的力量，人類為金錢而互相傷害，遠超過其他原因。

東街有個乞丐去摸彩，中了5000元，他感到很開心！這個冬天好過了，他擁有棉襖、棉褲和棉鞋。西街有個乞丐也去摸彩，中了500萬元，他感到一陣狂喜！

首先，西街的乞丐花費3萬元大宴賓客，熱鬧三天，甚是風光。接著，他去買西裝、配手機、穿金戴銀，容光煥發，一掃窮氣。接著他再去買房子、買車子……。過年的時候，東街的那個乞丐還穿著他那5000元的「家當」到處閒晃時，西街的那個乞丐卻在監獄裡，據說是因為賭博、嫖妓、吸毒、鬧事……。擁有5000元的東街乞丐不再受凍，自得其樂；而擁有500萬元的西街

乞丐成了大富翁，卻將自己送上了死路。

第六章
教 育 篇

132 鴕鳥理論

當兩個人都是火雞時，他就覺得自己比別人大；當他是一隻火雞，而別人是隻小雞時，他又覺得自己是隻鴕鳥，比別人大許多；而當他看到真正的鴕鳥時，他會說：「噢，這隻雞比我大一點！」

提出者：中國海爾首席執行官張瑞敏

評析：你想取得競爭優勢，就必須有比別人更為明顯的優勢。

有一個農夫處事踏實，他說過一段影響許多人的話：「多數人和別人交往，總覺得自己吃虧，但從旁人來看，你們彼此得失相當，你既沒有吃虧，也沒佔便宜。如果你覺得自己不虧也不賺，那麼旁人來看，你一定佔了便宜；如果你覺得自己佔便宜了，而對方卻沒有因此生氣跳腳，那麼若不是對方很偉大，就是你很偉大！」

在這位有智慧的農夫悟出這個看似簡單的道理之後，海爾首席執行官張瑞敏也提出了他的鴕鳥理論：

一個人在評價自己的能力與貢獻時，總覺得自己高人一等。當兩個人都是火雞時，他就覺得自己比別人大；當他是一隻火雞，而別人是隻小雞時，他又覺得自己是隻鴕鳥，比別人大許多；而當他看到真正的鴕鳥時，他會說：「噢，這隻雞比我大一點！」

其實，當兩隻雞一樣大的時候，對方一定覺得你比他小；而當你是隻火雞，對方是隻小雞時，你雖然覺得自己非常大，小雞卻只會覺得你與他一樣大；只有當你是隻鴕鳥的時候，小雞才會承認你大。所以，人們一定要時刻提醒自己，要有自知之明，千萬不要高估自己的力量，而是要站在別人的角度去想。如果你希望別人看重你，你就要有比別人更為明顯的優勢才行。當我們還不是鴕鳥時，說話口氣不要太大，而當大家都是「鴕鳥」的時候，無論創業或做事，都要用平常心來面對各種事情。

張瑞敏的鴕鳥理論在我們的生活和工作中也很常見，例如你看見兩個人

在下棋，發現他們的棋藝不相上下，旗鼓相當。七盤棋中，可能一個人贏了三盤，另一個人贏了四盤。但如果你分別問他們，他們一定都覺得自己的水準比對方高，如果不是不小心，自己一定贏得更多！

當你去觀察你熟悉的兩位同事，首先你先確定他們的能力差不多，接著你再去瞭解一下他們對彼此的看法，通常，他們會認為自己能力比對方更強一些。除非其中一個人確實比另一個人強很多，否則差的那個人絕對不會認為自己比另一個人差。

這就是鴕鳥理論所要告訴我們的：在實力相當的情況下，我們都認為自己比對方強；在對方比自己稍微強一些時，我們會認為其實對方和自己是一樣的；而當對方比自己強許多倍時，我們才會承認對方的確比自己強。所以，如果你希望別人承認你比較強時，你就必須鍛鍊自己，培養自己，讓自己有足夠的力量勝過對方。

133 尊重效應

自尊是人生必須學會的第一個原則，要想讓孩子真正長大為偉大的人物，就應該讓孩子從小就「站著」，而不是「趴著」去仰視那些大人物。

評析：尊重是孕育孩子「自信」的土壤。

幼稚園開學的第一天，一群剛剛入園的孩子橫七豎八地坐在圖書館的地毯上，等待著接受他們人生的第一課。

一位老師微笑著問他們：「孩子們，我來給你們講個故事好不好？」

「好！」孩子們答道。

於是老師拿出一本書，講了個很短但很優美的童話。然後她告訴孩子們說：「這個故事是一個作家寫的，就在這本書裡面，你們長大後，也一樣能

寫這樣的書。現在哪一位小朋友也來給大家講一個故事？」

一位小朋友站起來，用稚嫩的童聲講道：「我有一個爸爸，還有一個媽媽，還有……」這時，小朋友們看到老師在桌上攤開一張紙，很認真、仔細地記錄著這個語無倫次的故事。

「下面，」老師又說，「哪位小朋友能給這個故事配上插圖呢？」

又有一位小朋友站起來，他仔細地畫上一個「爸爸」、一個「媽媽」，再畫上一個「我」。雖然畫得很不成樣子，老師同樣認真地把它接過來，附在那一頁故事的後面，最後，老師取出一張精美的封皮紙，把這份作品裝訂在一起，並在封面上寫下了作者的姓名、插圖者的姓名，及「出版日期」。

老師把這本「書」高高舉過頭頂：「孩子們，瞧，這是你們寫的第一本書。寫書並不難。你們還小，所以只能寫這樣的小書。但我相信，等你們長大了，就能寫出更好的書，就能成為偉大的人物。」

自尊是人生必須學會的第一個原則，要想讓孩子真正長大成偉大的人物，就應該讓孩子從小就「站著」，而不是「趴著」去仰視那些大人物，這種自信心與健全的人格會為孩子的一生打下一個良好的基礎。一個人的心靈世界，是要靠自尊來支撐的。尊嚴可以帶給人自信，也可以改變一個人的命運，這就是「尊重法則」。

研究顯示：與9個月至3歲的幼兒多交談，會使這些孩子日後變得更聰明。在父母與子女之間關係平等、彼此尊重，且保持溝通交談的家庭裡，孩子的智商會比別的孩子明顯高出很多。

134 甘地夫人法則

挫折是不會因人的意志而消失的，也不是父母時刻呵護就能避免的。要讓孩子知道，拒絕挫折，就等於拒絕成功。如果孩子在童年時期沒有面對挫折的經驗，長大以後就無法好好地戰勝挫折。

評析：不要在和孩子溝通之前就判定他不能理解；有時，孩子往往比你認為的更加成熟。

　　印度前總理甘地夫人，是一位非常出色的女人。作為領袖，她對印度有著傑出的貢獻；作為媽媽，她是孩子心中最好的導師。

　　甘地夫人認為，生活中有幸福，也有坎坷。教育的目的就是培養孩子健全的個性，使他們未能能夠從容不迫地適應生活中的各種變化。作為母親，她必須幫助孩子平靜地接受挫折，發展自我克制的能力。

　　甘地夫人的兒子拉吉夫12歲時，因病要做一次手術。面對緊張、恐懼的拉吉夫，醫生打算說一些「手術並不痛苦，也不用害怕」等善意的謊言來安慰孩子。可是，甘地夫人卻認為，孩子已經懂事了，那樣反而不好，所以她阻止了醫生。

　　隨後，甘地夫人來到兒子床邊，平靜地告訴拉吉夫：「親愛的小拉吉夫，手術後你有幾天會相當痛苦，這種痛苦是誰也不能代替你承受的，哭泣或喊叫都不能減輕痛苦，可能還會引起頭痛，所以，你必須勇敢地接受它。」

　　手術後，拉吉夫沒有哭，也沒有叫苦，他勇敢地忍受了這一切。

　　孩子在成長過程中，既會有愉快的成功經驗，也不可避免地會遇到各種挫折。挫折是不會因人的意志而消失的，也不是父母時刻呵護就能避免的。要讓孩子知道，拒絕挫折，就等於拒絕成功。如果孩子在童年時期沒有面對挫折的經驗，長大以後就無法更好地戰勝挫折。

　　教會孩子勇敢地面對挫折，不但能使孩子在今後的人生道路上可以走得

更加順遂，父母也少了許多不必要的麻煩。但這種教導要從孩子還是幼兒時就開始，從小培養他們直面挫折的意識和勇敢承受挫折的能力。

父母作為幼兒的第一任老師，在幼兒個性的形成過程中發揮著非常重要的作用。人的一生會經歷許多痛苦和挫折，孩子經歷的第一次挫折很可能就從吃藥打針開始。

看著孩子滿臉恐懼、渾身發抖、幾近絕望的樣子，聽著他彷彿世界末日般的哀求：「媽媽，媽媽，我怕，我怕，我不想打針。」家長不免有些心疼，但這是孩子必須經歷的，也是必須獨自承受的；因為人生的坎坷不僅只有打針吃藥！

當孩子在生活和學習中遇到困難時，家長應教育孩子克服依賴思想，鼓勵孩子獨立面對困難。只有當孩子充分地感受到挫折帶來的痛苦體驗時，才會激發他們去考慮如何解決問題、克服困難。若這個過程經常得到強化，孩子就會在挫折中由被動轉為主動，從而戰勝困難。

教會孩子面對挫折、戰勝挫折，關鍵是要順其自然，順應孩子的發展規律。在生活中潛移默化地培養孩子承受挫折的能力，讓孩子明白生活有苦有樂，還孩子以生活的本來面目，讓孩子認識挫折，經歷挫折，從而學會戰勝挫折的本領。

135 沉沒成本

一項已經發生的投入，無論如何也無法收回。

評析：面對無可挽回的損失，就不必再對它考慮。

面對無法收回的沉沒成本，明智的投資者會視其為沒有發生。

例如，你花錢買了一張今晚的電影票，準備晚上去看電影，可是準備出

門時突然下起大雨。這時你該怎麼辦？如果你執意要去看這場電影，你不僅需要來回搭車，增加額外的支出，而且還可能面臨被大雨濕透而發燒感冒的風險，如此又要多出吃藥打針的費用。這時，明智的選擇是不去看這場電影。

沉沒成本的例子在我們身邊可以說比比皆是。還有一個更經典的例子能幫我們進一步認識沉沒成本的深刻涵義。

有一個老人非常喜歡蒐集古董，一旦碰到心愛的古董，無論花多少錢都要將它買下來。有一天，他在古董市場上發現一件嚮往已久的古代瓷瓶，於是花了很高的價錢將它買下來。

老人將這個寶貝綁在自行車後座，興高采烈的騎車回家，誰知因為綁得不牢固，瓷瓶在途中從自行車後座滑落下來，摔得粉碎。

這位老人聽到清脆的響聲後，居然連頭也沒回的繼續騎車。這時，路邊有熱心人對他大聲喊道：「老人家，你的瓷瓶摔碎了！」老人仍然頭也不回的說：「摔碎了嗎？聽聲音一定是摔得粉碎，無可挽回了！」不一會兒，老人的背影消失在茫茫人海中。

我想，這種事情如果發生在一般人的身上，一定會從自行車上跳下來，對著已經化為碎片的瓷瓶捶胸頓足，扼腕痛惜，甚至很長時間都難以恢復精神。

每一次選擇之後，我們總是要付出行動，而每一次行動，我們總是要做出投入，不管投入的是人力、物力、財力還是時間。在做出下一個選擇時，我們不可避免的會考慮到這些前期的投入，不管它還能不能收回，是否真的還有價值。

最終，前期的投入就像萬能膠一樣，將我們黏在原來的道路上，無法做出新的選擇，而且投入愈大，我們黏得愈緊。

如果我們能像那位老人一樣，面對無可挽回的損失，就對它不再考慮，那麼我們一定能在人生的道路上，不斷做出新的選擇，而且也能隨時調整心情，讓自己不再因「後悔」而沮喪。只要我們能從這些損失中吸取經驗教訓，調整航向，面對新的開始，從而使自己的路愈走愈寬，我們就會贏得一種新的、更積極的人生！

經濟學中有許多概念不僅有利於經營企業，而且對於認識人生也是有益的。沉沒成本就是其中之一。

136 野鴨子定律

對於每一個成功的人，別光聽他所說的汗水加智慧，只要去比較一下他們的發跡史，就會發現，成功，無不和運氣有關。

評析：每一個運氣都包含著下一個運氣，如果你能善於應變，你將發現自己最初的收穫僅僅是個開始，它將帶來更多意想不到的收穫。

有一則日本民間故事是這樣說的：

一個獵人出門打獵前碰碎了瓦罐，大家都認為這代表了壞運氣，勸他不要去。獵人不信，結果他打中了一隻野鴨子；鴨子掙扎的時候，將一條大鯉魚拍打到岸上；獵人去抓鯉魚，抓住了躲在草叢中的野兔的後腿；野兔拚命掙扎，掘出了25個芋頭；獵人去撿芋頭，撿著了一隻野雞；獵人撿起野雞，下面有13顆雞蛋；獵人撿起雞蛋，雞蛋下面有許多蘑菇；獵人回到家，脫下他的肥褲子，不料，褲子裡竟跳出了一大群湖蝦。幸運的獵人最後滿載而歸。

獵人的好運氣是從哪兒來的？是從一隻野鴨子開始的。

對於每一個成功的人，別光聽他所說的汗水加智慧，只要去比較一下他們的發跡史，就會發現，成功，無不和運氣有關。

從野鴨子帶來的好運氣，我們可以總結出如下定律：

未知定律：獵人出門時，並不知道會得到這麼多的東西，而是出去碰碰運氣而已。其他人沒有遇到這麼好的運氣，是因為他們只是在家坐著。運氣有時候是撞上的，不過你一定要去做，否則什麼也等不到。沒有人會知道將

來會發生什麼事情。

連環定律：多數時候運氣像連環套一樣，對小的事情敷衍、不經心，很可能就在中途掉鍊子——盡力做好每件小事，即使是一時看不到利益。

每一個運氣都包含著下一個運氣，如果你能善於應變，你將發現，自己最初的收穫只是個開始，它將帶來更多意想不到的收穫。

137 天賦遞減法則

兒童的天賦隨著年齡的增長而遞減，教育得愈晚，兒童與生俱來的潛能就發揮得愈少。

評析：對幼兒施行早期教育是必須的，而且極為迫切。進行早期教育的時間愈早、愈及時，孩子異乎尋常的能力就愈能被挖掘出來。

很多人都有這種觀點：人的大腦靈敏度會隨著年齡的增長而增強。事實上，這種觀念是錯誤的，只有不斷培養新能力，人的能力才會得到增長。一個人一旦成人，就已經不知不覺的適應了環境，生理機能也會出現相應的變化，為適應環境變化提前做好了準備。隨著人的逐漸成長，內在能力會迅速消失，所以我們極力推崇進行早期教育，而且愈早開始愈好。

生物學家達爾文不但對物種起源研究精深，對育兒的見解也頗有獨到之處。

某一天，有位美麗的少婦抱著自己的孩子去找達爾文，向他諮詢有關育兒的問題。

「啊，多漂亮的孩子啊！幾歲了？」看到這麼漂亮可愛的孩子，還沒等少婦開口，達爾文就高興的向少婦問道。

「剛好兩歲半。」少婦誠懇的對達爾文說，「身為父母，總是希望孩子

成才。你是個科學家，我今天特意登門求教：對孩子的教育應該什麼時候開始才好呢？」

「唉，夫人，很可惜，妳已經晚了兩年半了。」達爾文惋惜的告訴她。

孩子自出生之日起，就會透過嘴、舌頭及其他感官來探索外界事物。也就是說，一個人從生命的開始就有了感知的欲望。許多父母認為孩子太小，教育他們應從適當的年齡開始。事實上，生命本身就賦予了孩子求知的渴望。

曾有一位著名的心理學家指出：「在剛滿兩歲時，每個兒童都是語言天才，但是如果這種能力得不到加強，在五、六歲的時候就會迅速的消褪。」愈是接近0歲，這種潛能就愈充足，內在能力也愈高。

日本著名的鈴木鎮一老師在教學過程中，發現了一個發人深思的現象：在學習某種技巧時，十幾歲的孩子無論怎樣努力都達不到要求，但是才幾歲大的孩子卻很容易就達到了，由此可見，年紀愈小的孩子，學習效果愈好。

為此，鈴木鎮一決定針對一些初生嬰兒做一項教育實驗。他找到一些剛生了小孩的母親，指導她們讓嬰兒聽優美的古典音樂，而不是一般的兒歌。他特地挑選了一些五分鐘左右的曲子，其中涵蓋了莫札特、克萊斯勒，甚至羅密歐的曲目。不斷重複的播放給嬰兒聽，即使在嬰兒哭泣或生氣時也不間斷。

這項試驗從嬰兒出生時開始，一直持續五個月，這時鈴木鎮一又在他們聽熟的曲子中，加進去一些他們沒聽過的曲子，摻在一起放給嬰兒聽。

聽到那些從未聽過的曲子，嬰兒們的臉上會露出奇怪的表情，他們顯得吃驚而且不安；而當聽到那些熟悉的曲子時，他們的臉上露出微笑，身體不自覺的隨著音樂晃動，像是在打拍子。五個月的嬰兒能記住樂曲！這實在是一個令人驚嘆的發現。

受到這種效果的啟發，鈴木鎮一進一步延伸了他的教育方法：當孩子還是個嬰兒時，鈴木鎮一就讓母親們不斷讓他們聽樂曲，等他們長大一點，就帶著他們到教室來聽小提琴現場演奏，當孩子兩歲大時，就正式開始教他們拉小提琴。

雖然幼兒的年齡很小，但聽到老師的演奏卻能使他們產生一種感覺，這

與那些到了少年時期才開始學小提琴的孩子相比，後者無法達到的程度，幼兒們卻能輕易的達到。

與鈴木鎮一教育交相輝映的是偉大的音樂家莫札特。三歲的莫札特就能登上音樂廳的舞台演奏樂曲了，這麼出色的音樂素質源於什麼呢？毫無疑問，是源於家庭環境的良好音樂氣氛。

莫札特的父親是當時著名的宮廷演奏家和優秀的作曲家。當莫札特還是嬰兒的時候，他的父親為了培養莫札特的音感，每天都讓他聽五首不同旋律的鋼琴曲，經過這樣的教育，莫札特在三歲時就已經能登台演出了。很難想像，如果不是父親的精心栽培，莫札特的潛在能力不知是否能如此迅速的被發掘出來？

曾經聽說一名傑出的女音樂家，五歲時父親去世，八歲時，她的腳還無法踏著鋼琴踏板，就在嫂嫂溫和又嚴格的要求下開始學琴，當別的小朋友開心的玩耍時，未來的音樂家卻一邊哭著一邊彈琴，如此才獲得了後來的成就。

生活中，這樣的例子數不勝數，許多人會認為，早期教育不利於兒童的健康，剝奪了孩子的正常生活。就已經存在的成功範例來說，卡爾‧威特受到過這種指責，湯姆森兄弟與穆勒的父親也都受到過這種指責。

但事實上，童年時代的卡爾‧威特是個非常活潑健康的孩子，湯姆森兄弟、歌德也是如此。穆勒的體質雖然比較弱，但他的身體狀況是否是因為早期教育所造成的，還有待商榷。

因此，對於早期教育會影響孩子的性格、身體發育這種說法，其實是錯誤的，家長應該知道，愈早對孩子進行教育，開發他們的潛能，孩子成功的機率就愈大。

138 超限效應

刺激過多、過強或作用時間過久，都會引起接受者的不耐煩或叛逆心理

評析：過猶不及，物極必反，做事情適度就好。

有一次，美國著名作家馬克‧吐溫到教堂聽牧師的募捐演講。最初，他覺得牧師講得很好，令人感動，就準備捐出自己身上所有的錢。過了10分鐘後，牧師還沒有講完，他有些不耐煩了，決定只捐一些零錢。又過了10分鐘，牧師還沒有講完，他決定一分錢也不捐了。

而當牧師終於結束了冗長的演講！開始募捐時，馬克‧吐溫由於氣憤，不僅未捐錢，反而還從盤子裡拿走了2塊錢。

刺激過多、過強或作用時間過久，都會引起接受者的不耐煩或叛逆心理，這就是心理學上的「超限效應」。超限效應在家庭教育中時常發生，例如當孩子做錯事時，父母經常會一次、兩次、三次，甚至四次、五次對孩子做同樣的批評，使孩子從內疚、不安到不耐煩，最後反感、討厭。被「逼急」了，就會出現「我偏要這樣」的反抗心理和行為。

事實上，父母對孩子沒有必要有錯必究。孩子身心發展水準不足，認知能力、思考能力、自我控制能力等比較差，犯一些小錯是難免的，也是情有可原的。如果對其要求過於苛刻，以為不管多大的孩子做了錯事都是非常糟糕的，是品行或道德問題，甚至不惜用謾罵、體罰來糾錯，勢必造成負面影響，使孩子受到重大的心理創傷。

一旦受到批評，孩子總需要一段時間來恢復心理平衡。受到重複批評時，他心裡會嘀咕：怎麼老這樣對我？這樣，孩子挨罵的心情就無法回歸平靜，犯錯違規的衝動沒有化解，反而被壓抑，成為一種心理情結，削弱了孩子的防禦能力與生存能力，使孩子的反抗心理高亢起來。

為避免這種超限效應的出現，家長對孩子的批評不能超過限度，應對孩子「犯一次錯，只批評一次」。如果非要再次批評，不應簡單地重複，要換

個角度、換種說法，這樣孩子才不會覺得自己被「抓住不放」，產生厭煩心理、叛逆心理也會隨之減低。

總之，家長在批評孩子時應注重「度」，把握好「分寸」，避免「物極必反」的超限效應。「不及」固然達不到既定的目標，但「過度」又會產生超限效應，不但發揮不了應有的效果，甚至會出現一些反作用。

139 強化定律

好習慣在於不斷強化。

評析：本能的一些東西，在沒有得到強化後也會消失。父母如果在處理孩子的事情上獎懲分明，關注和鼓勵孩子正確的行為，使之強化；批評孩子的壞習慣，使之消失，孩子好習慣的培養一定會變得更為容易。

在海洋裡，魚類也有強大、弱小之分，有些魚類的食物就是那些弱小的魚兒，比如說鯨魚和小鯉魚。

科學家們曾經做過一項有趣的實驗：他們特製了一個大水槽，將鯨魚和牠的食物都放了進去，很快的，小魚們被吃得精光，偌大的水槽裡只剩鯨魚滿足的游來游去。

接下來，科學家將一塊特殊材料做成的玻璃板放進水槽，鯨魚和小魚們被分別放到了玻璃板的兩邊。看到食物就在眼前，鯨魚凶狠的朝小魚們游去，對魚來說，視覺上是區分不開有沒有玻璃板的。於是，鯨魚結結實實的撞到了玻璃板上，莫名其妙的鯨魚繼續朝食物游去，每次都撞得昏天暗地，直到牠終於明白眼前這些小魚是吃不到的。鯨魚放棄了繼續進攻自己的獵物，牠的獵食行為因為沒有得到強化而消失了。

實驗還在繼續，科學家拿走了橫在鯨魚和小魚之間的玻璃板。小魚們看

到鯨魚就在眼前，紛紛逃竄，鯨魚卻對眼前的食物視而不見，再也沒動過吃掉牠們的念頭，多次的碰壁使鯨魚認為：這些小魚是吃不到的。最後，強大的鯨魚居然餓死在水槽裡，鯨魚的獵食本能因為沒有得到強化而消失了。

這就是心理學上著名的強化定律實驗。它證明了人或動物的本能如果沒有得到強化，最後也會消失。強化定律不僅是孩子和動物學習新行為的一種心理機制，也是成人透過肯定或否定的反饋資訊，來修正自己行為的方法。

對於成長期的孩子來說，日常生活中的好習慣和壞習慣都同時存在，如何鼓勵孩子保持好習慣，矯正不良習慣，一直是困擾父母的難題。如果適當運用強化／消失定律來進行這項工作，事情就會變得容易很多。例如，父母如果在處理孩子的事情上獎懲分明，關注孩子正確的行為，使之強化；批評孩子的壞習慣，使之消失，孩子好習慣的培養一定會變得更為容易。

此外，孩子也會本能的使用強化／消失定律。有時候，他們會本能的透過強化某些行為或是消除一些行為來訓練他們的父母，而不是父母訓練孩子。較常見的例子是，當一位母親教訓她的女兒時，年僅五歲的女兒會說：「媽媽不再愛我了。」

大部分的孩子都知道他們的父母渴望表達愛。因此，他們利用了這個微妙的問題來消除父母的懲罰行為，這樣做的孩子通常能夠取得成功。

當爸爸、媽媽帶著孩子到一些令人激動的地方時，例如狄士尼樂園，孩子常常會表現出令父母非常滿意的行為：他們會很乖、很配合也很好商量——這是一種不自覺的企圖，其目的在於強化或獎勵父母的行為。在一些極端的例子中，我們會看到小孩子居然能夠熟練的操縱他們的父母，從而得到自己想要的東西，或是令父母做出自己最希望的行為。

身為父母，一定要意識到自己的不當行為可能對強化具有反作用，確保自己在孩子的學習環境中處於控制地位。例如，孩子以「你不愛我」的理由企圖逃避懲罰，你應該比孩子更清醒的認識到，你愛你的孩子，懲罰他並不意味著你不愛他。所以當孩子以「你不愛我」來頂嘴時，你可以告訴他：「我在任何時候都愛你，但是我必須告訴你，你做的這件事讓我覺得很失望。你做錯了事情不要緊，只要肯改，不管你做多少錯事，你都是爸爸媽媽的孩子，爸爸媽媽永遠愛你。」

140 自然懲罰法則

當孩子在行為上犯了錯誤時，父母不應對孩子進行過多的指責，而是讓孩子自己承擔錯誤造成的後果，給孩子心理懲罰，使孩子能夠正確認識自己的錯誤，進而自覺改正錯誤。

提出者：法國教育家盧梭

評析：當孩子犯了錯之後，不應由父母承擔子女的過失，讓孩子學會為自己的行為負責，才是真正的教育之道。

　　一個孩子不愛惜家裡的東西，這天又把椅子弄壞了，爸爸毫不留情的讓他連續幾天站著吃飯，讓他體會一下自己的行為所帶來的勞累之苦。

　　一個孩子很任性，動不動就擇東西來表示自己的「抗議」。一天，因為媽媽沒有買他想吃的東西，孩子就擇壞了一件新玩具，並撕爛了一本書。對此，媽媽更是「強硬」，馬上宣布一個月之內不再幫他買新玩具和書，若他沒有改正，則繼續延長懲罰的時間。

　　十八世紀，法國教育家盧梭認為：「兒童所受到的懲罰，只應是他的過失所招來的自然後果。」這就是盧梭的自然懲罰法則，是世界教育史上的一個里程碑。如果孩子打破了他所用的東西，不要急於添補，讓孩子自己感受需要。他打破了自己房間的玻璃窗，那麼就讓風日夜吹著他，不用擔心孩子會因此而生病，生病比起漫不經心還要好些。

　　簡單的說，自然懲罰法就是讓孩子在自作自受中，體會到痛苦的責罰，強化痛苦體驗，從而汲取教訓，改正錯誤。自然懲罰法的關鍵，是要讓孩子感到受懲罰是自作自受的。

　　八歲的約翰上學時常常忘記帶便當，每當這個時候，他就會打電話要求媽媽幫自己送飯。約翰的媽媽是一位會計師，工作繁忙，約翰的壞習慣使她深感困擾，經常耽誤工作。為此，媽媽多次找約翰談話，但無論是苦口婆心的說道理，還是氣急敗壞的打罵，約翰依然故我。

偶然間，約翰的媽媽聽到教育指導專家提到的「自然懲罰法」這一新的教育理論，她決定試試這個方法，讓孩子自己嘗嘗犯錯誤的結果。於是，媽媽認真的告訴約翰：「約翰，媽媽覺得你已經長大了，有能力為自己的事情負責。媽媽工作很忙，不能總是幫你送便當。如果你下次還是忘記帶飯，你應該自己負責。」

約翰答應得很痛快，但是第二天約翰還是忘記帶便當，他習慣性的又打電話給媽媽：「媽媽，我忘記帶飯了。您幫我送來好嗎？否則我就得餓肚子了。」

媽媽說：「我們已經說過了，約翰，你應該為自己的行為負責。媽媽很忙，沒空幫你送飯。」

約翰繼續跟媽媽磨，但是這次媽媽心意已決，她溫和而堅定的拒絕了約翰的要求。約翰沒辦法，只好餓著肚子，忍受了一下午饑餓的折磨。

晚上回到家的約翰很生氣，媽媽決定不安慰他，讓他體會一下自己因為忘了帶便當而忍受饑腸轆轆的滋味，約翰雖然不開心，但是媽媽發現，從那天起，約翰真的很少再忘記帶便當了。

讓孩子從錯誤中直接體會到後果，父母不對此加以批評和指責，效果會更好。

鮑伯從小花錢就毫無節制，當他上大學的時候，爸爸為了限制他花錢的速度，跟他約定：每個月的15日，爸爸會寄給他500美元的生活費。但是多年的習慣不是那麼容易就改的，鮑伯依舊花錢如流水，有時跟朋友到餐館或娛樂場所揮霍，一次就將一個月的生活費都花光。因此，每個月不到15日，鮑伯就已經是阮囊羞澀了。此時，鮑伯就會打電話給爸爸，要求爸爸提前寄下個月的生活費，爸爸愛子心切，一再容忍兒子的行為，於是，父子間的約定就只剩下了形式。這使鮑伯更無顧慮，一連幾個月，鮑伯已經預支了半年後的生活費了。他揮霍無度的毛病不但沒改，反而更加嚴重。

這時，爸爸認為不能再縱容鮑伯了，於是當鮑勃又出現經濟危機時，他告訴爸爸：「爸爸，我餓壞了。」依照慣例，爸爸應該明天就會寄錢過來。然而，這次鮑伯並沒有看到有自己的匯款，他打開信箱，發現爸爸回了一封信給他，內容很簡單：「孩子，餓著吧。」

接下來的日子就不那麼好過了，鮑伯絞盡腦汁的節衣縮食、精打細算，對每1美元都仔細的安排計劃，沒想到，只剩20美分的鮑伯，居然撐到了下個月15日，也就是爸爸再次寄錢過來的日子。

體會到吃苦受罪滋味的鮑伯，終於學會了有計劃的花錢。以後的每個月，鮑伯居然都能省下100美元，而他的生活也更加豐富有意義了。他用這些錢買了許多自己喜歡的書、唱片，還可以出去旅遊。他的大學生活過得比以前更充實了。

141 棉花糖實驗

那些能夠為獲得更多棉花糖而等待更久的孩子，要比那些缺乏耐心的孩子更容易獲得成功，他們的學習成績也相對好一些。

評析：小不忍則亂大謀。

美國教育界曾設計了一個長達30年的實驗，他們給一些4歲小孩每人一顆棉花糖，同時告訴他們：「如果馬上吃掉這顆糖，就只能吃到一顆；如果等20分鐘再吃，就能吃到兩顆。」

在實驗中，有些孩子迫不及待的將糖吃掉。另一些孩子卻能等待對他們來說是無止境的20分鐘，為了使自己捺住性子，他們閉上眼睛不看糖，或頭枕雙臂、自言自語、唱歌，有的甚至睡著了，但他們終於吃到了兩顆糖。

在美味的棉花糖面前，任何孩子都很難經得起誘惑，這個實驗用來分析孩子承受延遲滿足的能力。所謂的「延遲滿足」，就是能夠等待自己需要的東西，而不是想到什麼就要什麼。

這個實驗後來一直繼續下去，那些在他們4歲就能等待吃兩顆糖的孩子，到了青少年時期仍能等待機會，不急於求成。而那些迫不及待，只吃到一顆

糖的孩子，在青少年時期更容易有固執、優柔寡斷和壓抑等性格表現。

　　當這些孩子上了中學以後，已經表現出某些明顯的差異。研究人員對這些孩子的父母及教師所做的調查表示，那些在4歲時能以堅忍換得第二顆棉花糖的孩子，常成為適應性較強、冒險精神較強、比較受人喜歡、比較自信、獨立的少年；而那些經不起棉花糖誘惑的孩子，則可能成為孤僻、易受挫、固執的少年，他們往往屈從於壓力並逃避挑戰。對這些孩子進行學術能力傾向測試的結果表示，那些在棉花糖實驗中，堅持等待時間較長的孩子，平均得分高達210分。

　　十幾年後再考察當年那些孩子的表現時，研究人員發現，那些能夠為獲得更多棉花糖而等待得更久的孩子，要比那些缺乏耐心的孩子更容易獲得成功，他們的學習成績也相對好一些。在後來30年的追蹤觀察中，他們發現，有耐心的孩子在事業上的表現也較為出色。

142　奇妙的「7」

　　一般人的短時記憶廣度平均值為7±2，根據近年的研究表示，記憶廣度和記憶材料的性質有關。如果呈現的材料是無關聯的數字、字母、單詞或無意義的音節，短時記憶廣度就為7±2，若是超過這一範圍，記憶就會發生錯誤。

提出者：赫伯特‧亞歷山大‧西蒙

評析：提高記憶力，需要掌握記憶的規律。

　　一個星期是7天。

　　音階是Do、Re、Mi、Fa、Sol、La、Si，7音。

　　彩虹是紅、橙、黃、綠、藍、靛、紫，7色。

北斗有7星。

聖經中講到的地獄有7層。

還有7巧板……

我們身邊有很多「7」，平常覺得很普通，一旦注意起它們，會覺得怎麼那麼巧？

我們在學軟體工程時，老師會告訴我們，一個程式調用的副程式或過程不要超過7個。如果需要調用的副程式或過程太多的話，就要分層調用，使用副程式和過程的嵌套，但原則上每一層的副程式或過程還是不要超過7個。如果問為什麼？老師會說這是經驗，這樣程式的邏輯會很清晰，便於以後的維護。

那麼現在流行組織的扁平化又是怎麼回事呢？肯定超過7！其實扁平化以後的組織依然沒有超過7！現在的大型組織都有資訊化的管理方法，延伸了人類的感官。

資訊化的管理方法倡導的是計劃管理、流程化管理和例外管理。事先做好計劃，設定好流程，如果在計劃範圍內，便可規定依照流程執行，無需經營者干預。經營者處理的應該是計劃、流程以外的突發事件，即所謂例外的事。

例外的事能佔多大比例呢？管理的過程同時也是減少例外事件發生的次數，讓愈來愈多的事在計劃之內，受控制的執行，使管理者能有更多的精力去做規劃和決策。如此一來，即便組織扁平化，但管理者需要同時處理超過7件事情的機率也不大了。

在項目管理中，一個項目包含的子項目最好不要超過7個，如果超過7個，最好是分期實施或分層管理。項目組的成員最好也不超過7人（組），否則就要分層管理。

赫伯特‧亞歷山大‧西蒙是二十世紀科學界的一位奇才，在他所涉足的眾多的領域中，深刻的影響著我們。他學識淵博、興趣廣泛，研究工作涉及經濟學、政治學、管理學、社會學、心理學、運籌學、電腦科學、認知科學、人工智慧等領域，並做出了創造性貢獻，在國際上獲得了諸多特殊榮譽。

1974年，西蒙以自己的實驗表示：他能立刻正確再現單音節的詞和雙音節的詞都是7個；三音節的詞是6個；由兩個單詞組成的短語只能記住4個，更長些的短話只能記住3個。他認為將短時記憶的廣度說成7個，大致上來說是

正確的。

短時記憶亦稱操作記憶、工作記憶或電話號碼式記憶。指資訊一次呈現後，保持在一分鐘以內的記憶。短時記憶中資訊保持的時間一般在0.5～18秒，不超過1分鐘。短時記憶具有意識性，在短時記憶中，言語材料、動作和空間形象資訊基本上以視覺形式進行編碼，而短時記憶的內容如經複述、編碼，就能進入長時記憶。

後來，心理學家在他的發現基礎上做了進一步的試驗研究，也得出這樣的結論：一般人的短時記憶廣度平均值為7±2，根據近年的研究表示，記憶廣度和記憶材料的性質有關。如果呈現的材料是無關聯的數字、字母、單詞或無意義的音節，短時記憶廣度就為7±2，若是超過這一範圍，記憶就會發生錯誤。如果呈現的材料是有意義、有聯繫並為人們所熟悉的材料，記憶廣度則可增加。人們可透過對資訊的一再編碼，以及適當擴大「塊」（chunk）的資訊來增加記憶的廣度。

143 培哥效應

透過編碼聯想，記憶東西就不再困難。

評析：任何事物的掌握都不是一朝一夕的事，它需要我們經常練習，並盡可能的使自己的聯想奇特、醒目、非同一般。

有人在電視節目中做過奇特的記憶表演，他們在舞台上立一塊黑板，然後隨意讓觀眾說出一些詞語，如數字、節目名稱、公式、外語單詞等，並依序寫在黑板上。表演者在過程中不看黑板，卻能根據觀眾的要求，準確的回答出其中任意一項內容，甚至能將全部內容倒背如流。

這種表演看起來十分神奇，其實只不過是運用了培哥記憶術，產生「培

哥效應」罷了。培哥記憶術是自創的一套記憶編碼，例如：（1）帽子、（2）眼鏡、（3）圍巾、（4）衣服、（5）腰帶、（6）褲子，並熟練的記下來，然後透過聯想與要記憶的材料聯繫起來。例如現在要求你記住這樣幾個詞：（1）大象，（2）打氣，（3）洗澡，（4）電風扇，（5）自行車，（6）水，接著你可以將大象與固定編碼的第一號帽子聯繫起來，聯想到大象的鼻子上戴了一頂帽子，而第六個名詞「水」，你就可以將它與褲子產生聯想——水把褲子弄濕了。

透過編碼聯想，記憶東西就不再困難。在聯想時，我們有意識的將聯想的事物放大，表象清晰而奇特。例如要讓電風扇與衣服發生聯想時，如果想像是電風扇吹開了衣服就很一般，但如果想像成電風扇穿了一件羽絨衣，就非常奇特，這就更便於記住這一對象。

培哥記憶術的固定編碼也有很多種，例如依照自己身體各部位編號、依進門後能看到的東西編碼、依自己的親朋好友姓名編號等。

在學習過程中，如果我們掌握了這種方法，就可以避免記憶的枯燥單調。當然，這種方法的掌握不是一朝一夕的事，它需要我們經常練習，並盡可能的使自己的聯想奇特、醒目、非同一般。

144 期望效應

作為家長，無論在什麼情況下，都應對孩子寄予一種熱烈的期望，並使孩子感受到。如此一來，孩子就會確立一種良好的自我形象，並樂意為實現這種良好形象而做出努力，把自己潛在的天賦變為現實的才能。

評析：唯有父母認為孩子一無是處時，孩子才真的一無是處。

有個孩子平時學習很努力，他每天都認真完成作業，但是考試時，同學

很輕易地就考了第一，而他才考了全班第二十一名。

回家後，他困惑地問他的母親：「媽媽，我是不是比別人笨？我覺得我和他一樣聽老師的話，一樣認真地做作業，可是，為什麼我的排名總是在他後面？」

媽媽明白，兒子的自尊心正在被學校的排名傷害著。但是她不知道該如何回答孩子的問題。

又一次考試後，孩子考了第十七名，而他的同桌還是第一名。回家後，兒子又問了同樣的問題。媽媽沒有說，人的智力確實有三流九等，考第一的人，腦子就是比一般人的聰明。因為她知道，這不是兒子想要的答案。

媽媽也不想說一些話來應付孩子，比如，你太貪玩了；你在學習上還不夠勤奮；你和別人比起來還不夠努力……因為她知道，像兒子這樣腦袋不夠聰明，在班上成績不甚突出，卻一直在默默努力的孩子，平時活得已經夠辛苦了。所以媽媽決心為兒子的問題找到一個完美的答案。

兒子的學業一直在繼續，雖然他依然沒趕上他的同桌，不過他一直刻苦努力，因此與過去相比，他的成績一直在提升。為了鼓勵兒子的進步，媽媽決定帶他去海邊旅行。就在這次旅行中，這位母親知道了該如何回答兒子多年來的疑問。

母親和兒子坐在沙灘上，海邊停滿了爭食的鳥兒，當海浪打來時，小灰雀總是能迅速地起飛，牠們拍打兩三下翅膀就升入了天空；而海鷗總顯得非常笨拙，牠們從沙灘飛入天空總需要很長的時間；然而，真正能飛越大海、橫過大洋的還是牠們。

同樣地，真正能夠取得成就的人，不一定是天資聰穎的孩子；而一直努力不懈的孩子，即使天資不好，也一定能獲得成功。

現在這位做兒子的再也不擔心自己的名次了，也再沒有人追問他小學時成績如何，因為他已經以全校第一名的成績考入了知名大學。

父母不但對有天賦的孩子應抱持著良好的「期望」，就是對那些天賦不高，甚至愚笨的孩子也不要喪失信心，也應給予良好的「期望」，要改變對孩子的不良印象，形成良好的印象，並透過自己的言行，傳達給孩子，它會在很大程度上影響孩子的行為，孩子最終也會讓父母滿意。

作為家長，無論在什麼情況下，都應對孩子寄予一種熱烈的期望，並使孩子感受到。如此一來，孩子就會確立一種良好的自我形象，並樂意為實現這種良好形象而做出努力，把自己潛在的天賦變為現實的才能。

　　因此，為了使你的孩子的潛能得到充分發揮，為了使你的孩子得到進步，請多給孩子一些讚賞吧！讓孩子在你積極態度的指引下良性發展。

第七章
勵 志 篇

145 幸福公式

幸福＝效用÷欲望

提出者：保羅‧薩繆爾森

評析：一個人之所以不幸，是因為欲望太多。

想不想換一個薪資更高的工作？

當然想。

為什麼要追求更多的薪資呢？

為了生活更富裕。

生活更富裕為了什麼呢？

如果乞丐比比爾‧蓋茲更加快樂，我們是應該羨慕比爾‧蓋茲還是羨慕乞丐？如果幸福只是一杯巧克力霜淇淋，這個世界也許會美好許多。

經濟學家保羅‧薩繆爾森有一個著名的幸福公式：幸福＝效用÷欲望。在他看來，幸福取決於兩個因素：效用與欲望。

薩繆爾森的幸福公式說明了我們的幸福生活，就是過著「令人滿意」的生活。當欲望既定時，人的幸福就取決於效用，效用愈大愈幸福；而當效用既定時，人的幸福則取決於欲望，欲望愈小愈幸福。總之，效用愈大、欲望愈小，都是幸福的因素。

從個人和家庭的角度來看，欲望就是過著高品質的生活，讓子女受到良好教育，盡量滿足自己的喜好，過著養尊處優的晚年，一生平安，無憂無慮。

一份二十世紀末，關於「快樂」的問卷調查顯示：美國人的快樂比例較高，60％的人感到自己是快樂的。而在台灣，認為自己快樂的人只有10％。其他各國調查結果不一。

在某一階段內，幸福最大化＝效用最大化＝收入最大化。但是無論多富有的人，他所擁有的財富都是有限的，即使一個衣食無憂的人，如果他有無

窮的欲望，難免「欲壑難填」。人的欲望總是無止境的，所以從某種角度看來，無論效用有多大，與無限的欲望相比，幸福都等於零。

科恩說：「大多數人都不知道幸福是什麼。他們只知道，只要有錢，有好車，有大房子，就是幸福。但是有了錢，有了好車，有了大房子的人，卻並不比其他人幸福。」

學會享受生命，珍惜所擁有的，就是幸福。

146 攀比效應

想要實現成功的願望，有一點要注意，就是不要拿別人和自己比較。

提出者：成功學創始人拿破崙‧希爾

評析：不要總看鄰居的草坪比較綠，要回過頭來看看自己的花園更適合種植哪一種花草。

十年前，有一個富人乘快艇到太平洋上的某個小島遊玩，島上的居民對他說：「你們有錢人真好，真羨慕你們啊！」這個富人卻回答：「別開玩笑了，我才羨慕你們呢！我努力工作存錢，好不容易放假才可以到島上遊玩。而你們就住在這裡天天享受生活，你們才是真的令人羨慕呢！」

世上有許多人，生活雖然不是很富裕，但卻安全和平，這種無形中所獲得的物質享受，容易使人陷入「理所當然」的錯覺，進而變得貪得無厭，只會羨慕別人。

有些人總是抱怨「因為我沒有學歷，所以無法出人頭地，真羨慕那些高學歷的人」或「我的健康狀況比別人差，所以做什麼都不行」。

幸福的效用是需要在比較中獲得凸顯，例如你最近在市中心買了一幢別墅，覺得很開心。但事實上，這種「開心」只有一小部分是來自於你住在這

幢房子裡所帶給你的感覺，其餘的部分，是因為「比較」而產生的。

從時間性的比較來說，如果你以前住的是閣樓，那麼現在這幢別墅就會令你感到幸福。但是如果你以前住的是花園洋房，那麼現在這幢別墅或許就不會使你感到特別開心。從社會性的比較來說，如果你的朋友、同事都住在一般的公寓裡，而你卻擁有自己的別墅，你當然會感到開心。但如果你周遭的人住在更好的地方，那麼就算你住在別墅裡感覺舒服，也不會特別開心，這就是所謂的「人比人，氣死人」。

成功學創始人拿破崙‧希爾認為：想要實現成功的願望，有一點要注意，就是不要拿別人和自己比較。不要有「因為某人這樣，所以我也要這樣」；「某人有那個東西，所以我也要有」；「某人分明不過爾爾，而我只是條件不好、環境不好罷了」的想法。

希爾舉了一個例子：莉莎和艾倫是一起長大的好朋友，隨著年齡的增長，莉莎開始羨慕起艾倫，因為艾倫已經出國旅遊好幾次了，而莉莎到了二十五歲都沒有出國過。「艾倫每次出國，都像是炫耀似的蒐集各種名牌回來，我明年也要出國！而且要去艾倫沒去過的法國，買更多的名牌。」莉莎心裡想。

有了這樣決心的莉莎，願望很快的實現了，她利用暑假到了神往已久的法國。但是，這次的旅行並沒有令她感到愉快，原因在於，她並非真的像艾倫那樣熱中名牌，即使買到最新的名牌商品，莉莎也不會有滿足感，甚至產生了「實在不該花這樣一大筆錢」的後悔念頭。

此外就是食物問題，每天吃法國餐，幾乎使莉莎失去食慾，最後甚至到了一看見食物就覺得厭惡的程度。對於莉莎來說，到法國旅行的願望並非她心裡的強烈欲望，只是純粹想和艾倫比較，「想和艾倫站在同等或領先地位」的虛榮心作祟。

一個人如果有「別人是這樣，所以我也要這樣」念頭的話，便應該仔細想一想「這是自己真正的希望嗎？」不要總是看見鄰居的草坪比較綠，要回過頭來看看自己的花園更適合種植哪一種花草。多關注自己的生活，關注自己的感覺，少一些無謂的比較，無謂的擔憂，清楚自己想要的，珍惜自己得到的，才不會錯過處於幸福中的美好感覺。

147 弗洛姆效應

這座橋本來不難走，但是橋下的毒蛇對你們造成了心理威懾，於是你們失去了平靜的心態，亂了方寸，慌了手腳，表現出各種程度的膽怯。

提出者：美國著名心理學家弗洛姆

評析：失敗的原因也許不是因為勢單力薄，不是因為智慧低下，也不是沒有將整個局勢分析透徹，只是因為將困難看得太清楚，分析得太透徹，考慮得太詳盡，以至於被困難嚇阻，舉步維艱。

　　弗洛姆是美國著名的心理學家。有一天，幾個學生向他請教：心態對一個人會產生什麼樣的影響？他微微一笑，什麼也不說就將他們帶到一間黑暗的房子裡。

　　在弗洛姆的引導下，學生們很快就穿過了這間伸手不見五指的房間。接著，弗洛姆打開房間裡的一盞燈，在這昏黃如燭的燈光下，學生們看清楚房間的布置，不禁嚇出了一身冷汗。

　　原來，這間房子的地面是一個很深很大的水池，池子裡蠕動著各種毒蛇，包括一條大蟒蛇和三條眼鏡蛇，有好幾條毒蛇正昂著頭，朝他們吐出蛇信，水池上有一座橋，剛才他們就是從這座橋上通過的。

　　弗洛姆看著他們，問：「現在，你們還願意再次走過這座橋嗎？」大家面面相覷，都不作聲。

　　過了片刻，終於有三個學生猶豫的站了出來，戰戰兢兢，如履薄冰的踏上那座橋。「啪」，弗洛姆又打開了房內另外幾盞燈，學生們揉揉眼睛仔細一看，才發現在小木橋的下方綁著一張安全網。

　　弗洛姆大聲問：「你們之中有誰願意現在就通過這座小橋？」學生們沒有作聲，誰也不敢上前。

　　「現在看到了安全網，為什麼你們反而不願意過橋了呢？」弗洛姆問道。

「這張安全網可靠嗎？」學生心有餘悸的反問。

弗洛姆笑了：「現在，我可以解答你們當初的疑問了。這座橋本來不難走，但是橋下的毒蛇對你們造成了心理威懾，於是，你們失去了平靜的心態，亂了方寸，慌了手腳，表現出各種程度的膽怯。其實水池裡那些蛇的毒腺早已經被除掉了。」

人生也是如此，在面對各種挑戰時，失敗的原因也許不是因為勢單力薄，不是因為智慧低下，也不是沒有將整個局勢分析透徹，而是因為將困難看得太清楚，分析得太透徹，考慮得太詳盡，以至於被困難嚇阻，舉步維艱。

如果我們在通過人生的獨木橋時，能夠忘記周遭的阻滯、險惡的環境，專心走好自己腳下的路，我們也許能更快的到達目的地。

多年前，有人參加過一次相當特別的訓練，名為「赤足過火——專注的力量」（The Fire walk Discovery——Power of Focus），導師為博勤，被譽為「赤足過火之父」，許多一流訓練家都是他的學生。

博勤提供的三項原則，對於打破畫地自限、緊張恐懼的心態（Self-Limiting Attitude）有很大幫助：

第一，百分之百專注，全心投入——生意失敗、健康亮紅燈、人際關係疏離，都是因為違背了以上原則。一個人若不能全心全意、百分之分投入，想改善現況，取得佳績，談何容易！在赤足過火之前，專心傾聽自己的內在訊號，尊重自己的決定，可以免去不必要的傷害。

第二，做最好準備，最壞打算——許多人的思想都偏向消極，總是做最壞打算，而忘了做最好準備，這種本末倒置的作法，容易使最壞打算變成自我預言。在赤足過火前，細心聆聽導師的指示，就是做最好準備；萬一燒傷，也要承擔責任，就是做最壞打算。對自己的決定負責，是一生中最重要的一課！

第三，勇於開始——包括分析自己目前的情況，然後決定何去何從。最重要的是要有行動計劃，勇於開始，依計行事，否則都只是紙上談兵。

路是人走出來的，我們必須決定自己要走什麼路，何去何從。因為，積極決定進取，消極決定退縮。

148 酸檸檬效應

如果你的手上有一顆酸檸檬，就做杯可口的檸檬汁吧！

提出者：西爾斯百貨公司總裁羅森華

評析：乾旱的沙漠中有半瓶水，悲觀的人說只剩下一半了，樂觀的人卻說還有一半呢！

檸檬屬於柑橘類水果，橢圓形、果皮呈黃色、多汁、芳香撲鼻、味酸微苦。二、三月為成熟季，因味道極酸，適合孕婦及肝虛者，故又有「宜母子」或「宜母果」之稱。

有一次卡內基先生訪問芝加哥大學校長，他向校長請教處理憂慮的有效方法，校長回答：「我一直奉行西爾斯百貨公司總裁羅森華的建議——如果你的手上有一顆酸檸檬，就做杯可口的檸檬汁吧！」

但是，一般人卻往往反其道而行。如果某人發現命運送給他的是一顆檸檬，那麼他會立即放棄，並對自己說：「完了！我的命運太糟糕了！完全沒有希望了！」於是他開始和世界作對，沉溺於自憐自艾之中。但是如果命運將檸檬交給一個聰明人，他會問自己：「從這次的不幸中，我能學到什麼？在這次的經驗裡，我發揮了哪些優點呢？我應該如何才能改善目前的處境？如何才能將檸檬做成檸檬汁？」

美國總統羅斯福有一次家中遭竊，朋友紛紛向他表示慰問，但他並沒有將這件事看得十分嚴重，而是說：「這實在是一件值得慶賀的事。第一，他只偷去我的財產，沒有要我的性命；第二，他偷去的只是我的部分財產，不是我的所有財產；第三，做賊的是他，而不是我。」

不快樂的人，往往就是因為鑽進「牛角尖」，陷入得失之中而不能自拔。或者誤以為生活中的某一關卡，就是人生的終結。事實上，只要願意跳出那些心靈圈套，立即就是海闊天空的一面。不要埋怨自己的命運，不要抱怨自己的處境，換個角度思考，哪怕只是簡單的鬆弛一下，也有可能從惡劣

的情緒中走出來，或許你會發現，當初被你看成悲劇的部分，其實是齣喜
劇。

逆境帶給人的挫折感固然會增添心靈上的痛苦，但也能將人鍛鍊得更加
成熟堅強。因此，掌握一套對付挫折的防衛方式，有助於恢復心理平衡。卡
內基曾多次說過：「真正的快樂不見得是從享樂中得到，它多半是來自一種
對困難的征服。」我們的快樂可以來自一種戰勝失敗的成就感、一種超越挫
折的勝利、一次將命運的酸檸檬榨成可口檸檬汁的經驗。

149 杜根定律

強者不一定是勝者，但勝利遲早屬於有信心的人。

提出者：美國職業橄欖球聯合會前主席杜根

評析：想成勝者，先成強者。並不是因為事情難，我們不敢做；而是因
為我們不敢做，事情才難的。

許多事情我們不敢做，並不在於它難，而是在於我們不敢做。其實，人
生中有許多事，只要想做，並相信自己能成功，那麼你就能成功。對於那些
評斷你不會成功的閒言碎語，你完全可以置之不理，甚至以行動來證明自己
的能力。想著成功，你的內心就會產生無窮動力，無論遇到任何困難，都要
堅信自己一定能成功，那麼，成功也會屬於你。

1965年，一位韓國學生在劍橋大學主修心理學。他時常到學校的咖啡廳
或茶座聽一些成功人士聊天。這些成功人士包括諾貝爾獎得主，某些領域的
學術權威和一些創造經濟神話的人。這些人幽默風趣，舉重若輕，將自己的
成功看得非常自然。時間久了，這位韓國學生發現，從前他在自己國家時，
常被一些成功人士誤導了，那些人為了讓正在創業的人知難而退，常會誇大

自己創業時的艱辛，以自己的成功經歷嚇唬那些尚未取得成功的人。

於是，這位韓國學生決定對韓國成功人士的心態加以研究。1970年，他將畢業論文──《成功並不像你想像的那麼難》提交給現代經濟心理學的創始人威爾·布雷登教授。布雷登閱讀之後大為驚喜，他認為這是個新發現，這種現象雖然在世界各地普遍存在，但尚未有人大膽的提出並加以研究。驚喜之餘，布雷登寫信給他的劍橋校友──當時韓國政壇第一把交椅──朴正熙。他在信上說：「我不敢說這部作品對你有多大的幫助，但我敢肯定它比你的任何一個政令都能產生震撼。」

正如威爾·布雷登所料，這本書果然隨著韓國的經濟起飛了，它從一個新的角度鼓舞了許多人，告訴他們成功與「勞其筋骨，餓其體膚」、「三更燈火五更雞」、「頭懸樑，錐刺股」沒有必然的聯繫。只要你對某一件事感到興趣，堅持下去就會成功，因為上帝賦予你的時間和智慧足夠你圓滿的做完一件事。後來，這位青年也獲得了成功，他成了韓國泛業汽車公司的總裁。

人生中有許多事只要想做，就能做到；想克服的困難，也都能克服，不需要什麼鋼鐵般的意志，也用不著什麼技巧或謀略。只要一個人還在樸實而有興趣的生活著，便能發現許多事情都是水到渠成的。

有一個人經常出差，卻常常買不到有座位的車票，但是無論車上多擠，他總是能找到座位。他的辦法其實很簡單，就是耐心的一節節車廂找過去，這個辦法乍聽之下似乎並不高明，但卻很管用。每一次他都做好了從第一節車廂走到最後一節車廂的準備，可是每次都不用到最後一節車廂，就能找到空的座位。他說，這是因為像他這樣鍥而不舍找座位的乘客實在不多，他經常看見在他落座的車廂裡尚有若干座位，而其他車廂的通道卻是人滿為患。

其實，大多數乘客容易被一兩節車廂擁擠的表象所迷惑，而不細想在數十次火車停靠站時，從十幾個車門出入流動中蘊藏著多少提供座位的機會；即使想到這一層，他們也沒有耐心尋找。眼前一方小小立足之地容易讓多數人滿足，為了找一個座位，背負著行囊在車廂裡擠來擠去，也許會讓這些人覺得不值，或者擔心萬一找不到座位，回頭連個站著的地方也沒有了。這與生活中一些安於現狀，不思進取、害怕失敗的人一樣，永遠只能滯留在起點

一樣。這些不願主動找座位的乘客，只能在上車時的落腳處一直站到下車。

自信、執著、富有遠見、勤於實踐，會讓你握有一張人生之旅的永遠坐票。

150 魯尼恩定律

賽跑時不一定快的贏，打架時不一定弱的輸。

提出者：奧地利經濟學家魯尼恩

評析：在強大的敵人面前不要膽怯，每個人都有取勝的機會。

讀歷史的時候發現一個有趣的現象，在社會變革中，那些變革的提倡者總是以悲劇收場。所以義大利革命的先驅馬志尼只能流浪天涯，推動天文學革命的布魯諾被燒死在羅馬鮮花廣場。中國歷史也是如此。陳勝、吳廣發動的反秦起義以失敗告終，大改革家王安石被罷官後終老青山，而近代的譚嗣同更是血祭戊戌變法。這種現象在企業中也時有可見。

競爭是一項長距離的賽跑，一時的領先並不能保證最後的勝利，陰溝裡翻船的事時有所聞。同樣，一時的落後也不代表永遠落後，奮起直追，你就會成為最後成功的人。通用汽車公司與福特汽車公司對汽車行業主導權的競爭，為我們提供了一個絕佳的案例。

二十世紀初期，汽車還是富人專有的交通工具。1903年，亨利‧福特建立了福特汽車公司，福特的目標非常明確，就是要製造工人們都買得起的汽車。經過多年的精心研製，亨利‧福特終於製造出了自己夢想中的汽車。這種T型車堅固結實、容易操縱，售價是825美元。1908年，T型車推向市場，當年就賣出了一萬多輛。接著，福特不斷削減各種成本，1912年，T型車的售價下降到575美元，這也是汽車售價第一次低於人們的年收入。到了1913

年，福特汽車的年銷量已接近25萬輛。

要為大眾製造汽車，就要讓每個人都買得起，這意味著必須建立一種規模經濟，進行大量生產，如此才能降低成本。一次偶然的機會，亨利‧福特參觀了芝加哥一間肉品包裝廠，當時他看到肉品切割生產線上的電動車，將屠宰後的肉品傳送到每位工人面前，工人們只需切割事先指定部位的肉品即可。亨利‧福特大受啟發，立即為自己的公司建立了汽車裝配線。裝配線的建立，讓福特公司擁有了明顯的效率優勢，遠勝競爭對手。在1908～1912年之間，福特公司的裝配線讓福特汽車售價降低了30％。到了1914年，福特公司的1萬3千名工人生產的汽車超過26萬輛，同年，其他所有汽車製造商總共生產28萬7千輛汽車，僅比福特公司多出10％。

1920年，美國經濟衰退，汽車的需求量也減少了。由於福特汽車的成本低，因此他們能夠將自己汽車的售價再降低25％。而這時的通用汽車無法比照福特汽車的作法，使得銷售額急速下滑。到了1921年，福特汽車的銷量佔據了市場比例的55％，而通用汽車的銷量僅佔了市場比例的11％。

在與福特公司這場競賽中敗下陣來的通用汽車公司總裁斯隆明白，自己不能與福特公司的低成本T型車展開競爭。經過權衡利弊，斯隆認為，福特公司只製造一種類別的汽車，雖然是他們的優勢，但同時也是他們的劣勢。隨著人們對汽車需求的改變，產品多樣化、消費者分層化，應該是汽車發展的一個方向。於是，斯隆為通用汽車制定了「滿足各經濟水準、各種要求」的汽車生產新策略。參照人們經濟狀況的不同，提供不同價位和等級的產品。

在斯隆的領導下，通用汽車的業績節節上升。甚至在1927年5月，迫使亨利‧福特不得不關閉鍾愛的T型車裝配線，轉而向產品多樣化與消費者分層化的方向努力。1940年，通用汽車的市場比例上升到45％，而福特汽車的市場比例則下跌到16％。斯隆的戰略取得了輝煌成就。

亨利‧福特並沒有想到，一旦人們擁有汽車，他們的生活就發生了徹底的改變。某人購買一輛汽車，可能只是他人生中的第一輛汽車，他們有可能會購買第二輛、第三輛，或其他更好的汽車，這種汽車會更加舒適、時尚。隨著美國經濟的繁榮發展與分期付款購物方式的出現，愈來愈多人買得起更

好的汽車了。

151 巴拉昂遺囑

窮人最缺少的是野心！

提出者：媒體大亨巴拉昂

評析：野心是永恆的特效藥，是所有奇蹟的萌發點。

　　巴拉昂是一位年輕的媒體大亨，以推銷裝飾肖像畫起家，在不到十年的時間內，迅速躋身法國五十大富翁之列，1998年，巴拉昂因前列腺癌逝世於法國博比尼醫院。臨終前他留下遺囑，將他4.6億法郎的股份捐獻給博比尼醫院，用於前列腺癌的研究，100萬法郎作為獎金，頒發給揭開貧窮之謎的人。

　　巴拉昂去世後，法國《科西嘉人報》刊登了他的這份遺囑。他說：「我曾是一位窮人，去世時卻是以一個富人的身分走進天堂。在跨入天堂的門檻之前，我不想將我成為富人的祕訣帶走，現在祕訣就鎖在我在法蘭西中央銀行的一個私人保險箱內，保險箱的三把鑰匙在我的律師和兩位代理人手中。若有誰能回答出『窮人最缺少的是什麼』，他將能得到我的祝賀。

　　當然，那時我已無法從墓穴中伸出雙手為他的睿智歡呼，但是，他可以從保險箱裡拿走100萬法郎，這是我給予他的掌聲。」

　　遺囑刊出之後，《科西嘉人報》收到大量的信件，有人罵巴拉昂瘋了，有人說是《科西嘉人報》為提升發行量在炒作，但是多數人還是寄來了自己的答案。

　　這些答案裡面，大部分的人都認為窮人最缺少的就是金錢，認為只要有了錢，窮人就不再是窮人了。

　　另一部分的人則以為，窮人最缺少的是機會，沒有遇上好時機：股票上

漲前沒有買進，股票上漲後沒有拋出。總之，窮人都窮在時運上。

也有人認為，窮人最缺少的是技能，現在能迅速致富者，都是擁有一技之長的人，而窮人之所以為窮人，就是因為學無所長。

還有人認為，窮人最缺少的是幫助與關愛，每個黨派在執政前，都對失業者許下大量的承諾，而執政後真正關愛這些窮人與失業者的，又有多少人呢？

另外還有一些其他的答案，例如：窮人最缺少的是漂亮、是皮爾‧卡登外套、是《科西嘉人報》、是總統的職位、是沙托魯城生產的銅夜壺等。總之，五花八門的答案，應有盡有。

在巴拉昂逝世週年的那一天，律師和代理人依巴拉昂生前的委託，在公證部門的監督下打開了保險箱。在48561封來信中，有一位名叫「蒂勒」的小女孩猜對了巴拉昂的祕訣，蒂勒與巴拉昂都認為，窮人最缺少的是野心，成為富人的野心。

在頒獎之日，《科西嘉人報》帶著所有人的好奇，訪問年僅9歲的蒂勒，為什麼會想到「野心」，而不是其他的。蒂勒說：「每次我姐姐帶她11歲的男朋友回家時，總是警告我不要有野心！不要有野心！我想，也許野心可以讓人得到自己想得到的東西。」

巴拉昂的謎底和蒂勒的回答見報後，引起不小的震撼，這種震撼甚至超出法國，波及英美。一些好萊塢的新貴和其他行業的年輕富翁接受電台採訪時，都毫不掩飾的承認：野心是永恆的特效藥，是所有奇蹟的萌發點。某些人之所以貧窮，多數是因為他們有一種無可救藥的弱點，就是缺乏野心。

有一位年輕的弟子問蘇格拉底，什麼是求知的欲望，蘇格拉底沒有直接回答他，而是將他帶到一條小河邊。年輕人覺得很奇怪，只見蘇格拉底噗通一聲跳下河，並且在水中向年輕人招了招手，示意他下來，年輕人也莫名其妙的跟著跳下河。

年輕人剛一下水，蘇格拉底就將他的頭按進水裡，年輕人本能的掙扎出水面，蘇格拉底再一次將他的頭按進水裡，這次用的力氣更大，年輕人再次掙扎，剛一露出水面，又被蘇格拉底用力的按進了水中。這一次，年輕人可顧不了那麼多了，拚命的掙扎，掙脫之後就拚命的往岸上跑。上岸後，他打

著哆嗦對蘇格拉底說：「大……大師，你要做什麼？」

蘇格拉底並不理會這位年輕人，自行上了岸。當他轉身離去的時候，年輕人似乎有些事情還不明白，於是，他追上去問蘇格拉底：「大師，恕我愚昧，剛才的事情我還沒有領悟過來，能否請大師指點一二？」

蘇格拉底覺得這個年輕人很有些耐心，便對年輕人說了一句話：「年輕人，求知的欲望就像你剛才那種強烈的求生欲望一樣，它會使你欲罷不能。」

要想成功，只有成功的希望是不夠的，最重要的是要有強烈的成功欲望。野心是成功最好的特效藥！

152 迪斯忠告

昨天過去了，今天只做今天的事，明天的事暫時不管。

提出者：美國作家迪斯

評析：抓住現在，能承先啟後；把握今天，可繼往開來。

一位哲學家途經荒漠，看到一座很久以前的城池廢墟。歲月讓這個城池顯得滿目瘡痍，但仔細的看，卻依然能看出昔日輝煌的風采。哲學家想在此休息一下，他隨手搬來一個石雕坐下。

他點燃一支菸，望著被歷史淘汰的城垣，想像著這裡曾經發生過的故事，不由得感嘆了一聲。

忽然，有人問：「先生，你在感嘆什麼呀？」

他四下張望，卻不見人影。一會兒，那聲音又響起來，他端詳著被自己坐在身下的那個石雕，原來是一尊「雙面神」神像。

哲學家從未見過雙面神，便奇怪的問：「你為什麼會有兩副面孔呢？」

雙面神回答說：「有了兩副面孔，我才能一面察看過去，牢牢記取昔日的教訓。另一面又可以瞻望未來，憧憬無限美好的藍圖啊！」

哲學家說：「過去只是現在的逝去，再也無法留住，而未來又是現在的延續，是你目前無法得到的。你不將現在放在眼裡，即使你能對過去瞭若指掌，對未來洞察先機，又有什麼具體的意義呢？」

雙面神聽了哲學家的話，不由得痛哭起來，他說：「先生啊！聽了你的話我才明白，我今天落得如此下場的根源。」

哲學家問：「為什麼？」

雙面神說：「很久以前，我駐守這座城時，總是自詡能一面察看過去，一面瞻望未來，唯獨沒有好好的把握現在。結果，這座城池被敵人攻陷了，美麗的輝煌成為了過眼雲煙，我也被人們遺忘在廢墟中。」

如果不能把握現在，過去和未來都毫無意義。

生活中有過許多這樣的日子：我們常常為昨天的失落念念不忘、喋喋不休、耿耿於懷，又常常為明天的美麗意氣風發、熱血沸騰、鬥志昂揚。然而，就在這埋怨與幻想當中，就在這追悔與興奮當中，我們失去了最寶貴，也最容易失去的今天。昨天是失去的今天，明天是未來的今天，只有今天，才是我們真實擁有的。

古今中外無數成功人士的實例證明，只有把握今天，才能走出昨天，開創明天。昨天是張作廢的支票，明天是張尚未兌現的支票，只有今天是現金，具有流通的價值。

153 蘭塞姆定律

假如時光可以倒流，世上將有一半的人可以成為偉人。

提出者：法國著名牧師納德‧蘭塞姆

評析：如果人們將臨終反思提前50年、40年、30年，那麼世上將有一半的人可以成為偉人。

在法國里昂，一位70歲的布店老闆即將離開人世。臨終前，牧師來到他身邊，布店老闆告訴牧師，他年輕時很喜歡音樂，曾經和著名的音樂家卡拉揚一起學吹小號，他當時的成績遠在卡拉揚之上，老師也非常看好他。可惜他在20歲時迷上了賽馬，荒廢了音樂，否則他一定是一位出色的音樂家。

現在他的生命快要結束了，反思一生碌碌無為，他感到非常遺憾。他告訴牧師，到另一個世界後，如果可以再一次選擇，他絕對不會重複這種傻事。牧師很體諒他的心情，盡心的安撫他，並告訴他，他這次的懺悔，對牧師本人也很有啟發。

這位牧師是誰？他就是法國最著名、最有威望的牧師納德‧蘭塞姆。他一生中有一萬多次站在臨終者面前，聆聽他們的懺悔。

納德‧蘭塞姆去世後，安葬在聖保羅大教堂，墓碑上工整的刻著他的手跡：假如時光可以倒流，世上將有一半的人可以成為偉人。

納德‧蘭塞姆並沒有將這句話的另一層意思明確的說出來。如果人們將臨終反思提前50年、40年、30年，那麼世上將有一半的人可以成為偉人。

每個人臨終的反思，不到最後一刻，誰也不知道。但是如果每個人都可以將反思提前幾十年，那麼或許將有50％的人可以成為一位了不起的人。

周迅在18歲之前，還不知道自己想要什麼，那時她每天都在浙江藝術學校裡和同學唱歌、跳舞。偶爾有導演來找她拍戲，無論是多小的角色，她都很興奮的去拍。但是，如果沒有老師跟她的那次談話，那麼也許直到今天，仍然沒有人知道周迅是誰。

1993年5月的某一天，教導周迅專業課的趙老師突然找她談話：「周迅，妳能告訴我，妳對於未來的打算嗎？」

周迅愣住了，她不明白老師為何突然問她如此嚴肅的問題，更不知道該如何回答。

老師又問：「妳對現在的生活滿意嗎？」她搖搖頭。

老師笑了：「不滿意的話，證明妳還有救。妳現在就想想，十年以後的妳，會是什麼樣子？」

老師的話音很輕，但是落在周迅的心裡卻變得很沉重。沉默許久，她看著老師的眼睛，突然很堅定的回答：「我希望十年後，自己可以成為最好的女演員，同時可以發行一張屬於自己的音樂專輯。」

老師高興的問她：「妳確定了嗎？」

周迅慢慢的咬緊嘴唇回答：「Yes」。

老師接著說：「好，既然妳確定了，我們就將這個目標倒著算回來。十年以後，妳28歲，那時的妳是一個紅透半邊天的大明星，同時出了一張專輯。那麼當妳27歲的時候，除了接拍各個名導演的戲之外，一定還要有一個完整的音樂作品，提供給許多唱片公司，對不對？」

「25歲的時候，妳在演藝事業上就要不斷的學習和思考。另外在音樂方面一定要有很好的作品，並且開始錄音了。」

「23歲時，妳必須接受各種培訓，包括音樂上和肢體上的。」

「20歲時，妳要開始作曲、作詞。在演戲方面要接拍重要一點的角色。」

老師的話說得很輕鬆，但是周迅卻感到一陣恐懼。依此推算下來，她應該要立刻著手為自己的理想做準備了，可是她現在卻什麼都不會，什麼也沒想過，仍然為接演一些小角色而沾沾自喜。周迅頓時覺得一股強大的壓力朝自己襲來。

老師平靜的笑著說：「周迅，妳是一株好的幼苗，但是妳對人生缺少規劃，散漫而且混亂。我希望妳能在空閒時想想十年後的自己，究竟要過什麼樣的生活，實現什麼樣的目標。如果妳確定了目標，那麼希望妳從現在就開始進行。」

想想十年後的自己，當我們意識到這一個問題時，我們會發現自己覺醒了。其實每個人都一樣。如果你能及時的問自己：「十年後的我是什麼樣子？」你將發現人生會在不知不覺中產生變化。時刻想著十年後的自己，你會朝著自己的夢想愈走愈近。

154 卡瑞爾公式

憂慮的最大壞處，就是會毀了我們集中精神的能力。當我們憂慮的時候，我們的思想會難以集中，從而喪失正確判斷事物的能力。

提出者：工程師卡瑞爾

評析：當我們強迫自己面對最壞的情況，並在精神上接受它之後，就可以擺脫憂慮。

卡瑞爾是一位聰明的工程師，他開創了空氣調節器的新時代。

年輕的時候，卡瑞爾在紐約州的水牛鋼鐵公司工作。有一次，他要到密蘇里州水晶城的匹茲堡玻璃公司──一座花費數百萬美元建造的工廠安裝一架瓦斯清潔機，目的是消除瓦斯裡的雜質，使瓦斯燃燒時不至於損害引擎。這是一種清潔瓦斯的新作法，以前只試過一次，因此當他到密蘇里州水晶城工作時，許多事前沒想到的困難都發生了。經過一番調整之後，機器終於順利運轉，可是並未達到他所保證的效果。

卡瑞爾對自己的失敗感到非常吃驚，覺得像是有人在他頭上重重一擊，他擔憂得簡直無法入睡。後來，他覺得憂慮並不能解決問題，憂慮的最大壞處，就是會毀了我們集中精神的能力。當我們憂慮的時候，我們的思想會難以集中，從而喪失正確判斷事物的能力。

卡瑞爾根據自身的體會，總結出一個不需要憂慮就可以解決問題的辦

法。這個辦法很簡單，任何人都可以使用，其中只有三個步驟：

第一步，摒除害怕，誠懇的分析整個情況，找出萬一失敗可能發生的最壞情況。

第二步，找出可能發生的最壞情況之後，讓自己在必要時接受它。你可以對自己說：「這次的失敗，對我來說會是一個很大的污點，我或許會因此失去工作。但即使如此，我還是可以找到另一份工作。」

第三步，找出可能發生的最壞情況，並讓自己接受一件即將發生的重要事情，我們便可以立刻輕鬆下來，感受這些天來的第一份平靜。當我們強迫自己面對最壞的情況，並在精神上接受它之後，我們就能衡量所有可能的情形，使我們處在一個可以集中精力解決問題的地位。

155 章魚規則

漁民用繩子拴住小瓶子，沉入海底。章魚見到了小瓶子，都爭先恐後的往裡面鑽，不論瓶子多小、多窄。結果在海洋裡無往不勝的章魚，卻成了瓶子裡的囚徒。

評析：囚禁我們的不是別人，而是我們自己。

一隻章魚的體重可以達到70磅，也就是將近32公斤。32公斤有多重？相當於三到五包水泥、一台電動跑步機、一隻都江堰的千年神龜，或是柔道比賽少年組一個小選手的體重。

但是，這樣一個龐大的生物，牠的身體卻是非常柔軟，柔軟到幾乎可以將自己塞進任何地方。牠們最喜歡做的事情，就是將自己的身體塞進海螺殼裡躲起來，等到魚蝦游近時，再突襲牠們的頭部，注入毒液，使其麻痺而死，然後飽餐一頓。牠幾乎是海洋裡最可怕的生物之一。

　　但是，這種可怕的海洋生物，漁民卻有辦法制服牠。他們用繩子拴住小瓶子，沉入海底，章魚見到了小瓶子，都爭先恐後的往裡鑽，不論瓶子有多小、多窄。結果在海洋裡無往不勝的章魚，卻成了瓶子裡的囚徒。

　　是什麼囚禁了章魚？是瓶子嗎？不，瓶子放在海裡不會走路，更不會去主動捕捉。是章魚囚禁了自己，牠們朝最狹窄的路走去，不管那是一條多麼黑暗的路，即使是條死路。

　　在我還是一個童子軍成員時，我們經常玩一種遊戲：凡有新成員加入童子軍時，我們總要將椅子排成一圈，形成一道障礙，然後矇上新成員的眼睛，讓他走過這條通道。隊長會在遊戲開始前給他一、兩分鐘的時間，讓他盡可能的記住所有椅子的位置，但是，一旦他被矇上眼睛之後，我們就會立即悄悄的移開所有椅子。

　　我總覺得人生就像這種遊戲，或許，我們一生都在竭盡全力避開那些妨礙我們的事物，但往往這些事物卻只存在於我們的想像之中，甚至有些是我們自己想像的產物。

　　有時候，我們不敢為自己謀求職位、不敢學小提琴、不敢學習外語，甚至不敢打通電話給某位老朋友。這種種「不敢」，其實都只是我們為自己設下的障礙，而這種無中生有的障礙，常使我們裹足不前，錯過了許多我們本來應該去做而且能夠做好的事。

　　除非你真的撞上了椅子，否則就不要避開那些只存在於你想像之中的椅子。即使你真的撞上了椅子，那也沒關係，至少，你有個地方可以讓自己坐下來。

156 瓦倫達心態

一心想著事情能不能做好，而無法專注的去做事，將無法獲得成功。

提出者：美國史丹福大學

評析：專心致志的時侯，就不會考慮成功或失敗，沒有了成敗的憂慮，人就變得輕鬆自如。

　　瓦倫達是美國五〇年代著名的高空鋼索表演者，他的表演一直很成功，但卻在一次重大的表演中，失足從鋼索上掉下來摔死了，事後他的妻子說：「我知道這一次一定會出事，因為他在上場前不停的說：『這一次太重要了，不能失敗，絕不能失敗。』以前每次表演，他都只想著走鋼索這件事，而不去管這件事可能帶來的結果。」

　　瓦倫達的失敗，其實是敗給了自已。他一心想著事情能不能做好，而無法專注做事，因此他失敗了。於是後人便將這種不能專注做好眼前事情，患得患失的心態稱為「瓦倫達心態」。

　　美國史丹福大學的一項研究也表示，人的大腦中有某一圖像會像實際情況那樣刺激人的神經系統。例如，當一個高爾夫球手擊球前一再告訴自己「不要把球打進水裡」時，他的大腦往往就會出現「球掉進水裡」的情景。這一情景會指揮他的行動，使事情朝他害怕的方向發展——此時，球大多都會掉進水裡。

　　在我們的日常生活中，「瓦倫達事件」也在不斷重演。每次聯考成績公布後，就有許多學生到心理醫生那裡尋求幫助。因為這些原本在學校裡成績不錯的孩子，竟在聯考時失利了，甚至有些學生連低標也沒有通過。

　　在分析失敗原因時，一位曾經是明星高中佼佼者，卻沒通過聯考的學生說：「我的壓力太大了，我向來是全校的前幾名，許多人都關注我，我經不起失敗的打擊。我常常告訴自己絕對不能失敗，過度的緊張使我焦慮不安，徹夜難眠，莫名的恐懼不時襲上心頭。聯考前一晚，我甚至失眠，在這種情

況下，我如何能正常發揮呢？」

　　生活往往是這樣，父母將全部希望繫於孩子身上，最終什麼都得不到。因為，引領孩子成長的不是父母，而是孩子自己的心態。

　　當你開始做一件事時，不要考慮與這件事無關的問題，也不要讓功利心和憂慮干擾你的行動。

　　專心致志的時侯，就不會考慮成功或失敗，沒有了成敗的憂慮，人就變得輕鬆自如。害怕失敗就是最大的失敗。

157　盧維斯定理

謙虛不是將自己想得很糟，而是完全不想自己。

提出者：美國心理學家盧維斯

評析：如果把自己想得太好，就很容易將別人想得很糟。

　　鷹在高高的天空中翱翔，群鳥都稱讚牠的壯志和本領。麻雀聽了心裡很不舒服，憤憤的對大家說：「鷹這是輕浮的表現，是在炫耀自己！而我總是低低的飛，你們應該稱讚我的謙虛才是！」百靈鳥對麻雀說：「就算你低低的飛是一種偉大的謙虛，那麼現在就請你施展一下本領，飛上天空去將鷹叫下來吧！」

　　佛家常常告誡弟子，即使自己智慧圓滿，更應含蓄謙虛，像稻穗一樣，米粒愈飽滿垂得愈低。真正的智慧人生，必定要有誠意謙虛的態度。有智慧才能分辨善惡正邪，懂謙虛才能建立美滿人生。謙虛的極致是無我，因為你能縮小自己、放寬心胸、包容一切、尊重別人，所以別人也一定會尊重你、接受你。

　　美國心理學家盧維斯說過：「謙虛不是將自己想得很糟，而是完全不想

自己。」在某些人的想法裡，謙虛是一種個人的壓抑，這其實並不正確。但如果你心裡完全有把握做好某件事，卻以「我真的沒把握將它做好」來掩飾自信時，也是一種矯情。只有常懷謙虛謹慎之心，保持不斷學習以求進步的態度，才能對自我發展產生意想不到的巨大推動力量。

真正的謙虛不是一味的否定自己，而是對自己有合理清醒的認識。對自己有充分自信的人才懂謙虛，才能客觀的看見自己的缺點，對自己的優點也不會盲目誇大。當這種思想和作風成為一個企業文化不可缺少的一環時，這個企業才能獲得真正長遠的發展。

158 羅伯特定理

沒有人因倒下或沮喪而失敗，只有他們一直倒下或消極才會失敗。

提出者：美國史學家卡維特·羅伯特

評析：自己不打倒自己，就沒有人能打倒你。

一天傍晚，一位美麗的少婦坐在岸邊的一棵大樹旁，梳理著自己的頭髮，一位老漁夫在湖邊泛舟捕魚，這是一幅多麼美麗的風景。可是，當漁夫撐船準備划向湖心時，忽聽身後傳來「噗通」一聲，老漁夫回頭一看，原來是那位美麗的少婦投河自盡。老漁夫急忙調轉船頭，向少婦落水的地方划去，跳進湖裡救起她。

「妳年紀輕輕的，為何尋短？」漁夫問。

「我結婚才兩年，丈夫就遺棄了我，接著孩子又病死了，我無依無靠，也失去了精神寄託，您說，我活著還有什麼樂趣？」少婦哭訴道。

「兩年前妳是怎麼生活的？」漁夫問。

少婦的眼睛亮了：「那時的我自由自在，無憂無慮，生活得無比幸

福⋯⋯」

「那時妳有丈夫和孩子嗎？」

「當然沒有。」

「可是現在妳同樣沒有丈夫和孩子呀！妳不過是被命運之船又送回了兩年前，現在妳又可以自由自在、無憂無慮了。記住！孩子，那些結束對妳來說應該是一個新的起點。」

少婦仔細想了想，幡然醒悟。她回到了岸上，望著遠去的老漁夫，她的心中又燃起了新的希望，從此再也沒有尋過短。

人生在世，不可能一切都一帆風順。當你遭遇失敗時，當一切似乎黯淡無光時，當你的問題看起來沒有好的解決方法時，你該怎樣做呢？難道你要無所作為，任由困難壓倒你嗎？每種逆境都含有等量利益的種子，只要心存信念，勇敢的站起來，總有奇蹟發生。

在美國華爾街的股票市場交易所，依文斯工業公司是一家保持了長久生命力的公司。但其實，公司的創始人愛德華・依文斯卻曾因為絕望而差點兒自殺！愛德華・依文斯出生貧苦，原本賣報維生，後來在一家雜貨店當店員。八年之後，他鼓起勇氣創業，但總是一再受挫，他替一位朋友背負了一張面額極大的支票，而那位朋友破產了，不久，一家存著他全部財產的銀行也垮了，他不但損失了所有的錢，還負債十六萬美元。他經受不住這樣的打擊，開始生起奇怪的病，有一天，他走在路上，突然昏倒在路邊，從此之後，他就再也不能走路了。醫生告訴他，他的生命只剩下兩個星期，依文斯想著自己只有幾天生命，突然感覺到生命是如此的寶貴。於是，他放鬆下來，好好把握自己的每一天。

沒想到奇蹟出現了，兩個星期後依文斯竟然沒有死，而六個星期之後，他又能回到工作崗位了。經過這場生死的考驗，依文斯明白了患得患失對他的人生根本是無濟於事，對一個人來說，最重要的就是把握現在。他以前曾經一年賺進兩萬美元，可是現在能找到一星期三十美元的工作，他就已經很高興了。正是因為這種心態，愛德華・依文斯的進展非常快速，不到幾年的時間，他已經是依文斯工業公司的董事長了。因為學會了只生活在今天的道理，愛德華・依文斯取得了人生的勝利。

昨天屬於死神，明天屬於上帝，唯有今天屬於我們。把握今天，我們才能擁有一個真實的自己。充分利用每一個今天，我們才能掙脫昨天的痛苦，踏平一路的坎坷，耕耘今天的希望，收穫明天的喜悅。

有一首詩：

不要為昨天嘆息，不要為明天憂慮。

因為明天只是個未來，昨天已成為過去。

未來不知是些什麼，過去只能留作回憶。

只有今天，才是你真正的擁有。

今天，是你衝鋒的陣地。

緬懷昨天、把握今天、迎接明天。

昨天是成功的階梯，明天是奮鬥的繼續。

159 杜利奧定理

沒有什麼比失去熱忱更容易使人變老。

提出者：美國自然科學家、作家杜利奧

評析：擁有積極樂觀的心態和百折不撓的信念，在遇到失敗時，堅定而自信的對自己說一聲「再試一次」。再試一次，你就可能達到成功的彼岸！

　　一個年輕人正值人生巔峰之時，卻被檢查出罹患白血病，這個結果猶如青天霹靂，一下子將他推向了絕望的深淵。他覺得人生已經沒有任何意義了，拒絕接受任何治療。

　　一個深秋的午後，他從醫院逃出來，漫無目的地在街上遊盪。忽然，一陣略帶嘶啞又異常豪邁的樂曲吸引了他。他循聲望去，不遠處，一位雙目失

明的老人正撥弄著一件磨得發亮的樂器，向稀疏的人群動情的彈奏著。尤其引人注目的，是盲人的懷中還掛著一面鏡子！

年輕人好奇的走上前去，等盲人彈奏完一首曲子後，年輕人問道：「對不起，打擾了，請問這面鏡子是您的嗎？」

「是的，我的樂器和胸前的鏡子是我的兩件寶貝！音樂是世界上最美好的東西，我常常靠這些自娛自樂，有了它們，我就可以感覺到人生是多麼的美好……」

「可是，這面鏡子對你有什麼意義呢？」年輕人好奇的問。

盲人微微一笑說：「我希望有一天能出現奇蹟，也相信有朝一日我能用這面鏡子看見自己的臉，因此不管到哪裡，不管什麼時候我都帶著它。」

年輕人的心靈時被震撼住了：「一個盲人尚且如此熱愛生活，而我……」他突然醒悟了，坦然的回到醫院接受治療。儘管每次化療都讓他感到無比的痛楚，但自從聽到那位盲人的話之後，他再也沒有逃跑過。他堅強的忍受著長期痛苦的治療，相信生命總會出現奇蹟。半年之後，他終於恢復了健康，從此，他擁有了人生十分珍貴的兩件寶貝：積極樂觀的心態和百折不撓的信念。

也許我們的人生旅途上沼澤遍布，荊棘叢生；也許我們追求的風景總是山窮水盡，不見柳暗花明；也許我們虔誠的信念會被世俗的塵霧纏繞，不能自由翱翔；也許我們高貴的靈魂暫時在現實中找不到寄放的淨土……那麼，我們為什麼不以勇者的氣魄，堅定而自信的對自己說一聲「再試一次」，再試一次，你就可能達到成功的彼岸！

羅爾夫‧斯克尼迪爾是享譽全球的製錶集團（Ulyss Nardin）總裁。當人們問他從事製造高精密度手錶多年中，最自恃的理念是什麼時，他回答道：「永不低頭，做『失敗』的頭號敵人。」

人與人之間往往只有很小的差異，卻造成了巨大的結果！這種極小的差異是指一個人的心態是積極，還是消極；而巨大的結果，就是成功與失敗。一個人的成功在於他們擁有積極的心態，能夠樂觀的面對人生，樂觀的接受挑戰，確定自己的理想，勇於邁向成功。

160 青蛙效應

將一隻青蛙冷不防丟進沸水鍋裡，牠會迅速跳離，安然逃生。但如果將這隻青蛙放到冷水中，牠會舒暢的游動，接著慢慢將水加熱，青蛙卻對逐漸升高的溫度無法及時感知，等到水已經很熱了，青蛙也意識到危險的存在時，牠已經麻木了，無力跳離，最終葬身在鍋裡。

提出者：美國康乃爾大學

評析：保持一定的危機感與憂患意識是尤其必要的。

　　十九世紀末，美國康乃爾大學做過一次有名的實驗。他們將一隻青蛙冷不防丟進沸水鍋裡，這隻反應靈敏的青蛙在千鈞一髮之際，用盡全力，跳出那會使牠喪命的沸水鍋，安然逃生。

　　隔了半小時，他們使用另一個同樣大小的鐵鍋，在鍋裡注滿冷水，接著將這隻死裡逃生的青蛙放進鍋裡，只見青蛙不時來回游水。接著，實驗人員在鍋底下用炭火慢慢加熱。

　　青蛙不知究竟，仍然在微溫的水中享受「溫暖」，等牠開始意識到自己已經受不了鍋中的水溫，必須奮力跳出才能活命時，一切為時已晚。青蛙欲振乏力，全身癱軟，只能呆呆的躺在水裡，最終葬身在鐵鍋裡面。

　　這項美國康乃爾大學所做的著名煮青蛙實驗告訴我們，迅速的環境變化能激起機體的反應機制，而緩慢變化的環境往往是最危險的。我們應保持高度的覺察能力，並且重視那些造成危機，緩慢形成的關鍵因素。

　　在生活中，突如其來的外在刺激或強敵，往往能激發人心，使人發揮出意想不到的潛力。而緩慢的腐蝕卻是令人防不勝防，一蹶不振。當生活的重擔壓得我們喘不過氣，挫折、困難堵住了四周的出口時，我們往往能發揮意想不到的潛能，開關出一條道路。可是當我們在貪圖享樂或是志得意滿的時候，反而會在陰溝裡翻船，導致一敗塗地，不可收拾！

　　人的發展需要危機感與憂患意識，一旦人們意識到自己所處的環境是不

利的，或是相對劣勢時，多數會盡最大努力去提高自己，或直接改造自己所處的環境，以達到自己與社會環境的統一和平衡。但當人們對自己所處的環境感到滿意時，則會在相對平衡中失去潛在的積極性與進取心，從而放棄努力。如此一來，一旦環境因素有了變化，就會出現對新環境的不適應，最終遭到新環境的拒絕或淘汰。

在快速發展的現代社會裡，環境對個人的要求不斷提高，社會本身也不斷的發展與進步，沒有絕對的平衡，也沒有絕對的適應，人們的生存危機總是存在的。因此，每個人都必須要有一定的危機感和憂患意識。

不只是個人，公司也一樣，必須保持危機感和憂患意識。許多公司失敗的原因，經常是沒有察覺緩緩而來的致命威脅。就像美國的汽車產業，在美國汽車佔有絕大部分北美市場時，美國汽車製造基地底特律的三大汽車廠商，完全沒有注意到他們的汽車佔有率正在以緩慢的速度逐漸減少，而同時，日本車在美國的市場佔有率正在逐漸增加。美國汽車廠商根本不曾將日本車看成威脅，直到日本車在美國市場的佔有率已經上升到了21.3％時，美國汽車廠商才開始以認真的態度檢討自己，但為時已晚，此時的美國車，只能像實驗中的那隻青蛙一樣，慢慢的被煮熟了。

161 塞里格曼效應

當一個人遭遇失敗或挫折後，會產生絕望、抑鬱、意志消沉等情緒，甚而錯失下一次機會。

提出者：美國心理學家塞里格曼

評析：心態決定命運。

塞里格曼效應源於一個心理學實驗。

1975年，美國賓夕法尼亞大學著名心理學教授塞里格曼做了一項實驗：他將狗分成兩組，一組為實驗組，一組為對照組。

塞里格曼先將實驗組的狗放進籠子裡，裡面設有電擊裝置，接著為狗施加電擊，其強度能夠引起狗的痛苦，但不會傷害狗的身體。結果發現，這些狗在一開始被電擊時拚命掙扎，想逃脫這個籠子，但經過幾次努力，發覺仍然無法逃脫後，掙扎的程度就逐漸降低了。

隨後，塞里格曼再將這組狗放進另一個籠子裡，這個籠子是由兩部分組成，中間以隔板隔開，隔板的高度是狗可以輕易跳過去的高度，隔板的一端設有電擊，另一端則沒有。當塞里格曼將經過前面實驗的狗放進這個籠子裡時，發現牠們除了在剛開始的半分鐘驚恐之外，便一直臥倒在地上接受電擊，面對那麼容易逃脫的環境，牠們連試都不試一下。

而塞里格曼再將對照組中的狗，即那些沒有經過第一項實驗的狗直接放進第二個籠子裡，卻發現牠們全都能逃脫電擊之苦，從有電擊的一邊跳到安全的另一邊。

這個實驗在心理學界引起了相當大的迴響，因此心理學上便將這種現象稱之為「習慣性無助」，又叫「塞里格曼效應」。

由「習慣性無助」產生的絕望、抑鬱、意志消沉正是許多心理和行為問題產生的根源。對於如何防止這一心理因素的產生，塞里格曼做了進一步的研究，重新設計了兩項實驗。

首先，讓狗在接受「無法擺脫的電擊」實驗之前，先學會如何逃脫電擊。方法是將狗放到可以躲避電擊的籠子裡，狗在受到電擊時只需輕輕一跳，就可以逃避這一痛苦。如此重複幾次，等狗學會輕易的從籠子一邊跳到另一邊時，再依照前面所說的實驗程序對牠們進行實驗。結果發現，這些狗已經不太容易陷入「習慣性無助」的境地。因為當牠們遭到電擊時，只需輕輕一跳，就可以免受電擊的痛苦。

接著再換那些在自然環境中生長的狗進行同樣的實驗，結果發現牠們也不容易得「習慣性無助」。

之後有許多學者採用其他動物進行相同的實驗，皆得到了相同的結果。

二十世紀八〇年代中期，塞里格曼的這一理論在實踐中得到了檢驗。美

國某保險公司對雇用的五千名推銷員進行培訓。然而，雇用後的第一年，就有一半人辭職，四年後這批人只剩下五分之一。原來，在推銷保險的過程中，這些推銷員面對一次又一次被人拒之門外的窘境。為了確定是不是那些能將第一次拒絕當成挑戰，而非挫折的人較可能成為成功的推銷員，該公司向塞里格曼請教。

塞里格曼對參加過兩次測試的新員工進行了追蹤研究，這兩次測試，一次是該公司常規的測試，另一次是由塞里格曼設計，用以測試被測者的樂觀程度。這些人之中有一組人沒有通過常規測試，但卻在樂觀測試中取得「超級樂觀主義者」成績。追蹤研究表示，這一組人在所有人中的工作任務完成得最好。第一年，他們的推銷額比「一般悲觀主義者」高出21％，第二年高出57％。從此之後，能通過塞里格曼的「樂觀測試」，便成為該公司錄用保險推銷員的一個條件。

現實生活中，我們可以發現那些經常遭遇失敗或挫折的人，多少會有一些「習慣性無助」的現象。因為當他們發現無論自己如何努力，都以失敗告終時，就會覺得自己根本無能為力，精神支柱也會隨之瓦解，進一步喪失鬥志，最終放棄一切努力，並陷入深度的絕望中。

樂觀是人們成功的重要因素。樂觀主義者失敗時，會將失敗歸結於某些他們可改變的事，然後努力去克服困難，改變現狀，爭取成功。樂觀又與人的經歷有關，就像前面實驗中的小狗，如果我們想遠離絕望，遠離意志消沉，遠離抑鬱，就需要有堅強的信念。以樂觀的心態練就在磨難中戰勝環境的本領，永不放棄自己的希望，方能走上成功之路。

162 吉寧定理

真正的錯誤是害怕犯錯誤。

提出者：美國德布林諮詢公司集團總裁吉寧

評析：假如你想打中，先要有打不中的準備，這就是生命的遊戲。

　　1912年，當汽車工業開始發展時，凱特林想要改進汽油在引擎內的使用效率。他的難題是汽車的「爆震」，即汽油要在一段長時間後，才能在汽缸中燃燒，因而降低使用效率。

　　凱特林開始想辦法除掉爆震，他自忖：「怎樣才能使汽油在汽缸中提早燃燒？」關鍵字在「提早」。他想研究類似的情況，便到處尋找「提早發生的事物」模式。他想到歷史模式、心理模式以及生物模式，最後他想到一種特別的植物——蔓生的楊梅。它在冬天開花（比其他植物早），主要特性之一是它的紅色葉子可以保留住某波長的光線，凱特林認為，一定是「紅色」使楊梅的花提早開放。

　　凱特林的連鎖思考進入重要步驟。他自問：「汽油要怎樣才能變成紅色？也許在汽油裡加入紅色染料，汽油就會提早燃燒。」他在工作室裡找了半天，也找不到紅色染料，最後找到了一些碘，於是他將碘放進汽油裡，居然使引擎不發生爆震了。

　　幾天後，凱特林想確定是不是碘的顏色解決了他的難題，於是他拿一些紅色顏料放進汽油裡，引擎仍然發生爆震！凱特林這才知道，不是「紅色」解決爆震問題，而是碘所含的某種成分解決了爆震的問題。

　　這個故事說明，錯誤是產生新創意的墊腳石，如果凱特林早知道「紅色」不能解決爆震問題，那麼他可能不會在汽油中加碘，也就不會意外的找到解決方法。

　　「嘗試——錯誤」是美國心理學家桑代克在十九世紀末二十世紀初，根據大量的動物實驗得出的問題解決理論。其中他用貓做的「迷籠實驗」最為

經典：

將貓放在一個特製的迷籠內，籠外放著食物，貓在籠內亂跑亂撞中偶然觸動了開關，從而得到食物。在之後的重複實驗中，貓的紛亂動作隨著嘗試次數的增多而逐漸減少，最後貓一進入迷籠就去觸動開關，立刻就得到了食物。

桑代克認為，動物學習的過程是一個不斷嘗試、不斷錯誤，最後獲得成功的漸進過程。問題解決是在一定情境和一定行為的多次聯結中，最後達到一定目的或效果的學習行為。

人與動物的學習在本質上是一樣的，只是複雜程度不同。桑代克認為這樣的觀點也適用於人類的學習，由於學生的嘗試是沒有指導的嘗試，大部分學生都無法在第一次嘗試中獲得成功，因此學生的學習過程必然是一個嘗試→錯誤→再嘗試→再錯誤，經過大量錯誤後才取得成功的「嘗試──錯誤」的漸進過程。

耶垂斯基說：「假如你想打中，先要有打不中的準備。」這就是生命的遊戲。嘗試的結果不是偶然的成功，就是注定的失敗。但正是不斷的探索和嘗試，才能達到成功的彼岸。

傳聞寶僑公司有一項規定：如果員工三個月內沒有犯錯，就會被視為不合格員工。對此，寶僑公司全球董事長派伯先生的解釋是：那說明他什麼事也沒做。

然而，我們的教育制度採用尋找「正確答案」的觀點來培養我們的思考能力，使我們的思考更加保守。從小，我們就被教導要尋找正確答案，正確答案才是好的，不正確答案是壞的。這種價值觀深植於學校的獎懲制度中，穩紮穩打的態度，讓我們不可能有太多機會來表現自己。當你確知即使一點兒微小的錯誤，也會對你不利時，你會牢記不可犯錯。更重要的是你學到不要將自己置於失敗之地，於是形成保守的思想模式，「恥辱」成為社會給與我們失敗的定義，大家都爭相避免。

有一個年輕人剛從大學畢業，卻一直找不到工作，後來他接受心理諮詢，發現他的問題在於他不懂得接受失敗。他接受了十幾年的學校教育，各項考試從未不及格過，這使他不願意嘗試任何可能招致失敗的方法。他已經

被塑造成相信失敗是壞事，而不是產生創新機會的潛在墊腳石。

　　許多人都認為成功與失敗是相對的，事實上，它是一件事的兩面。以耶垂斯基為例，打靶有打中與打不中兩種情形，這同樣適用於創造性思考：「嘗試」可能產生錯誤，也能孕育出新創意。

163 比倫定律

若是你在一年中不曾有過失敗的紀錄，你就不曾勇於嘗試各種應該把握的機會。

提出者：美國考皮爾公司前總裁比倫

評析：失敗也是一種機會。

　　失敗是矽谷成功的祕密，矽谷的人不論在媒體，或是公開場合都會以開放而透明化的心態來談論自己失敗的例子。他們從失敗中學習。

　　在矽谷失敗就是成功，不肯談論自己的失敗才是失敗。失敗會讓人們承認自己的不完美以及所犯的錯誤，這在高風險的企業中是非常重要的，人們必須彼此公開分享失敗的經驗，才能互相學習。

　　就像騎車一樣，第一次騎的時候總是不太順手，但摔了幾次之後，我們便能在疼痛中學會二輪行走的技巧。在矽谷，人們經常利用午餐時間交換如何從別人失敗的例子中學習，如果只是贏得僥倖，對我們而言，並不是真正的收穫。

　　創辦於1902年的美國3M公司是一家跨國公司，在全球設立的實驗室超過70間，科研人員超過6500人，投入研究與發展的資金達總銷售額的65％，是一般美國公司的兩倍。平均每天獲得兩項專利權，每年約有500件新產品上世。取得這樣的成果，完全得益於3M公司為員工創造了一個容忍失敗的文化

環境。

3M公司總裁德西蒙要求管理階層給員工最大的空間去實驗新點子,將「失敗當成學習的過程」,讓員工在無後顧之憂的情況下,發揮自己的新構想。3M公司的新產品「便利貼」就是在這樣一個環境中誕生的,而且研發過程長達12年。

1969年,3M公司的一名研究人員無意中發現一種低黏度的化學物質,當時並沒有看出這種物質有什麼用途,一些主管也說要「停止這項實驗」。直到1981年,另一名研究人員想到這種黏劑可用來製作易撕紙條,「便利貼」便正式誕生了。這項產品如今已成為現代人的必備文具,以超過20種顏色、56種形狀、20種香味等多項品種出現在公司和研究室,「便利貼」從此成為全球知名的產品。

達特茅斯學院塔克商學院的席尼·芬克爾斯坦教授出版了一本《聰明的經理為何會失敗》,他從企業界每年發生的眾多事件中,仔細篩選出上百個案例,情況皆十分曲折複雜,提供哈佛商學院等學校的學生研究。

芬克爾斯坦認為:「學習成功經驗的最好方法,是從研究失敗的教訓中獲得。」透過研究別人的失敗來總結經驗教訓,降低「嘗試——錯誤」學習過程中所付出的成本。

趨勢科技是一家生產國際網路防毒軟體的民營企業,在14個國家擁有550名員工。他們提倡的「犯錯誤,不要緊」企業文化讓公司僅以十年的時間就成長為亞洲最大、全球第二的國際網路防毒軟體生產企業,在最近五年中的年增長率都保持在70%以上。

二十多年來,微軟一路坦途,但比爾·蓋茲認為習慣於失敗是成功的基礎。因此,比爾·蓋茲常雇用在其他公司有失敗經驗的人做助手,借重他們的經驗,避免重蹈覆轍。比爾·蓋茲最欣賞的人,是福特汽車創始人福特和通用汽車創始人斯隆。他的辦公室裡擺放了一張福特的照片做為激勵,也做為警惕——福特夢想製造出便宜實用的交通工具,創造汽車世紀。但最後卻因他固執的堅持原本的信念,無法持續進步,二十年後,汽車霸主的地位終於被後起之秀——通用汽車所取代。比爾·蓋茲在辦公室裡懸掛一張福特的照片,既是對他普及汽車全民化的崇敬,也是對他失敗的一種反思。

美國管理學家彼得‧德魯克認為：無論是誰，做什麼工作，都是在嘗試錯誤中學會的。經歷的錯誤愈多，人愈能進步，這是因為他能從錯誤中學到許多經驗。德魯克甚至認為：沒有犯過錯誤的人，絕不能擔任主管。

日本企業家本田先生說：「許多人都夢想成功，不過我認為，只有經過反覆的失敗和反思才能達到成功。事實上，成功只代表你努力的1％，它是另外99％被稱為失敗之物的結晶。」

在我們的人生中，機會無處不在，但又稍縱即逝，你不可能等到做好所有的準備後再去把握。所以我們要有一種嘗試錯誤的精神，即使最後證明自己錯了也不後悔，因為你把握了機會，也知道了你先前把握機會的方式是行不通的。人們常說失敗為成功之母，失敗是一筆財富，涵義也大致在此。

164 威克效應

實驗、堅持不懈、冒險、即興發揮、迂迴前進、混亂、刻板、隨機應變，這些全都有助於應付瞬息萬變的形勢。

提出者：美國康乃爾大學著名教授威克

評析：一次偶然的成功經驗，並不能奉為一生一世的成功法則，每一個新的開始都需要付出新的努力。

一頭驢子背著幾袋沉甸甸的鹽走在山路上，又累又熱，突然眼前出現了一條小河，驢子走到河邊喝了兩口水，這才覺得有些力氣。

喝飽後，驢子開始下水準備過河，河水清澈見底，河床上形狀各異的鵝卵石看得清清楚楚，驢子只顧著欣賞美景，一不留神摔倒在小河裡，幸好河水不深，驢子趕緊站了起來。奇怪的事情發生了，驢子發現背上的重量輕了不少，走起來再也不感到吃力。

驢子很高興，牠得出一個結論：「在河裡摔一跤，背上的東西便會輕許多！」

不久，又要運東西了，這次驢子馱的是棉花，前面又是那條小河，驢子想起了上次的經驗，心想：「背上的棉花雖說不重，可是路途遙遠，再輕一些不是更好嗎？」於是驢子喝完水後，開心的向河裡走去，到了河中心，牠故意一滑，又摔倒在小河裡。

這次驢子可不著急，牠故意慢慢的站起來，想不到，背上的棉花竟然變重了！比上次那幾個鹽袋子沉重好幾倍。

一次偶然的成功經驗，並不能奉為一生一世的成功法則，每一個新的開始都需要付出新的努力。世上沒有一成不變的事物，也沒有放之四海而皆準的真理。

美國康乃爾大學著名的威克教授做過一個十分有趣的實驗。首先，他將一只玻璃瓶平放在桌子上，瓶子的底部朝著窗戶有光的一面，瓶口打開，然後放進幾隻蜜蜂。只見這些蜜蜂在瓶子內朝著有光線的地方飛去，不停的在瓶底尋找出口，結果都只是撞在瓶壁上。經過幾次飛行後，蜜蜂終於發現自己永遠也無法從瓶底飛出去，只好認命、奄奄一息的停在有光線的瓶底。

接著威克教授將蜜蜂放出，仍然將瓶子依原來的樣子放好，再放進幾隻蒼蠅。不久，蒼蠅就一隻不剩的全部從瓶口飛了出來。

在這個實驗中，蒼蠅和蜜蜂的命運截然不同。為何蒼蠅能找到出路？原來，蒼蠅堅持多方嘗試，飛行時或向上，或向下，或背光，或向光，一旦發現此路不通，便立即改變方向，最後終於找到瓶口飛了出來。蒼蠅靠著不懈的努力，在受挫後總結教訓，最終找到出路。而蜜蜂卻一條路走到底，即使面對無法穿越的瓶底也不回頭，自然只能陷於困境之中。

在蜜蜂的思維裡，玻璃瓶的出口必然會在光線最明亮的地方。可憐的蜜蜂沒有意識到環境的變化，還一味的堅持過往的經驗，不停的重複所謂合乎邏輯的行動，最終還是失敗。而蒼蠅對事物的邏輯毫不在意，也全然無視於光線的吸引，在瓶中四下亂飛，結果誤打誤撞的碰上了好運氣。

蒼蠅的頭腦肯定是簡單的，可是有時頭腦簡單，反而能在智者消亡的地方獲得成功。因此，蒼蠅在非常規思維中和無目標的飛行下找到出口，並幸

運的獲得自由和新生。

蜜蜂之誤固然可笑，然而在現實生活中，人們也往往重複著蜜蜂的「經驗」而渾然不覺。將「經驗」當成「知識」，往往是使成功轉變為失敗的樞紐。人們有時太相信自己過去的成功經驗，並將它當作放之四海皆準的「知識」進行放大，結果只能陷入盲點而導致失敗。

面對環境改變時，與其坐以待斃，不如橫衝直撞，因為後者的作法比前者聰明且有用得多。威克教授總結：「這件事說明實驗、堅持不懈、冒險、即興發揮、迂迴前進、混亂、刻板、隨機應變，這些全都有助於應付瞬息萬變的形勢。」

165 蛻皮效應

許多節肢動物和爬行動物生長期間，舊的表皮會脫落，由新長出的表皮來代替，通常每蛻皮一次就長大一些。

評析：能不斷超越自己，便可取得成功。

要想超越自己目前的成就，就不要畫地自限，只有勇敢接受挑戰、充實自我，才能不斷成長。

愛迪生研究電燈時遇到許多困難，1600種材料被他做成各種形狀的燈絲，效果都不理想。半年後人們失去了耐性，紐約《先驅報》說：「現在已經完全證實愛迪生的失敗，這個感情衝動的傢伙從去年秋天就開始研究電燈，他以為這是一個完全新穎的問題，他自信已經獲得別人沒有想到的用電發光的辦法。可是，紐約的著名電學家們都相信，愛迪生的路走錯了。」

面對這樣的報導，愛迪生不為所動，繼續自己的實驗。英國皇家郵政部的電機師普利斯在公開演講中質疑愛迪生的作法，他認為將電流分到千家萬

戶，並用電錶來計量，是一種幻想。煤氣公司竭力說服人們：「愛迪生是個吹牛的大騙子。」有人說：「不管愛迪生有多少電燈，只要有一個電燈壽命超過20分鐘，我情願付100美元，有多少買多少。」也有人說：「即使發明了這樣的電燈，我們也用不起。」

對於所有人的閒言閒語，愛迪生彷若未聞，依舊繼續摸索。終於，一年之後，愛迪生製造出了能夠持續照明45小時的電燈，完成了對自己的超越。經過堅持和努力，愛迪生不但成就了自己的蛻變，樹立了自己在世人心目中偉大的發明家地位，更促成了人類生活方式的一次大變遷。

對自己或對工作不滿的人，首先要將自己想像成理想中的人，或是擁有極好的工作機會。再假設現在的自己或工作就和想像中的一樣，接著採取行動，耐心的進行自我改造，便能發揮每個人與生俱來的強大信念，使自己和工作依照理想改變，從而取得成功。

166 踢貓效應

每個人都不是孤獨的存在。人的不滿情緒和低落的心情，一般會隨社會關係鍊條依次傳遞，由地位高的傳向地位低的，由強者傳向弱者，然後一直擴散到最底層。

評析：生活中有許多事情我們是無力改變的，唯一能改變的是我們自己的心情。

畢先生對公司的事務不滿意，他召開了一次會議，並在會議上說：「同仁們，我們必須振作起來。你們有人上班遲到，有人下班早退，甚至沒有盡到工作的責任。現在，我以公司董事長的身分重整一切。從現在開始，我將早到遲退。如果每個人都能好好處理工作，並盡最大的努力，就會出現一個

很有前途的公司。」

畢先生的意圖是好的，但是幾天之後他就遲到了。他在鄉村俱樂部吃午餐時，看報看得太入迷，以致忘了時間。當他看錶時，幾乎將咖啡杯摔掉，他叫道：「啊！我的天，我必須在五分鐘內趕回辦公室不可。」他跳起來衝到停車場，急忙將車開走。他的車子開得飛快，因此被交通警察開了一張超速開車的罰單。

畢先生真是憤怒極了，他抱怨說：「今天真是倒楣。我是一位善良、守法、納稅的公民，這個警察居然向我開了一張罰單，他該做的是去抓罪犯、小偷與強盜，不應當找納稅人的麻煩。我汽車開得快並不表示不安全，真是可笑。」

他回到辦公室時，為了轉移別人的注意，就將銷售經理找來，生氣的問阿姆斯單銷售案是否已經定案了。銷售經理說：「畢先生，我不知道哪裡出了差錯，我們失去了這筆生意。」

現在，你可以想像畢先生有多麼煩亂了。他憤怒的對銷售經理說：「你知道嗎，我已經支付你18年薪水了。在這期間，我是靠你來爭取生意的。現在我們終於有一次機會做一筆大生意，它能使我們擴大生產線，而你到底做了什麼呢？你把它弄丟了。讓我告訴你，你最好將這筆生意爭取回來，否則我就開除你。你在這裡待了18年，並不表示你有終生雇用合約。」啊！他真是太煩亂了。

再看看這位銷售經理的情形吧！他走出畢先生的辦公室，氣急敗壞的抱怨說：「真是沒事找事，18年來我一直為公司拚命，負責所有的生意，公司靠我才經營得下去。現在，僅僅因為我失去一筆生意，他就恐嚇要開除我。真是豈有此理！」

銷售經理嘴裡嘀咕個不停，他把祕書叫進來問：「今天早上我給妳的那5封信打好了沒有？」祕書回答：「沒有。難道你忘了，你不是告訴我先做客戶資料嗎？所以我一直在做那件事。」銷售經理氣得火冒三丈，「不要找任何藉口，我告訴妳，我要妳趕快將這些信件打好，如果妳辦不到，我就交給其他人去做。妳在這裡待了7年並不表示妳有終生雇用合約。這些信今天要寄出去，否則妳就給我走人。」啊！他也變得煩亂了。

請繼續看看這位祕書的情形。她關上銷售經理辦公室的門，並抱怨說：「真是煩透了。7年來我一直盡力做好這份工作。數百小時的超時工作從未有過加班費。我比其他人做得多。我使公司團結在一起，現在就因為我無法同時做兩件事情，他就恐嚇說要辭退我。真是豈有此理。」

她走到總機小姐那裡說：「我有一些信件要妳幫忙。我知道這並不是妳份內的工作，但妳除了坐在這裡偶爾接聽電話之外，並沒有其他事。這是急事，這些信我今天就要寄出去。如果妳無法辦到，最好讓我知道，我會叫別人做。」啊！她也變得煩亂了。

請再看看總機小姐的情形吧！她大發脾氣：「這是從何說起，我是這裡最努力的員工，而且待遇最低。我要同時做四件事，而他們卻在背後喝咖啡、聊天。等到進度落後時，總要找我幫忙，真是不公平。要我幫忙還用這種態度，真是開玩笑。如果沒有我，公司的事情早就停頓了。再說他們也沒有辦法用兩倍的薪水，找到任何人來接替我的工作。」總機小姐將信件打出來了，但是她做的時候心裡很不是滋味。

她回到家時仍在發怒，進了屋子之後，她看到的第一件事情，是她12歲的孩子正躺在地板上看電視。第二件事情是孩子的短褲破了一個大洞。在極度憤怒之下，她說：「我告訴你多少次，放學回家後要換上便服。我養育你，送你到學校讀書，還要做全部的家務，已經被折磨得要死。現在，你必須到樓上去，今天你的晚飯就別吃了，以後三個星期不准看電視。」啊！她也變得煩亂了。

現在，再看看12歲兒子的情形。他走出房間說：「真是莫名其妙。我正在替她做事情，但是她不給我解釋的機會，到底發生了什麼事？」大約就在這時候，他的貓走到他面前。小孩狠狠的踢了牠一腳，並說：「你給滾我出去！你這臭貓。」

這就是著名的踢貓效應。

生活中有許多事情我們是無力改變的，唯一能改變的是我們自己的心情。遇到不如意的事情時，積極調整自己的心態，不要讓自己的不良情緒影響到身邊的人。冷靜的對待自己，寬容和氣的對待周圍的人，給自己的心情一條平和的路，煩惱就不再整天跟著你，你會發現生活中到處充滿陽光。

167 摩斯科定理

你得到的第一個回答，不一定是最好的回答。

提出者：美國管理學家摩斯科

評析：只要你沒有抓住事物真實的一面，就不要輕易下結論，也不要為事物的表象所欺騙、迷惑。

美國一家鞋子製造廠為了擴大市場，工廠老闆便派一名市場經理到非洲一個孤島上調查。這名市場經理到達後，發現當地人都沒有穿鞋子的習慣。回到旅館，他馬上發電報告訴老闆：「這裡的居民從不穿鞋，所以沒有市場。」

當老闆接到電報後，思索良久，便吩咐另一名市場經理去實地調查。當這名市場經理見到當地人沒穿任何鞋子的時候，心中興奮萬分，馬上回旅館電告老闆：「這裡的居民沒有鞋穿，市場潛力巨大，快寄100萬雙鞋子過來。」

同樣的情況，卻有不同的觀點與結論，這也充分說明了摩斯科定理：你得到的第一個回答，不一定是最好的回答。

教堂裡，有一尊被釘在十字架上的耶穌像，每天來膜拜的人很多。教堂裡有位看門人，希望能為耶穌分擔一些痛苦，耶穌答應了他的要求，但是卻告訴他無論看到什麼或聽到什麼，都不可以說一句話。

於是，看門人真的變成了耶穌被釘在十字架上。

有一天，一位富商前來膜拜，他祈禱完後轉身離去，卻忘記了自己的錢袋。看門人在十字架上看見了，很想叫這位富商回來，但是他卻不能說。

接著來了一位窮人，他祈禱耶穌能幫助他度過生活的難關。當他要離去時，發現了前面那位富商忘在教堂的錢袋，高興得不得了，覺得耶穌真是有求必應，萬分感謝的離去了。十字架上的看門人看在眼裡，想告訴窮人錢袋是富商忘在那裡的。但是他和耶穌有約在先，不能開口。

又過了兩天，有一位要出海遠行的年輕人來祈求耶穌保他平安。正當年輕人要離去時，富商衝進來抓住年輕人的錢袋，要他還錢。年輕人感到莫名

其妙，於是兩人爭吵起來。這時，十字架上的看門人再也忍不住，說出了事情的真相。富商聽完後，便放開了年輕人去追那窮人，而年輕人則匆匆的出海了。

這時耶穌出現了，他指著十字架上的看門人說：「你還是下來吧！這個位置不適合你。」

「可是我把真相說出來，為世間主持了公道，有什麼不妥嗎？」看門人大惑不解。

耶穌說：「你懂什麼？富商家財萬貫並不缺錢，可是那個窮人，一家人的性命就指望這一袋錢了。最可憐的是那位年輕人，如果富商一直和他糾纏下去，延誤了他出海的時間，錯過了風暴，他還能保住一條命，可是現在他的漁船正被猛烈的颱風捲入海裡。」

人類常有一種不可思議的盲點，習慣先入為主。假扮耶穌的看門人以自己的觀點來看待世間的問題，所以也就先入為主，草率的下了結論。然而有些時候事情的表面並非它實際的樣子，只要你沒有抓住事情真實的一面，就不要輕易下結論，也不要為事物的表象所欺騙、迷惑。

168 冰山定律

任何事物只能瞭解到它的八分之一，它有如露出水面的冰山，雖然唾手可得，但也只是冰山一角。

提出者：美國經濟學家馬歇爾

評析：工作上、生活中，不能只憑一部分的資訊就做出判斷或決定，因為你所得到的資訊和全部資訊的意思可能會完全相反。

兩個天使到一個富人家借宿，這家人拒絕讓他們在臥室過夜，而是在地

下室為他們找了一個角落。當他們鋪床時，老天使發現牆上有一個洞，就順手把它修補好了。年輕的天使問為什麼，老天使回答：「有些事並不像它看上去那樣。」

第二晚，兩個天使又到了一個貧窮的農家借宿，主人夫婦將僅有的一點食物拿出來款待客人，然後又讓出自己的床舖給他們。第二天一早，兩個天使發現夫婦在哭泣，他們唯一的經濟來源——一頭乳牛死了。年輕的天使非常憤怒的質問老天使為什麼會這樣，第一個家庭什麼都有，老天使還幫他們修補牆洞，第二個家庭儘管如此貧窮，還是熱情款待客人，而老天使卻沒有阻止乳牛的死亡。

「有些事並不像它看上去那樣。」老天使答道，「當我們在地下室過夜時，我從牆洞看到牆裡面堆滿了金塊。因為主人被貪念所迷惑，不願意分享他的財富，所以我把牆洞填上了。昨晚，死亡之神來召喚農夫的妻子，我讓乳牛代替了她。」

美國經濟學家馬歇爾指出，任何事物只能瞭解到它的八分之一，它有如露出水面的冰山，雖然唾手可得，但也只是冰山一角。要瞭解深度，就必須往下追尋，露出的冰山雖然容易覓得，但也因此缺乏深度及特點。而冰山以下的空間是無限的，愈向深處尋找，未發掘的空間及境界也愈廣。

北宋政治家、文學家王安石說過：「世之奇偉、瑰怪、非常之觀，常在於險遠，而人之所罕至焉，故非有志者不能至也。」要瞭解事物的真相，得到高深的造詣、光輝的成就，必須深入事物的內部，做一番探尋的工作，必須經過一番艱苦的努力，具備追根溯源的學術意識，只是淺嘗輒止不能達到真知灼見的境地。要想真正瞭解事物的全貌，只有不畏險遠，奮力前進方能達到。蜻蜓點水、不求甚解者只能觀冰山一角，永遠與事物隔著一座牆，只是個悲哀淺薄、急功近利的短視者。

169 鰷魚效應

承認問題是解決問題的第一步。

提出者：心理學家霍斯特

評析：你愈是躲著問題，問題愈會揪住你不放。

　　當我們犯錯時，腦子裡往往會出現想隱瞞自己錯誤的想法，害怕承認之後會沒有面子。其實，承認現在的處境，才是解決問題的第一步。出現問題就找個藉口來應付，反而會讓個人產生無力感、厭煩感。與其迴避問題，不如承認問題所在，接受處置。

　　哈蒙曾被譽為全世界最偉大的礦產工程師，他一生有不少令人感動的故事。他從著名的耶魯大學畢業後，又在德國弗萊堡攻讀了3年。畢業回國後尋找職業的軼事，便是「承認問題，讓對方小獲勝利」的典型例子。

　　美國西部礦業主哈司托是個脾氣執拗，注重實踐的人，他不太信任那些文質彬彬，專講理論的礦務工程技術人員。當哈蒙向哈司托求職時，哈司托說：「我不喜歡你的理由就因為你在弗萊堡做過研究，你的大腦裡我想一定裝滿了一堆傻子一樣的理論。因此，我不打算聘用你。」

　　於是，哈蒙假裝膽怯，對哈司托說：「如果你不告訴我的父親，我將告訴你一句實話。」哈司托立刻表示他可以守約。哈蒙便說：「其實在弗萊堡時，我一點學問都沒有學回來，我只顧著打工，多賺些錢，多累積點實際經驗罷了。」

　　哈司托立刻哈哈大笑，連忙說：「好！這很好！我就需要你這樣的人，那麼你明天就來上班吧！」在某些情況下，別人所爭論的論點對自己而言並不那麼重要，例如，哈司托的偏見，在這種情況下，我們所需要的不是斤斤計較，而是尊重他的意見，維護他的「自尊心」而已。

　　美國著名的顧問尼一韋是賀華勃及羅克法芮等許多大人物常常諮詢的人，他曾經妥善的幫助他們解決了許多非常難處理的事件。當時，尼一韋在

英國想請著名的阿絲狄夫人為剛在紐約動工的阿斯托尼亞大飯店舉行奠基典禮。

「不行，」阿絲狄夫人說，「此事恕我不能從命，你們之所以需要我，只是讓我為你們的旅館做廣告而已。」

而尼一韋的話卻使她大吃一驚。「夫人，的確如此，」尼一韋接著說，「然而，妳也不會一無所獲，妳可以藉此接近廣大群眾。因為，這個典禮將向全國轉播。」後來他又向阿絲狄夫人聲明，他們並不希望她發表什麼演說，只是要她到場露一下面就行了，並且反覆強調此舉的意義。最後阿絲狄夫人終於應允，答應出席他們的奠基典禮。

從這裡我們可以看出，尼一韋能使阿絲狄夫人答應的真正原因，是在於一開始他就使夫人感到了自己出奇不意的讓步。阿絲狄夫人說：「他們需要我做廣告，這是我不願意的。」然而，尼一韋卻坦白的承認這一點，在這一點上他表示出了「讓步」。接下來尼一韋迎合了阿絲狄夫人的心理去勸說，結果終於取勝了。

對於一般人而言，在對立的交談中，不肯輕易向當事人立即承認問題，更不可能讓他們心服口服的認錯。對方如果是一個有地位的人，就更難使他們退讓了，這完全是「自尊心」與「習慣性防衛」在作祟。

鰷魚因個體弱小而常常群居，並以強健者為首領。如果將一條強健鰷魚的後腦割除，此魚便失去自制力，發生行為紊亂，而其他的鰷魚卻仍像從前一樣盲目的追隨著牠。面對首領的變化，其他鰷魚的這種盲目追隨和行為慣性，顯示出魚群的一種習慣性防衛。

自從心理學家霍斯特發現鰷魚的這種行為特徵後，「鰷魚效應」就常常與習慣性防衛相聯繫，並被企業用來討論應該如何應對變革的問題。

霍斯特的發現只是提醒我們要警惕組織內的「鰷魚效應」，組織內群體的思維定性和行為慣性源自於內心的習慣性防衛，個體的習慣性防衛一般源於習慣、安全感和對未知因素的畏懼。

做為人類根深柢固的一種習性，習慣性防衛猶如我們穿在身上一件看不見的防護衣，在保衛自己免受外界威脅和變化的同時，也遮蔽了自己的眼界和真實想法。美國心理學家阿吉瑞斯說：「防衛性心理使我們失去檢討自己

想法是否正確的機會。」

在深層變革的時代，我們應學會如何降低習慣性防衛。例如減少防衛反應對情緒上的威脅，不斷進行自我反思以及建立破除防衛心態的信心。一般來說，有才華的人常常在無形中消除種種反對意見，然而，一旦這些事情不可避免的發生了，他們首先是傾聽對方訴說，並且向對方表示自己完全理解及尊重他們的意見，然後再陳述解決的辦法及自己的看法。

如果我們一開始就急於證明對方的觀點正確或是愚蠢的，那麼我們自己也做了件傻事，結果只是使對方堅持己見。如果我們對他們表示出應有的尊敬和同情，了解他們的真實意圖，然後循序漸進的指出他有可能步入的盲點，我們就比較容易使他們來遷就和尊重我們的意見。

170 比林定律

一生中的麻煩有一半是由於太快說「是」，太慢說「不」所造成的。

提出者：美國幽默作家比林

評析：對不該讓步的事不讓步，別人反而更容易對你讓步。

喬治問父親：「世界上最難發音的是什麼字？」

父親說：「我知道一個這樣的詞，它只有兩個字母，但是它卻是世界上最難說的字！」

「只有兩個字母！那是什麼呢？」喬治問。

「在所有的語言裡，我所見過的最難說的字是只有兩個字母的NO（不）。」

「您在開玩笑！」喬治喊道，他不以為然的說，「NO，NO，NO！這真是太容易了！」

「今天你可能覺得很容易，但以後你會明白為什麼這個字是最難說的。」

「我總能說出這個字，我一定能。」喬治顯得很有信心，「NO，這就和呼吸一樣容易。」

「好吧，喬治，我希望你能在該說這個字的時候，把它說出來！」

第二天，喬治和往常一樣去上學了，在學校不遠處有一個很深的池塘，冬天孩子們常在那裡滑冰。一夜之間，冰已經覆蓋了整個湖面，但冰還不是很厚，他們認為到下午的時候就可以滑了。放學之後，男孩子都跑到了池塘那兒，有幾個已經走上了湖面。

「來呀，喬治，」夥伴們大聲喊道，「我們可以好好滑一圈了。」喬治有些猶豫，他看到冰面並不結實。

「放心吧！以前湖水也曾在一天之內就結成冰面了，肯定不會有問題的！」

「去年冬天還沒有現在這麼冷，但是湖面一天就結好了，我們還在上面滑了呢！」

「只有膽小鬼才不來呢！」夥伴們譏笑道。

喬治不能忍受夥伴們的嘲笑，他一直都認為自己是一個勇敢的小孩。「我才不是膽小鬼呢！」他大聲說道，然後就衝上了湖面。孩子們在上面玩得很高興。慢慢的，湖面上的孩子愈來愈多了，突然有人大聲喊：「冰裂了，冰裂了！」結果喬治和另外兩個孩子掉進了冰冷的湖水中。

當人們將他們救出來的時候，三個孩子都凍僵了。

晚上，喬治醒了，坐在溫暖的爐火前，父親問：「為什麼不聽我的話，要到冰面上去，難道我沒有警告過你那是很危險的嗎？」

「是他們要我上去的，我本來並不想那樣的。」喬治低聲的說。

「難道是他們拉著你的胳膊，把你拖上去的？」父親接著問。

「不，沒有，但是他們嘲笑我是個膽小鬼。」喬治回答。

「那你為什麼不說『不』呢？你寧願不聽我的話，冒著生命的危險也不願對人說『不』嗎？昨天晚上你說『不』是最容易說的，但你並沒有做到，不是嗎？」父親最後說道。

喬治回答不出來了，現在他終於明白了為什麼最難說的字是「不」字了。

171 小池定理

愈是沉醉，就愈會抓住眼前的東西不放。

提出者：日本管理學家小池

評析：人生有捨有得，要學會割捨，懂得放棄，你才能得到自己最想要的東西。

有一個人被歹徒追趕到一條大河邊，河水很急，根本游不過去，河上連一座橋也沒有，更沒有船。

於是，這個人暫時藏了起來，歹徒一時半刻還找不到他，但這並非長久之計，因此他打算做一隻竹筏渡河，到了對岸就安全了。他夜以繼日的用竹子、樹皮做成了竹筏，划著竹筏到了河對岸，等到那些歹徒發現他的時候，他已經安全的從險境中逃了出來。

到了對岸，他對以前發生的事仍然心有餘悸，過去那些逃亡的日子實在是太可怕了！多虧了這個竹筏，現在終於安全了。他想：「如果不是這個竹筏，我現在已經性命難保了，這個竹筏對我來說實在是太重要了！」於是他將這個竹筏揹在背上，繼續向前走，可是竹筏太重了，他揹著走路十分困難，一天只趕了一小段路，三天後，那些歹徒便追上來將他抓住了。原來歹徒也做了竹筏渡河來追趕他，由於他揹著竹筏，行走太慢，最終還是沒有逃過歹徒的魔爪。

當他被抓住的時候，他感嘆道：「竹筏救我，竹筏亦害我！」人生是有捨有得的，要學會割捨，懂得放棄，你才能得到自己最想得到的東西。

有一次，蘇格拉底帶著他的學生來到了一個山洞裡，學生們正在納悶，他卻打開了一座神祕的倉庫。這個倉庫裡裝滿了許多奇光異彩的寶貝。仔細一看，每件寶貝上都刻著清晰可辨的字，分別是：驕傲，嫉妒，痛苦，煩惱，謙虛，正直，快樂……這些寶貝是那麼漂亮，那麼迷人。這時蘇格拉底說話了：「孩子們，這些寶貝都是我積存多年的，你們如果喜歡的話，就拿

去吧！」

　　學生們見一件愛一件，抓起來就往口袋裡裝。可是，在回家的路上他們發現，裝滿寶貝的口袋是那麼沉重，沒走多遠，他們便感到氣喘吁吁，兩腿發軟，再也無法移動腳步了。

　　此時，蘇格拉底又開口了：「孩子，還是丟掉一些寶貝吧！後面的路還很長呢！」於是「驕傲」丟掉了，「痛苦」丟掉了，「煩惱」也丟掉了……口袋的重量雖然減輕了不少，但學生們還是感到很沉重，雙腿依然像灌了鉛似的。

　　「孩子們，再翻一翻你們的口袋，看看還有什麼可以扔掉一些。」蘇格拉底又一次勸那些孩子們。

　　學生們終於將最沉重的「名」和「利」也翻出來扔掉了，口袋裡只剩下了「謙遜」、「正直」和「快樂」……一下子，他們有一種說不出的輕鬆和愉快。蘇格拉底也長舒了一口氣說：「啊，你們終於學會了放棄！」

172 列文定理

那些猶豫著遲遲不能做出計劃的人，通常是因為對自己的能力沒有把握。

提出者：法國管理學家列文

評析：如果沒有能力去籌劃，就只有時間去後悔了。

　　每個人都有過這樣的想法：既然每道難題都有最好的解決辦法，那麼我為什麼不多想想，進而做出最正確的選擇呢？其實，就是這種在很多人身上都存在的固有思考方式，導致我們原本簡單的生活複雜化。

　　雖然每個人都有自己做決定的獨特方法，但不幸的是，許多人都認為自己的選擇未必是最正確的。因為我們無法預知將來，無法提前看到我們的選

擇究竟會有多少益處，害怕將來不遂人意。

然而，將來的事又有誰能把握住呢？最重要的是抓住現在。只要你現在覺得自己是對的就可以了，如果相反呢？那也簡單，馬上改過來！

總之，我們必須瞭解：充分利用現有資源，最大限度的為自己的選擇服務；相信自己能隨著局勢的變化，做出適當的調整。如果意識到自己的選擇是錯誤的，以最快的速度放棄，並給予自己新的機會。

對此，具體的做法是：

1. 仔細辨別目標。

做決定之前，將注意力集中於自己的真實目標上。例如，問問自己，我是真的需要一雙新鞋，還是期待新鞋能為自己帶來好心情呢？認清自己的目標後再做決定，這才是對症下藥。

2. 小事情迅速下決心。

如果是像今晚租什麼影片看之類的小事，給自己兩分鐘的時間考慮，然後就去辦。問問自己，這個選擇會對我的人生產生影響嗎？如果答案是「NO」，就千萬別在那上面浪費時間了。

3. 劃掉不是最重要的那一個。

一種選擇的獲取同時也意味著對另一種選擇的放棄，沒有人能得到一切，貪婪會使你失去全部。因此，告訴自己，是應該將不是最重要的那一個劃掉的時候了。

4. 重大問題，勿衝動。

如果面對的問題很複雜，選擇的意義很重大，那麼千萬不要草率決定。深呼吸，放鬆身心，問問自己最想要的是什麼？一遍不行，就再問一遍。要是還不能決定，也不要勉強自己，這說明了現在還不是做選擇的時候。將問題擱置一下，或許明天、下星期、下一個冬天……答案就會自然的浮出水面。

5. 出去走走。

最新研究顯示，輕快的散步能幫助人們確定心中不太清晰的目標，從而做出正確的選擇。所以，猶豫不決時不妨出去走走，說不定馬上就有新主意了呢！

173 王安論斷

猶豫不決固然可以免去一些做錯事的機會，但也失去了成功的機遇。

提出者：美籍華裔企業家王安

評析：一個人如果一定要看透一切才拿主意，那麼他將永遠拿不定主意。思慮過多會阻礙迅速行動。

華裔電腦名人王安聲稱影響他一生的最大的教訓，發生在他六歲的時候。

有一天，王安外出玩耍，經過一棵大樹時，突然有樣東西掉在他的頭上，他伸手一抓，原來是個鳥巢。他怕鳥糞弄髒了衣服，於是趕緊用手撥開。鳥巢掉在了地上，從裡面滾出一隻嗷嗷待哺的小麻雀。他很喜歡這隻小麻雀，決定將牠帶回去餵養，於是連鳥巢也一起帶回家。

王安回到家門口，忽然想起媽媽不許他在家裡養小動物。於是，他輕輕的將小麻雀放在門後，匆忙走進屋內，請求媽媽允許。

在他的苦苦哀求下，媽媽破例答應了王安的請求。王安興奮的跑到門後，不料小麻雀已經不見了，而一隻黑貓正在那裡意猶未盡的舔著嘴巴。王安為此傷心了好久。

從這件事王安得到了一個很大的教訓：只要是自己認為對的事情，絕不能優柔寡斷，必須馬上付諸行動。不能做決定的人，固然沒有做錯事的機會，但也失去了成功的機運。

永遠不可能有100％的把握！條件差不多就要勇敢去做，闖出自己的事業，不要猶豫、徬徨，即使做了不一定成功，但至少為下一次累積了經驗。一件事情要成功，必然要先經歷失敗。不經風雨，怎見彩虹，沒有人能隨隨便便的獲得成功！

174 佛洛斯特法則

在築牆前應該知道把什麼圈出去，把什麼圈進來。

提出者：美國思想家佛洛斯特

評析：學會選擇，懂得放棄。

電視上有一個節目，內容是數鈔票比賽。主持人拿出一大疊面值不一的鈔票，雜亂疊放，在規定的三分鐘內，讓現場的四名觀眾進行點鈔比賽。這四名參賽者誰數得最多，數目又最準確，他就可以獲得自己剛剛所數的現金。

主持人一宣布完遊戲規則，頓時引起全場轟動。在三分鐘內，不說數幾萬元，應該也能數出幾千元來吧！而在短短的幾分鐘內，就能獲得幾千元的獎金，能不叫人覺得刺激和興奮嗎？

遊戲開始了，四名參賽者開始埋頭迅速的數起了鈔票。當然，在這三分鐘內，主持人是不會讓參賽者安心點鈔的，他拿著麥克風，輪流請參賽者回答腦筋急轉彎的題目，來打斷他們的思路，並且規定必須答對題目，才能繼續往下數。

不久，時間到了，四名參賽者手裡各拿了厚薄不一的鈔票。主持人請他們寫下所數鈔票的金額。第一位寫下3472元。第二位寫下5836元。第三位也寫下了4889元的好成績。而第四位只寫了500元。

第四名參賽者與其他三人所數鈔票的金額，相距甚遠。當主持人報出這四組數字的時候，台下一片哄笑聲，他們都不理解，為何第四名參賽者會數得那麼少呢？

這時，主持人開始公布四人所數鈔票的正確金額，眾目睽睽之下，主持人將四名參賽者所數的鈔票重數了一遍，正確的結果分別是：3372元、5831元、4879元、500元。也就是說，前三名數得多的參賽者，不是多算了100元，就是少算了5元或10元，距離正確數目，都只是一「票」之差。只有數得

最少的第四位，才完全正確。

　　依照遊戲規則，只有第四位參賽者才能獲得500元獎金，而其他的三位，都只是緊張的做了三分鐘的白工。

　　看到這樣出乎意料的結果，台下的觀眾議論紛紛。這時，主持人拿著麥克風，很嚴肅的告訴大家一個祕密：自從這個節目開辦以來，在這項比賽中，所有參賽者所得到的最高獎金，從來沒人能超過1000元。

　　全場觀眾若有所悟。主持人最後說：「有時，聰明的放棄，其實就是經營人生的一種策略，也是人生的一種大智慧。不過，它需要更大的勇氣和睿智啊！」

　　要築一座牆，首先就要明白築牆的範圍，將那些真正屬於自己的東西圈進來，把那些不屬於自己的東西圈出去。事實，做任何事情之前，我們都要有一個明確的界定：什麼能做，什麼不能做；接受什麼，拒絕什麼……。做人如此，企業也是一樣，我們一定要清楚我們適合做什麼，不適合做什麼。

　　在現實生活中，沒有一個企業能夠獲得整個市場，至少不能以同一種方式吸引住所有的消費者，因為消費者實在太多、太分散了，而且他們的需要和消費習慣各不相同，而企業在滿足不同市場的能力方面也有極大差異。因此，每個企業都必須找到最適合自己的市場，而不是試圖滿足所有市場。做自己擅長做的事，才能取得成功。

175 鳥籠邏輯

在多數時候，人們都是採取最熟悉的方法來解決問題，因為我們覺得使用自己最能瞭解的方式，更易取得成效。

評析：兩點之間最短的距離並不一定是直線，最能瞭解的方式並不一定有效。

　　如果你將一個漂亮的鳥籠掛在房間最顯眼的地方，過不了幾天，主人一定會做出以下兩種選擇：一是將鳥籠扔掉，一是買一隻鳥回來放在鳥籠裡。這就是「鳥籠邏輯」。

　　設想你是房間的主人，只要有人走進房間看到鳥籠，就會忍不住問你：「鳥呢？是不是死了？」當你回答：「我從來沒有養過鳥。」人們便會問：「那麼，你要一個鳥籠幹什麼？」

　　為了避免此類的談話一再的打擾你，最後，你不得不在兩種選擇中二選一，因為這比無止境的解釋要容易得多。

　　在多數時候，人們都是採取最熟悉的方法來解決問題，因為我們覺得使用自己最瞭解的方式，更易取得成效。但當我們努力用熟悉的解決方案去解決問題時，許多根本問題仍然沒有得到改善，甚至更加惡化。有一題數學試題問兩點之間的最短距離，你一定會回答：直線最短；但是當你走在路上，從A到B明明可以直接過去，但所有人都不走時，你最好也別走，因為可能有陷阱。

　　直線思考在很多地方都會碰壁。因此，在生活和工作中，只有培養邏輯思考才能真正解決問題，避免無止境的解釋。

　　莫小姐對她生平第一份工作的面試記憶猶新。那天，她與二十多名求職者一起參加了公司的面試。她們被集中到一間很大的房間，主考官發給每個人一張試卷，上面只有一道題目：英國每年買幾顆高爾夫球？

　　題目上沒有其他資料，要求所有求職者在45分鐘內完成。這根本就不像

題目，莫小姐剛接到題目時感到無所適從。但冷靜下來後，莫小姐發現了題目中的玄機，並很快找出了解決的方法——這題目對她這樣的經濟系高材生並不算難。

原來，所謂的「英國買」其實就是英國進口。進口的數量與市場需求有關，市場需求與人口有關。於是，莫小姐從英國的總人口數出發，從16～70歲之間的英國人數中，分析最有可能打高爾夫球的30～45歲間的英國人口數。為了使資料精確，莫小姐還在試題上描述了如何進行抽樣調查的方法。

接著，莫小姐再假設有50萬人口在打高爾夫球。其中經常打的有多少人，這些人估計每年要用多少球，其他人可能多久打一次，需要用多少球。加起來就是英國的市場需求。

這道題目考得是求職者的思考能力，而莫小姐正是展示了她過人的思考能力。

一個月後，莫小姐收到了這家公司的錄取通知。經過這次面試，莫小姐深深明白了一個道理：只有經過深入思考過，才能找出最好的解決方案——可以按部就班做的事情，價值不大。

在人與人的關係以及做事的過程中，我們很難立即、直接將事情做好。有時我們需要等待、需要合作、需要技巧。當我們做事遇到困難和障礙時，我們並不一定要硬挺、硬衝，而是可以選擇繞過困難，繞過障礙，或許這樣做事情會更加順利。

176 思維定勢

對某一特定活動的準備狀態，可以使我們在從事這些活動時相當熟練，甚至達到自動化；但它的存在也會束縛我們的思維，使我們只用常規方法解決問題，而不尋求其他「途徑」。

評析：任何事物都有利弊，善於運用，因勢利導，才能創新。

　　有一道試題：某警察局長在路邊與一位老人談話，這時跑來一個小孩，急忙對局長說：「你爸爸和我爸爸在那邊吵起來了！」老人問：「這孩子是你什麼人？」局長說：「是我兒子。」請你回答：這兩個吵架的人和警察局長是什麼關係？

　　在100名測試者中只有兩個人答對！後來，對一個三口之家問這個問題，父母沒答對，孩子卻很快答了出來：「局長是孩子的媽媽，吵架的一個是局長的丈夫，即孩子的爸爸；另一個是局長的爸爸，即孩子的外公。」

　　為什麼這麼多成年人都解答不出如此簡單的問題，反而一個孩子卻回答得出來呢？這就是思維定勢在作怪。依照成人的經驗，警察局長應該是男的，從「男局長」這個思維定勢去推想，自然得不到正確答案。而小孩子沒有這方面的經驗，也就沒有思維定勢的限制，因此能立刻得出了正確答案。

　　在人們的日常交往和認知過程中，都會形成一定的思維定勢。思維定勢指的是對某一特定活動的準備狀態，可以使我們在從事某些活動時相當熟練，甚至達到自動化；但它的存在也會束縛我們的思維，使我們只用常規方法解決問題，而不尋求其他「途徑」。

　　社會心理學家發現，思維定勢在人際交往和認知過程中是普遍存在的。人們不僅在思考和解決問題時會受「思維定勢」的影響，在認識他人、與人交往的過程中，也會受思維定勢的影響。前蘇聯心理學家曾做過這樣一個實驗：

　　研究者向參加實驗的兩組大學生出示同一張照片，在出示照片前，向第

一組學生說：這個人是一個十惡不赦的罪犯；對第二組學生說：這個人是一位大科學家。然後讓兩組學生各自用文字描述照片上這個人的相貌。

第一組學生的描述是：深陷的雙眼表現他內心充滿仇恨，突出的下巴證明他沿著犯罪道路頑固到底的醜惡心態⋯⋯

第二組學生的描述是：深陷的雙眼表示此人思想的深邃，突出的下巴表現此人在人生道路上克服困難的意志⋯⋯

對同一個人的評價，僅僅因為先前得到的提示不同，描述竟是如此截然相反，可見心理定勢對人們認知過程的影響是多麼巨大！因此，不管是在學習、工作還是生活，我們都應該有意識的克服思維定勢，如此才能使思維更開闊、更深刻、更靈活、更敏捷，使我們少犯判斷上的錯誤。

有一題腦筋急轉彎，答題者必須是受過教育的成年人。

「三點水加個『來』字，唸什麼？」

「還唸ㄌㄞˊ。」

「那三點水加個『去』呢？」

被問者至少一半以上語塞，有的脫口而出「ㄑㄩˋ」；有的甚至說：「根本沒這個字！」而同樣的問題問小學三、四年級的學生，幾乎沒有人上當。這是為什麼呢？其實這也是思維定勢在作祟。

小時候「狼來了」的故事反映的就是這一原理，思維定勢一旦形成，思維就會呈現一種慣性狀態。只要某種現象一出現，就會自然而然的順著過去的習慣思維去得出結論。

177 巴納姆效應

人很容易相信一個籠統的、一般性的人格描述，即使這種描述十分空洞，仍然被認為反映了自己的人格面貌。

提出者：美國著名的雜技演員蕭曼·巴納姆

評析：人類的思想意識領域有諸多共性的東西，而人們在認識自我的時候，容易被共性欺騙。

　　有位心理學家曾經針對巴納姆效應做過一個實驗，他替一群人做完明尼蘇達多相人格檢查表（MMPI）後，拿出兩份結果，讓參加者判斷哪一份是自己的結果。事實上，這兩份結果，一份是參加者自己的，另一份是多數人的回答平均起來的結果。而參加者竟然認為後者更準確的表達了自己的人格特徵。著名的雜技演員蕭曼在評價自己的表演之所以受歡迎時，說是因為節目中包含了每個人都喜歡的成分，所以他使得「每一分鐘都有人上當受騙」。

　　認識自己，心理學上叫自我知覺，是一個人瞭解自己的過程。巴納姆效應說明人類的思想意識領域有諸多共性的東西，而人們在認識自我的時候，容易被共性欺騙，下面一段話是心理學家使用的材料，你覺得是否也適合你呢？

　　你很需要別人喜歡並尊重你。你有自我批判的傾向。你有許多可以成為你優勢的能力沒有發揮出來，同時你也有一些缺點，不過你通常可以克服它們。你與異性交往有些困難，儘管表面上顯得很從容，其實你內心焦急不安。你有時會懷疑自己所做的決定或所做的事是否正確。你喜歡生活有些變化，厭惡受人限制。你以自己能獨立思考而自豪，你不會接受別人沒有充分證據的建議。你認為在別人面前過於坦率的表露自己是不明智的。你有時外向、親切、善於交際，有時則內向、謹慎、沉默。你有些抱負往往很不現實。

這其實是一頂套在任何人頭上都合適的帽子。在生活中，這種效應的典型反映是在算命過程中。

很多人請教過算命先生後，都認為算命先生說的「很準」。其實，那些求助算命的人本身就有易受暗示的特點。當人的情緒處於低落、失意的時候，對生活失去控制感，安全感也會受到影響。一個缺乏安全感的人，心理的依賴性也大大增強，受暗示程度就比平時更強了。加上算命先生善於揣摩人的內心感受，只要一理解求助者的感受，求助者立刻會感到一種精神安慰。算命先生接下來再說一段一般的、無關痛癢的話，便會使求助者深信不疑。

在日常生活中，我們既不可能時時刻刻反省自己，也不可能總是將自己放在局外人的角度來觀察自己，於是只能借助外界資訊來認識自己。正因如此，每個人在認識自己時很容易受外界資訊的暗示，迷失在環境之中，受到周圍資訊的暗示，並將他人的言行做為自己行動的參照。

愛因斯坦小時候是個十分貪玩的孩子，他的母親經常為此憂心，但是愛因斯坦對母親的再三告誡總是當成耳邊風。直到16歲那年的秋天，有一天上午，父親將正要去河邊釣魚的愛因斯坦攔住，並跟他說了一個故事，正是這個故事，改變了愛因斯坦的一生。

父親說：「昨天我和鄰居傑克大叔去清掃南邊的一個大煙囪，那個煙囪只有踩著裡面的鋼筋踏梯才能上去。你傑克大叔在前面，我在後面，我們抓著扶手一階一階往上爬，終於爬上去了。下來時，你傑克大叔依舊走在前面，我還是跟在後面。後來鑽出煙囪，我們發現了一件奇怪的事情，你傑克大叔的後背、臉上全被煙囪裡的煙灰抹黑了，而我身上卻連一點煙灰也沒有。」

愛因斯坦的父親繼續微笑著說：「我看見你傑克大叔的模樣，心想，我一定和他一樣，臉髒得像個小丑，於是我就到附近的小河裡洗了又洗。而你傑克大叔看我鑽出煙囪時乾乾淨淨的，就以為他也和我一樣乾乾淨淨，只草草洗了手就上街了。結果，街上的人都笑破了肚子，還以為你傑克大叔是個瘋子呢。」

愛因斯坦聽罷，忍不住和父親一起大笑起來。父親笑完後，鄭重的對他

說：「其實別人誰也不能做你的鏡子，只有自己才是自己的鏡子。拿別人做鏡子，白癡或許會把自己照成天才。」

我們在認識自己的過程中，有兩個方法，一個是自我反省，另一個是將自己放在局外人的角度來觀察自己，即借助於外界資訊來認識自己。此外，也有人透過各種星座判斷，或算命先生的話來認識自己，但是這種認識帶有很大的暗示性，因為這些描敘是一些大眾的、一般的描述，對於許多人來說，都是適用的，正確的。我們在認識自己的過程中，可以將這些作為參考，而對自己準確的瞭解，還是要靠自己來判斷。

178 舍恩定理

新思想只有落到真正相信它、對它著迷的人手裡，才能開花結果。
提出者：美國麻省理工學院教授舍恩
評析：只有信之不疑，才能開花結果。

一個星期五的晚上，龍捲風橫掃多倫多北面一個名叫巴里的城市。這場災難造成許多人死亡，數百萬美元的財產被毀。星期天晚上，布羅克特回家途經巴里時，將汽車停在路邊，去看四周破敗的景象。目光所及，盡是些被摧毀的房子和汽車。

同一天晚上，鮑伯也經過這條公路，他也像布羅克特一樣停下汽車，走出車外，看著那一片斷壁殘垣和汽車殘骸。只不過，鮑伯的想法與布羅克特大為不同。鮑伯是泰利米迪亞通信技術公司——一個在安大略省和魁北克省擁有許多電台公司的副總裁。他認為必須利用電台，為這些遭受苦難的人提供幫助。

在接下來的那個星期五，鮑伯將泰利米迪亞的所有行政人員召進了他的

辦公室。在一張活動掛圖的頂部，他寫了3個「3」，他對那些行政人員說：「從現在開始，你們願意在3天之內用3個小時為巴里的人們籌集300萬美元嗎？」辦公室裡鴉雀無聲。

終於，有一個人說：「鮑伯，你瘋了。我們無論如何也做不到的！」

鮑伯說：「我沒有問你們是否能夠做到，或者是否應該做到，我只是問你們願不願意去做。」

這些行政人員全都說：「我們當然願意。」

聽了這個回答，鮑伯就在那3個「3」的下面畫了一個大大的「T」。他在「T」的一邊寫下：「我們為什麼做不到？」又在「T」的另一邊寫下：「我們如何去做到？」

接著，鮑伯告訴他們：「我要在『我們為什麼做不到』這一邊畫上一個『×』。我們不浪費時間去考慮我們為什麼做不到，那沒有任何意義。我們要在『T』的這一邊將『我們如何去做到』這件事的每一種方法都寫下來。除非想出了解決這個問題的方法，否則我們就不離開這個房間。」

辦公室裡又安靜了下來。終於有人說：「我們可以在加拿大全境用無線電播放一個專題節目。」鮑伯說：「這是一個好主意。」然後就把它寫下來。他還沒有寫完，就有人說：「我們不可能在加拿大全境播放一個專題節目，因為我們的電台頻率並未覆蓋整個加拿大。」他說得非常對，這的確是一個客觀存在的阻礙。他們只在安大略省和魁北克省擁有電台。

鮑伯回答道：「那是『我們如何去做到』的一個主意。我們先暫時將它放在這裡。」不過，因為各個電台間通常無法協調一致，甚至互相攻擊，所以這的確是一個很大的阻礙。

突然，有一個人說：「我們可以讓哈威・柯克和勞埃德・羅賓遜，這兩位加拿大廣播公司裡，最有名氣的人物來主持這個專題節目。」這真是一個具有創造力的建議。

到了下星期二，他們成功的聯絡了多家電台，並策劃了一個多家電台聯合廣播行動。而且，果然是請到了哈威・柯克和勞埃德・羅賓遜主持了這個節目。他們在3個工作日內的3個小時裡，成功的募集到了300萬美元！只要巴里的人們能夠得到這筆錢，功勞歸誰都無所謂。

由此可見，如果我們將精神全部集中到「怎樣去做到」而不是「為什麼做不到」上面，情形會完全不同，你將可以攻無不克，戰無不勝。

當一個人將「為什麼做不到」和「如何去做到」一起擺在面前時，就很容易將精力放在「為什麼做不到」上，而不會想著「如何去做到」。所以一個人如果想要取得成功，就應該義無反顧的拋開「為什麼做不到」，一心一意在「如何去做到」上作文章、想辦法，不達目的絕不罷休。

179 跳蚤效應

很多人不敢去追求夢想，不是追不到，而是因為心裡已經默認了一個「高度」。這個「高度」常常使他們受限，看不到自己未來的努力方向。

評析：高度並非無法超越，只是我們無法超越自己的思想限制；沒有人束縛我們，只是我們自己束縛了自己。

生物學家做過一個有趣的實驗：將一些跳蚤放進一只玻璃杯裡，發現跳蚤很輕易的就跳了出來，重複幾次，結果都是一樣。根據測試，跳蚤跳的高度為其身高的100倍以上。接下來，實驗者將這些跳蚤再次放進杯子裡，同時在杯口加上一個玻璃罩，只見跳蚤重重的撞在玻璃罩上，雖然如此，但是跳蚤依舊不會停下來，因為跳蚤的生活方式就是「跳」。一次次跳起，一次次被撞，最後，跳蚤變聰明了，牠們開始根據玻璃罩的高度來調整自己所跳的高度。經過一段時間之後，這些跳蚤再也沒有撞擊到這個玻璃罩，而是在罩下自由的跳動。

幾天後，實驗者將玻璃罩拿掉，跳蚤不知道玻璃罩已經去掉，還是依照之前的高度繼續跳躍。一週後，那些可憐的跳蚤還在這個玻璃杯內不停的跳動，而此時牠們已經無法跳出這個玻璃杯了，因為牠們已從一隻跳蚤變成了

一隻「爬蚤」！

　　後來，生物學家在玻璃杯下放了一個點燃的酒精燈。不到五分鐘，玻璃杯燒熱了，所有的跳蚤自然發揮求生本能，再也不管是否會被撞痛（因為牠們都以為還有玻璃罩），全部都跳出了玻璃杯，這就是著名的「跳蚤效應」。

　　跳蚤變成「爬蚤」，並不是自身失去了跳躍能力，而是由於一次次受挫後學乖了，調整自己跳躍的目標高度，而且適應了它，不再改變。

　　人生又何嘗不是如此？許多障礙一開始時，在我們眼裡都是那麼沉重和無奈，等到我們鼓足勇氣克服之後，才發現它不過是一層窗紙而已。而許多障礙看起來難以克服，實際上這些障礙並沒有想像中的困難。有些時候，很多人不敢去追求夢想，不是追不到，而是因為心裡已經默認了一個「高度」，這個「高度」常常使他們受限，看不到自己未來的努力方向。

　　「自我設限」是一件悲哀的事，現實生活中，有許多人也在過著這樣的跳蚤人生。年輕時意氣風發，夢想著成功，但是往往事與願違，一次次拚搏的結果換來一次次的失敗。經過幾次失敗之後，他們便開始抱怨世界的不公平，開始懷疑自己的能力，他們不再不惜一切代價去追求成功，而是一再降低成功的標準。他們不是不能成功，而是因為他們的心裡已經默認了一個「高度」，這個高度常常暗示自己：成功是不可能的，這是沒辦法做到的。因此，「心理高度」是人無法取得偉大成就的根本原因之一。

　　一個人在生活經歷和社會遭遇中，如何認識自我，如何在心裡描繪自我形象——成功或是失敗，勇敢或是懦弱，都將在很大程度上決定著一個人的命運。

180 吉格勒定理

除了生命本身，沒有任何才能不需要後天的鍛鍊。

提出者：美國培訓專家吉格‧吉格勒

評析：才能的養成需要後天的努力。

　　沒有人能只依靠天分成功，上帝給予了天分，勤奮將天分變為天才。

　　中國近代史上的風雲人物曾國藩建立了自己的不朽功業，但他的天賦卻不高。在取得功名之前，有一天曾國藩在家讀書，一篇文章不知道重複了多少遍，還是背不下來。這時候他家來了一個小偷潛伏在屋簷下，希望等曾國藩睡著之後再行動。可是等啊等，就是不見他睡覺，還是不停的閱讀那篇文章。小偷大怒，跳下樑說：「這種程度還讀什麼書？」然後將那文章背誦一遍，揚長而去！

　　小偷的確很聰明，至少比曾國藩聰明，但是他只能成為小偷，而曾國藩經過勤奮苦讀，卻成就了自己在中國歷史上的豐功偉業。

　　古語云：「勤能補拙是良訓，一分辛苦一分才。」那名小偷的記憶力很好，聽過幾遍的文章就能背下來，而且很勇敢，身為樑上君子竟敢對著屋主發怒。可惜，他的天賦沒有加上勤奮，變得不知所終。偉人的成功與辛勤的勞動是成正比的，一分耕耘一分收穫，日積月累，從少到多，奇蹟就可以創造出來。

　　左腦主管思考，對數字、流程比較敏感；右腦則是感性而人性化的。右腦思維是天生的，左腦思維是後天培養的。小孩子一生下來，右腦思維是百分之百，左腦思維是零，可是在受教育的過程中，尤其是為了升學拚命讀書，受到最多訓練的幾乎有95％是左腦思維。這就說明了，才能和技巧都是後天培養出來的。

　　「除了生命本身，沒有任何才能不需要後天的鍛鍊。」這是美國最著名的培訓專家吉格‧吉格勒說的一句名言。

對一個人來說，才能的養成需要後天的勤奮學習；對一個企業來說，它的競爭力和優勢同樣在於不斷的學習。雖然員工進入公司時已經具備了一定的知識、技能和技巧，但是要適應一個新環境並取得好的成績，仍然需要專門的員工培訓。

　　IBM公司追求卓越，特別是在人才培訓、造就銷售人才方面取得了非常成功的經驗。他們非常注重員工培訓，絕不讓一名未經全面培訓的人到銷售第一線；西門子公司也認為培訓是造就人才、提高員工素質的最主要途徑。

　　通用電氣公司能成長為一家世界頂級的企業，靠的就是不斷學習，不斷以全球公司為師。

　　在韋爾奇執掌通用的20年裡，通用公司的發展達到了很高的成就，但韋爾奇卻一直強調，通用是一個無邊界的學習型組織，一直以全球的公司為師。他經常說：「很多年前，豐田公司教我們學會了資產管理；摩托羅拉推動了我們學習六西格瑪管理；思科和Trioloy幫助我們學會了數位化。這樣，世界上的商業精華和管理才智就都在我們手中。而且，面對未來，我們也要這樣不斷的追尋世界上最新最好的東西，為我所用。」

　　在這個變化迅速的時代，唯一不變的就是「變化」，而教育與培訓的任務就是讓人們不斷適應變化中的世界。二十一世紀最成功的企業將是「學習型組織」，因為未來唯一持久的競爭優勢，就是你比競爭對手學習得更快。

181 一分鐘效應

一分鐘的時間可以做許多事情，可以改變許多事情。

提出者：著名教育家班傑明

評析：不積跬步，無以至千里；不積小流，無以成江海。

著名教育家班傑明曾經接到一個年輕人的求教電話，並與那個嚮往成功、渴望指點的年輕人相約見面。

當年輕人如約而至時，班傑明的房門敞開著，眼前的景象令年輕人頗感意外——亂七八糟、一片狼藉。

沒等年輕人開口，班傑明就招呼道：「你看我這間房間，太不整潔了，請你在門外等候一分鐘，我先收拾一下，你再進來吧。」一邊說著，班傑明一邊輕輕關上了房門。

不到一分鐘的時間，班傑明又打開了房門，並熱情的將年輕人請進客廳。這時，青年人的眼前出現了另一番景象——房間內的一切已變得井然有序，而且有兩杯剛倒好的紅酒，在淡淡的香水氣息中漾著微波。

可是，沒等年輕人將滿腹有關人生和事業的疑難說出來，班傑明就非常客氣的說道：「乾杯。你可以走了。」

年輕人手持酒杯愣住了，既尷尬又遺憾的說：「可是，我……我還沒向您請教呢！」

「這些……難道還不夠嗎？」班傑明一邊微笑，一邊掃視著自己的房間，輕聲細語的說，「你進來又過一分鐘了。」

「一分鐘……一分鐘……」青年人若有所思的說，「我懂了，您讓我明白了一分鐘的時間可以做許多事情，可以改變許多事情的深刻道理。」

班傑明會心的笑了。年輕人將杯裡的紅酒一飲而盡，向班傑明連連道謝後，開心的走了。

其實，只要把握好生命的每一分鐘，也就把握了理想的人生。

1950年，美國企管學家戴明博士被麥克阿瑟將軍舉薦給日本企業界，向日本企業家傳授企業管理。這個在本國不太受重視的管理學家，卻在日本大受歡迎，被日本松下、新力以及本田等眾多企業和企業家奉為管理之神。在他的影響下，日本這個一無資源、二無市場、三無創新技術的小國在戰後奇蹟般的崛起，成為舉世矚目的經濟強國。為表彰戴明博士為日本經濟起飛做出的傑出貢獻，日本天皇特別授予他「神聖財富」勳章。

日本經濟的迅速發展，使美國企業感到了前所未有的壓力，經濟形勢極為低迷。為什麼日本人行而我們不行？為了解開答案，美國人找到了戴明，向他請教：「你究竟教了日本人什麼『祕訣』，使日本工業快速崛起？」

戴明說：「也沒有什麼，我只是告訴日本人，每天進步1％。」

這是一個再普通不過的答案，但正是這個「每天進步1％」，才造就了日本經濟起飛的奇蹟。荀子說：「不積跬步，無以至千里；不積小流，無以成江海。」這與戴明博士說的正是同一個道理：凡事皆是由小至大，小事不願做，大事就會成空想。集腋成裘，想要成功，必須從小事做起。

一天的課程結束了，老師問學生：「大家說說看，今天的你比昨天多了哪些進步呢？」

「我今天記住了10個英語單字，還能流利的背出來！」

「我今天知道了金字塔的許多故事，希望將來有一天能去那裡旅遊！」

「透過今天的一件事，我懂得了對人要有禮貌。」

「老師，今天一整天我都不舒服，我覺得我沒有什麼進步！」

老師立即說：「每個人每天都應該有所進步，不舒服不該成為不進步的理由。孩子們，記住我的話，有朝一日你們會發現，世界上的大部分事情，都是由覺得不太舒服的人做出來的。」

學生似乎有些明白，卻又不太明白，但他們都在點頭。他們沒有注意到這位有些駝背的老師，他的身體並不是很硬朗，聲音有些沙啞，也有些疲憊。但是他覺得自己又比昨天進步了一點點，這就是他教他可愛的學生要每天進步的一點點。

每天進步一點點，並不是很大的目標，也並不難實現。也許昨天一天中，「我」也曾努力磨練並獲得可喜的成績，但今天的我必須超越昨天的

「我」，更加進步，更加充實。人生的每一天都應該充滿新鮮的東西。

　　每天進步一點點就已經足夠了。在人生的道路上，每天前進一點點，就是穩健、持續的前進過程。「不進則退」，只要是在前進，無論前進多麼小的一點點都無妨，但一定要比昨天前進一點點。人生也必須每天持續小小的努力，才能有所成就。

182　納爾遜原則

永遠別嫌小。

提出者：美國卡爾森公司首席執行官納爾遜

評析：使人疲勞的不是遠方的高山，而是鞋子裡的一粒沙子。

　　在非洲草原上，有一種不起眼的動物叫作吸血蝙蝠，牠的身體極小，卻是野馬的天敵。這種蝙蝠靠吸動物的血生存，在攻擊野馬時，牠常附在野馬的腿上，以鋒利的牙齒迅速、敏捷的刺入野馬的腿中，然後用尖尖的嘴吸食血液。無論野馬怎麼狂奔、暴跳，都無法驅逐這種蝙蝠，而蝙蝠卻可以從容的吸附在野馬身上，直到飽足之後才滿意離去，而野馬則往往是在暴怒、狂奔、流血中無奈的死去。

　　動物學家百思不得其解，小小的吸血蝙蝠怎麼會讓龐大的野馬斃命呢？於是，他們進行了一次實驗，觀察野馬死亡的過程。結果發現，吸血蝙蝠所吸的血量是微不足道的，並不會使野馬斃命。動物學家在分析這一問題時，一致認為野馬的死亡是牠暴怒的習性和狂奔所致，而不是因為蝙蝠吸血所致。

　　在生活中，將人們擊垮的，有時並不是那些看似滅頂之災的挑戰，而是一些微不足道、雞毛蒜皮的小事。由於有些人不善於梳理自己的工作與生

活，分不清事情的輕重緩急，將大部分時間和精力無止境的消耗在雞毛蒜皮的小事中，或消耗在別人的事情上，在盲目的忙碌中偏離了自己的角色，最終一事無成，正像小小的蝙蝠能將野馬強大的生命置於死地一樣。

伏爾泰說過，使人疲勞的不是遠方的高山，而是鞋子裡的一粒沙子。在人生的道路上，我們必須學會隨時倒出鞋子裡那顆小小的沙粒。

183 盪秋千原理

只要持之以恆、毫不懈怠，平地的秋千甚至可以直上雲端。

評析：事業發展起起落落，處在低谷時更要加倍努力。只要堅持，總會欣賞到高處的風景。

小時我們都曾盪過秋千，這是一個再簡單不過的遊戲，但仔細品味一下，卻包含了很深的人生哲理：只要毫不懈怠的重複做著同樣的動作，平地的秋千甚至能夠直上雲端。

秋千可以說是所有遊戲中最簡單的，盪秋千的人只要重複做同樣的動作，就能讓秋千的高度不斷增大。當然，秋千所達到的高度與每次的施力是密不可分的，任何一次偷懶都會讓秋千擺動的高度降低。所以雖然所做的動作簡單，卻依然要一絲不苟的「踏實」實踐。起起落落之間，盪秋千原則為人生提供了足夠的啟迪。

在企業營運中，管理者的「秋千」也應如此，每一步都要腳踏實地，不能偷懶，否則最終的效果就會大打折扣。古往今來，成功者無不在盪秋千的過程中兢兢業業，一絲不苟。

法國啟蒙思想家布豐曾說過：「天才就是長期的堅持不懈。」中國著名數學家華羅庚也曾說：「做學問，做研究工作，必須持之以恆……」。

　　的確，無論我們做什麼事，要取得成功，堅持不懈的毅力和持之以恆的精神都是必不可缺的。

　　愛迪生研究電燈時遇到許多困難，1600種材料被他做成各種形狀的燈絲，效果都不理想。半年後人們失去了耐性，紐約《先驅報》說：「愛迪生的失敗現在已經被完全證實，這個感情衝動的傢伙從去年秋天就開始研究電燈，他以為這是一個完全新穎的問題，他自信已經獲得別人沒有想到的用電發光的辦法。可是，紐約的著名電學家們都相信，愛迪生的路走錯了。」

　　愛迪生的「秋千」一下子跌落到了最低谷，但是他不為所動，繼續自己的實驗。英國皇家郵政部的電機師普利斯在公開演講中質疑愛迪生，他認為將電流分到千家萬戶，並用電錶來計量，是一種幻想。愛迪生繼續摸索，人們還在用煤氣燈照明，煤氣公司竭力說服人們：「愛迪生是個大騙子。」就連許多正統的科學家都認為他是異想天開，然而愛迪生毫不動搖。在進行這項研究一年之後，他的秋千終於將他盪上了高空，他造出了能夠持續照明45小時的電燈，完成了對自己的超越。

　　在研究電燈的實驗處於低谷時，愛迪生沒有退縮，他堅持了下來，不但成就了自己的蛻變，樹立了自己在世人心目中偉大的發明家地位，更促成了人類生活方式的一次大變遷。

　　當困難絆住你成功的腳步時，當失敗挫傷你進取的雄心時，當負擔壓得你喘不過氣時。不要退縮，不要放棄，一定要堅持下去，因為盪得高的秋千都是從低處升到高處的，只要堅持越過低谷，必然會換來更高處的清風撲面。

　　堅持到最後一刻，成功就屬於你了。

184 臨界點效應

無論是爬山還是跑步，在你咬緊牙關的那一刻，就是你做一件事情的臨界點，如果你堅忍不拔的堅持下去，就會挺過臨界點，進入一個新的境界。

評析：在工作和事業中要取得成功，需要有挺過臨界點的勇氣，和堅持到底的耐性。

爬山爬到某個高度時，會感到筋疲力竭，再也不想往上爬一步，但此時只要咬緊牙關堅持下去，過了一會兒就會感到開始舒服起來，爬山的樂趣油然而生；跑步跑到某個路程時，也會感到筋疲力竭，但只要咬緊牙關堅持下去，過了一會兒就會感到呼吸順暢，兩條腿也好像自動跑了起來，繼續跑下去的勇氣會轉變成一種輕鬆的向前跑的慣性，接著再跑下去，你就能跑得更遠。

無論是爬山還是跑步，在你咬緊牙關的那一刻，就是你做一件事情的臨界點，如果你堅忍不拔的堅持下去，就會挺過臨界點，進入一種新的境界，不再害怕所面對更長更困難的挑戰，並且在迎接挑戰的過程中，得到一種身心樂趣、一份成就感和一份自信。

在工作和事業中要取得成功，也需要有挺過臨界點的勇氣，和堅持到底的耐性。很多人在工作中十分浮躁，總覺得自己做的是小事。其實這個世界上小事做不好的人，絕對不可能做出大事來，能否認真的把一件事情做完，是一個人能否取得成功的重要標誌。

世界上的事情經常開頭容易，卻很難有圓滿的結局。因為圓滿意味著必須走完全程，意味著必須歷經千辛萬苦，意味著遍體鱗傷也絕不放棄，意味著必須在到達臨界點時，咬緊牙關繼續邁著疲勞的雙腿向前跑，直到最後肉體和精神為了同一個目標合而為一。

不能跨越生命的臨界點，我們就會吃盡失敗的苦頭；而要想跨越生命的臨界點，我們可能需要經歷更多的考驗；但是，只要你能夠忍受黎明前最黑

暗的那一刻，太陽一定會帶著滿天的朝霞，為向著東方奔跑的你燦爛升起。

185 貝爾效應

想著成功，成功的景象就會在內心形成。

提出者：美國布道家、學者貝爾

評析：有了成功的信心，成功就有了一半把握。

　　林肯在寫給馬維爾的信末說，有些事情一些人之所以不去做，只是因為他們認為不可能。其實，有許多不可能只存在於人的想像之中。

　　讀到這封信的時候，馬維爾已是76歲的老人，就在這一年，他正式下決心學漢語。3年後，他到廣州旅行採訪的時候，是以流利的華語與孫中山對話的。

　　成功其實並沒有想像中困難，它有時需要的，僅僅是你的勇氣，這正是一般人所缺乏的！對事業懷有信心，相信自己，是獲得成功不可或缺的前提。

　　1968年的春天，羅伯特・舒樂立志在加州用玻璃建造一座水晶大教堂，他向著名的設計師菲利普・強生表達了自己的構想：

　　「我要的不是一座普通的教堂，我要在人間建造一座伊甸園。」

　　強生問他打算用多少錢來建造這座伊甸園，舒樂堅定而明快的說：「我現在一分錢也沒有，所以100萬美元與400萬美元的預算對我而言沒有區別。重要的是，這座教堂本身要具有足夠的魅力來吸引捐款。」

　　教堂最終的預算為700萬美元。700萬美元對當時的舒樂來說，是一個超出能力範圍，甚至超出了理解範圍的數字。

　　當天夜裡，舒樂拿出一張白紙，在最上面寫上「700萬美元」，然後又寫

下10行字：

1. 尋找1筆700萬美元的捐款。

2. 尋找7筆100萬美元的捐款。

3. 尋找14筆50萬美元的捐款。

4. 尋找28筆25萬美元的捐款。

5. 尋找70筆10萬美元的捐款。

6. 尋找100筆7萬美元的捐款。

7. 尋找140筆5萬美元的捐款。

8. 尋找280筆25000美元的捐款。

9. 尋找700筆1萬美元的捐款。

10. 賣掉10000扇窗，每扇700美元。

60天後，舒樂用水晶大教堂奇特而美妙的模型，打動了富商約翰‧可林捐出第一筆100萬美元。

第65天，一位聽了舒樂演講的農民夫婦，捐出第一筆1000美元。

第90天，一位被舒樂孜孜以求精神所感動的陌生人，在生日的當天寄給舒樂博士一張100萬美元的銀行支票。

8個月後，一名捐款者對舒樂說：「如果你的誠意與努力能籌到600萬美元，剩下的100萬美元由我來支付。」

第2年，舒樂博士以每扇500美元的價格請求美國人認購水晶大教堂的窗戶，付款的辦法為每月50美元，10個月分期付清。6個月內，一萬多扇窗戶全部售出。

1980年9月，歷時12年，可容納一萬多人的水晶大教堂竣工，成為世界建築史上的奇蹟與經典，也成為各地前往加州的人必去瞻仰的勝景。

水晶大教堂最終的造價為2000萬美元，全部是舒樂一點一滴籌集而來的。

不是每個人都要建一座水晶大教堂，但是每個人都可以設計自己的夢想，每個人都可以攤開一張白紙，敞開心扉，寫下10個甚至100個實現夢想的途徑。

懷有信念的人是了不起的。他們遇事不畏縮，也不恐懼，就是稍感不安，

最後也都能自我超越。他們健壯而充滿活力，能解決任何問題，凡事全力以赴，最終成為偉大的勝利者。他們都有一個神奇的座右銘——「信念」。

186 毛毛蟲理論

毛毛蟲天生有一種「跟隨者」的習性，因此牠們一隻跟著一隻，盲目的跟隨前面的毛毛蟲，繞著花盆一圈圈爬行。

提出者：法國科學家約翰·法布爾

評析：有目標，一分一秒都是成功的紀錄；沒有目標，一分一秒都是生命的流逝。

有一個廣泛流傳的管理故事：一群伐木工人走進一片樹林清除矮灌木，當他們費盡千辛萬苦，好不容易清除完一片灌木林，直起腰準備享受一下完成一項艱苦工作後的樂趣時，卻突然發現，他們要清除的不是這片樹林，而是旁邊那片樹林！

有多少人在工作中，就像這些砍伐矮灌木的工人一樣，只是埋頭砍伐，甚至沒有意識到所砍伐的，並非是自己需要砍伐的那片樹林。

法國科學家約翰·法布爾曾進行過一個「毛毛蟲實驗」。他在一個花盆的邊緣擺放了一些毛毛蟲，讓牠們首尾相接，圍成一個圈，並在離花盆6英寸之處撒了一些牠們最愛吃的松針。由於這種毛毛蟲天生有一種「跟隨者」的習性，因此牠們一隻跟著一隻，盲目的跟隨著前面的毛毛蟲，繞著花盆一圈圈爬行。令法布爾感到驚訝的是，這群毛毛蟲在花盆邊緣一直走到筋疲力竭才停下來，其間雖然曾稍作休息，但還是沒吃沒喝，連續走了十多個小時。

時間慢慢過去，一分鐘、一小時、一天、兩天……守紀律的毛毛蟲行列絲毫不亂，依然這樣沒頭沒腦的兜著圈子。連續7天7夜之後，牠們饑餓難

忍，筋疲力竭，一大堆食物就在離牠們不到6英寸的地方，但牠們卻一隻隻的餓死了。

在這次實驗進行總結時，法布爾的筆記本裡有這樣一句話：「在那麼多的毛毛蟲中，如果有一隻與眾不同，牠們就能改變命運，告別死亡。」

毛毛蟲總是喜歡盲目的跟著前面的同伴爬行，科學家把這種習慣稱之為「跟隨者」的習慣。他們最主要的失誤在於失去了自己的目標，只是依照習慣方式盲目行動，結果進入了一個循環的怪現象。

筆者所在的公司邀請美國人力資源專家為十幾名員工進行培訓，在員工培訓班開始時，老師先問了大家一個小問題：「你們說，開車的人進了加油站，最想完成的事情是什麼？」「加油！」超過一半的人都這樣回答。

從老師略顯失望的眼神中，大家看出這顯然不是他所期望的答案，所以又補充了「歇會兒」、「買吃的」等幾個答案，甚至連「上廁所」都想到了。筆者對美國人的思考方式略有了解，知道在這種情況下，「一加一」絕對不等於二，但琢磨來琢磨去，還是想不出標準答案。

只見專家做深思狀，繞著彎說：「如果我們今天人數足夠多的話，你們當中一定會有人告訴我，駕駛人進了加油站，最想早一點離開加油站，繼續他的旅程，不管是工作還是休閒。」

專家見大家一臉茫然，便解釋道：每個人做事都會有具體目的（Objective），而這個目的又應該從屬於一個遠大目標（Goal）。

人活得本來就夠累的了，又是「目的」又是「目標」，有必要弄得這麼複雜嗎？專家像是看透了大家的心思，便說出了耶魯大學一項追蹤調查的研究結果。這項研究說來其實很簡單。

在開始的時候，研究人員向參與調查的學生問了這樣一個問題：「Do you have goals（你們有目標嗎）？」對於這個問題，只有10%的學生確認他們有目標。然後研究人員又問了學生們第二個問題：「If you have goals，do you have them written down（如果你們有目標，那麼，你們是否將自己的目標寫下來了呢）？」

這次，只有4%的學生的回答是肯定的。20年後，當耶魯大學的研究人員在世界各地追訪當年參與調查的學生們時，他們發現，當年白紙黑字將自己

的人生目標寫下來的那些人，無論事業發展還是生活品質，都遠遠超過了另外那些沒有這樣做的學生。而且這4％的人所擁有的財富，居然超過了其餘96％人的總和！

專家說，這些人之所以有明確的目標，那是因為他們有Vision。何謂Vision？Vision就是一種「洞察力」，也就是「眼光」，有眼光，工作就會充滿機會，生命就會豐富多姿。

培訓結束時，講課的專家若有所思，像是記起了什麼事，忽然又將正離去的員工們叫了回來，問了大家一個問題：「你們知道在耶魯大學的那個研究裡，那96％沒有將人生目標寫在紙上的學生，這一生都在做些什麼嗎？」

有了前面「加油站問題」的經驗，大家面面相覷，不願輕易開口。不過這次，美國專家爽快的告訴了大家答案：「這些人庸庸碌碌，一輩子都在直接、間接、自覺、不自覺的幫助那4％的學生實現他們的目標。」

人能走多高，首先取決於你站在哪裡，但更重要的還是選定方向，找定目標，持久穩健的走下去，才有希望達到「頂峰」。無論跟別人跟得有多緊，也只能成為第二，走別人走過的路。

187 跨欄定律

豎在你面前的欄杆愈高，你跳得也愈高。

提出者：外科醫生阿弗烈德

評析：設定一個高目標就等於達到了目標的一部分。一個人的成就大小往往取決於他所遇到的困難程度。

一位名叫阿弗烈德的外科醫生在解剖屍體時，發現一個奇怪的現象：那些患者器官並不如人們想像的糟，在與疾病的抗爭中，為了抵禦病變，它們

往往比正常器官具有更強的機能。

阿弗烈德最早是從一個腎病患者的遺體中發現，當他從死者的體內取出腎時，發現那顆腎比正常的大；當他再去分析另外一顆腎時，發現另一顆腎也大得超乎尋常。在多年的醫學解剖中，他不斷發現包括心臟、肺等幾乎所有人體的器官都存在著類似的情況。

為此，阿弗烈德撰寫了一篇頗具影響力的論文，他認為患者的器官因為長期和病毒作戰，而使器官的功能不斷增強。假如有兩顆相同的器官，當其中一顆器官死亡後，另一顆器官就會努力承擔起全部的責任，變得更加強壯。

在替美術學院的學生治病時，他又發現了一個奇怪現象。這些藝術系的學生視力大不如人，有的甚至還是色盲。阿弗烈德覺得這是病理現象在社會現實中的重複，於是將自己的思維觸角延伸到了更廣泛的層面。

在對藝術學院教授的調查研究過程中，結果與他的預測完全相同。一些頗有成就的教授之所以能走上藝術之路，多數是受了生理缺陷的影響，缺陷並沒有阻止他們，反而促使他們走上了藝術之路。

阿弗烈德將這種現象稱為「跨欄定律」：豎在你面前的欄杆愈高，你跳得也愈高。其實，藉由阿弗烈德的「跨欄定律」，可以解釋生活中的許多現象。例如盲人的聽覺、觸覺、嗅覺都要比一般人靈敏；失去雙臂的人平衡感更強，雙腳更靈巧。所有這一切，彷彿都是上帝的安排，如果你不缺少這些，你就無法得到它們。

不少人認為天才或成功是先天注定的。但是，世上被稱為天才的人，肯定比實際上成就天才事業的人要多得多。為什麼？許多人一事無成，就是因為他們缺少雄心壯志、排除萬難、邁向成功的動力，他們不敢為自己制定一個高遠的奮鬥目標。無論一個人有多麼超群的能力，如果缺少一個認定的高遠目標，他也將一事無成。設定一個高目標，就等於達到了目標的一部分。

188 電通原則

若無聞一知十的睿智與才能，即需發揮聞一知一的注意力與責任感。

提出者：日本電通公司

評析：一次只做一件事。

若無聞一知十的睿智與才能，即需發揮聞一知一的注意力與責任感。這是日本電通公司為鼓勵員工而提出的原則。

有一位小有名氣的年輕畫家，曾經在國內外舉辦過多次畫展，並且幾次獲獎。有一次在朋友聚會上，有人問他：「你為什麼這麼年輕就取得了這麼多的成就呢？」

他微笑著說：「因為我很小的時候就專心於學畫，十幾年來始終如一。」隨後，他講了自己兒時經歷過的一件事情。

小時候，他的興趣非常廣泛，也很好強，畫畫、拉手風琴、游泳、打籃球樣樣都學，樣樣都會，並且還要求自己都要得第一。這當然是不可能的，於是他整天悶悶不樂，心灰意冷，學習成績也因此一落千丈，有一次期中考成績竟落到全班的最後幾名。

父親知道後並沒有責罵他，晚飯之後，父親將一個小漏斗和一捧玉米粒放在桌子上。告訴他：「今晚，我要讓你做一個試驗。」父親讓他雙手放在漏斗下面接著，然後撿起一粒玉米粒投進漏斗裡，玉米粒順著漏斗滑到了他的手裡。父親投了十幾次，他的手中也就有了十幾粒玉米粒。然後，父親抓起滿滿一把玉米粒一下子放到漏斗裡，玉米粒相互擠著，竟連一粒也沒有掉落下來。

父親意味深長的說：「這個漏斗代表你，假如你每天都能做好一件事，你每天就會有一粒玉米粒的收穫。可是，當你想將所有的事情都擠到一起做，反而連一粒玉米粒也得不到。」

20多年過去了，他一直銘記著父親的教誨：專心做好一件事，你才會有

所收穫。

　　盧卡諾・帕華洛帝是世界著名的三大男高音之一。當他還是個孩子的時候，他的父親──一個普通的麵包師傅就將他送到了音樂王國。

　　當時帕華洛帝的父親發現他具有唱歌的天賦。他教育兒子要勤奮努力的開發他嗓子的潛力。此時，家鄉曼多納市的一位職業歌星也極力培養帕華洛帝，並樂意收他為徒。雖然唱歌是帕華洛帝最大的興趣，但是他沒有因此而耽誤自己接受基礎教育，他同時還在一所師範學院就讀。

　　幾年之後，帕華洛帝就要從師範學院畢業了，他的在校成績十分優異。但在此時，他卻開始有些迷惘，於是他問父親：「我畢業之後是要當教師呢？還是做個歌唱家？」

　　父親回答說：「如果你想同時坐在兩把椅子上，你可能會從椅子中間掉下去。生活要求你只能選一把椅子，這樣才能穩穩當當的坐上去。」

　　最後，帕華洛帝選中了一把椅子。經過七年的努力與失敗，他才有機會首次登台。又過了七年，他終於獲得到大都會歌劇院演唱的資格。

　　後來，帕華洛帝說：「現在想一想，不管是建築還是創作，無論我們做什麼，都應讓將畢生的精力獻給它，矢志不移，這就是成功的祕訣──只選一把椅子。」

189 古特雷定理

每一處出口都是另一處的入口。

提出者：美國管理學家古特雷

評析：上一個目標是下一個目標的基礎，下一個目標是上一個目標的延續。

　　1984年，在東京國際馬拉松邀請賽中，名不見經傳的日本選手山田本

一，出人意料的奪得了世界冠軍。當記者問他為何可以取得如此驚人的成績時，他說了這麼一句話：憑智慧戰勝對手。

當時許多人都認為這個偶然跑到前面的矮個子選手在故弄玄虛，馬拉松是一種體力和耐力的運動，只要身體好又有耐性，就有希望奪冠，爆發力和速度都在其次，更遑論用智慧取勝，確實有點勉強。

兩年後，義大利國際馬拉松邀請賽在義大利北部城市米蘭舉行，山田本一代表日本參加比賽。這一次，他又獲得了世界冠軍，記者又請他談經驗。

山田本一性情木訥，不善言談，回答的仍是上次那句話：用智慧戰勝對手。這次記者上沒再挖苦他，但卻對他所謂的智慧感到疑惑不解。

10年後，這個謎底終於被解開了，山田本一在他的自傳中這麼說：「每次比賽前，我都乘車將比賽的路線仔細看一遍，並將途中比較醒目的標誌畫下來，例如第一個標誌是銀行；第二個標誌是一棵大樹；第三個標誌是一座紅房子……這樣一直畫到賽程的終點。」

「比賽開始後，我以百米的速度奮力向第一個目標衝去，等到達第一個目標後，我又以同樣的速度向第二個目標衝去。40多公里的賽程，就被我分解成幾個小目標輕鬆的跑完了。起初我並不懂這樣的道理，我將我的目標定在40多公里外，終點線上的那面旗幟上，結果我跑到十幾公里時就已經疲憊不堪了，我被前面那段遙遠的路程給嚇倒了。」

在現實生活中，我們做事之所以會半途而廢，往往不是因為難度較大，而是覺得成功離我們較遠。確切的說，我們不是因為失敗而放棄，而是因為倦怠而失敗。在人生的旅途中，如果我們能有一點山田本一的智慧，也許會減少許多懊悔和惋惜。

古印度人有個捕捉猴子的妙法：在猴群經常出沒的原始森林裡，放上一張裝有抽屜的桌子，抽屜裡放一顆蘋果或桃子，然後將抽屜拉到猴子的手能伸進去而蘋果或桃子拿不出來的程度，獵人就可遠離桌子，靜靜的安心等待。每一次，獵人都會看見這麼一幅可愛的畫面：猴子將手伸進抽屜裡取桃，桃子卻怎麼也取不出來，而猴子又不肯放棄，於是，貪婪的猴子急得又氣又跳，卻又無計可施。

這種古老的方法使很多聰明的猴子，輕而易舉的成了獵人手到擒來的獵

物。

　　有一天，一個獵人又用這個方法準備捕捉一隻在附近活動了很久的猴子。這隻猴子探頭探腦的走近桌子。牠先將一隻手伸進抽屜取蘋果，但蘋果太大，抽屜縫又太小，任牠怎麼努力也取不出來。於是猴子又將另一隻手也伸了進去，兩隻胳膊飛快的在抽屜裡翻動。不一會兒，一個又大又圓的蘋果被牠用尖利的指甲剝成一堆蘋果碎塊，猴子扔掉果核，用手掏出抽屜裡的蘋果碎塊，津津有味的吃起來，吃完後，猴子才心滿意足的揚長而去。

　　這隻聰明的猴子將蘋果剝成碎塊，化整為零，因此獲得了整個蘋果，也避免了其他猴子失敗的悲劇。

　　世上有許多人貪功妄進，將自己的一生緊緊繫在一顆碩大的成功果實上，結果就像那些緊緊拿住蘋果而束手就擒的猴子一樣，忙碌一生，連「蘋果皮」也沒有嘗到。而另一些人懂得先將成功一點點分解，雖然每次得到的，只是微不足道的一點點，但一次又一次的累積，使他們最終取得了圓滿的成功。

190 洛克定律

在實施目標時，只有當每個步驟既是未來指向，又是富有挑戰性的時候，它才是最有效的。

提出者：美國管理學家艾德文·洛克

評析：攻人之惡毋太嚴，要思其堪受；教人以善毋過高，當使其可從。
（明·洪應明《菜根譚》）

　　想要成功，首先要訂定一個奮鬥目標。但是，目標並非不切實際，愈高愈好，每個人都有自己的特點，有別人無法模仿的優勢。只有利用這些特點

和優勢去訂定適合自己的目標和步驟，才可能取得成功。

洛克定律又稱作「籃球架」原理。許多人都有打籃球的經歷，你想過籃球架為什麼做成現在這樣的高度嗎？如果將籃球架做兩層樓那樣高，那麼誰也別想將球投進籃框，那還有誰來玩？反之，如果籃球架只有一個普通人的高度，任何一個人都能伸手灌籃，那也沒什麼意思。正是因為籃球架有一個只有跳躍才能碰得到的高度，才使得籃球成為一個世界性的體育項目。它告訴我們一個「跳躍、觸碰」的目標最有吸引力，對於這樣的目標，人們才會熱情的去追求。因此，想要激發人的積極性，就應該制訂這種「高度」的目標。

美國加利福尼亞大學的學者做了一個實驗：將6隻猴子分別關在3間空房子裡，每間兩隻，房子裡分別放著一定數量的食物，但放的位置高度不一樣。第一間房子的食物就放在地上，第二間房子的食物分別從易到難，懸掛在不同高度的位置上，第三間房子的食物懸掛在房頂。數日後，他們發現第一間房子的猴子一死一傷，傷的那隻猴子缺了耳朵、斷了腿，奄奄一息，第三間房子的兩隻猴子也死了，只有第二間房子的兩隻猴子活得好好的。

究其原因，第一間房子的兩隻猴子一進房間就看到了地上的食物，於是，為了爭奪唾手可得的食物而大動干戈，結果傷的傷，死的死。第三間房子的猴子雖做了努力，但因食物太高，難度過大，被活活的餓死了。只有第二間房子的兩隻猴子先是各憑本事蹦跳取食，接著在房間裡以對角線增加助跑距離跳躍取食；最後，隨著懸掛食物高度的增加，難度增大，兩隻猴子只有互相合作才能取得食物，於是，一隻猴子托起另一隻猴子跳起取食。如此，每天都能取得食物，活了下來。

這雖然是一個猴子取食的實驗，但在一定程度上說明了人才與目標的關係。

目標難度過低，人人都能勝任，表現不出每個人的能力與水準，選拔不出人才，反會引起員工間的爭鬥與矛盾，結果無異於第一間房子裡的兩隻猴子。目標過高，雖努力卻不能及，往往也表現不出員工的能力和水準，甚至埋沒、扼殺了人才，猶如第三間房子裡兩隻猴子的命運。只有目標的難度適當，循序漸進，才能真正表現出員工的能力與水準，發揮人才的智慧和積極

性。此外，目標間的依存關係，還能使人才相互合作，共度難關。

在現實生活中，我們可以為自己訂定一個高目標，但也一定要為自己設定一個更重要的實施目標的步驟。千萬別想著一步登天，多為自己設定幾個籃球架，然後逐個克服，久而久之你會發現，你已經站在了成功頂峯。

191 燈塔效應

對於一艘盲目航行的船來說，任何方向的風都是逆風。一個失去了共同遠景目標的企業，是沒有市場競爭能力的企業。

提出者：管理大師杜拉克

評析：偉大的目標構成偉大的心靈，偉大的目標產生偉大的動力，偉大的目標成就偉大的人物。

成山角位於山東半島東端，三面環海，是渤海、東海航道的必經之地。從前由於這裡屬淺海地區，加上暗礁叢生，夏秋兩季霧氣繚繞，能見度低，又沒有燈塔，因此過往漁船時常觸礁或擱淺，附近的漁民也經常揀些碎船板子當柴燒。後來，這裡建起了高達20公尺的燈塔，從此，附近的漁民幾乎再也找不到碎船板子當柴燒了。

一座小小的燈塔避免了多少無法估量的損失！

企業就像是一艘在激流險灘裡航行的船，也需要有一座燈塔指引方向，這座燈塔就是企業的戰略方針。半個多世紀前，管理大師杜拉克在《管理實踐》一書中，就指出了管理的五大基礎之一是制訂目標。他認為，管理者要完成的任務必須源自於公司的目標。所有組織都會因目標，和獲取目標成果的方式不同而有所不同。沒有一個遠景目標，企業就不會有長久的市場競爭力。只有找到戰略方針，才能在激烈的市場競爭中立於不敗之地。

心理學家曾經做過一個相關的實驗：

組織三組人，讓他們分別向10公里以外的三個村子前進。

第一組人既不知道村莊的名字，又不知道路程有多遠，只告訴他們跟著嚮導走就行了。剛走出兩、三公里就開始有人叫苦；走到一半的時候，有人漸漸感到憤怒了，他們抱怨為什麼要走這麼遠，何時才能到達目的地，有人甚至坐在路邊不願走了；愈往後走，他們的情緒也就愈低落。

第二組的人知道村莊的名字和路程的遠近，但路旁沒有里程碑，只能憑經驗來估計行程的時間和距離。走到一半的時候，多數人想知道已經走了多遠，比較有經驗的人說：「大概走了一半的路程。」於是，大家又簇擁著繼續向前走。當走到全程的四分之三的時候，大家情緒開始低落，覺得疲憊不堪，而路程似乎還有很長。當有人說「快到了」的時候大家又振作起來，加快了前進的步伐。

第三組的人不僅知道村子的名字、路程，而且還知道公路旁每一公里就有一塊里程碑。人們邊走邊看里程碑，每縮短一公里大家便感到一陣快樂。行進中他們用歌聲和笑聲來消除疲勞，情緒一直很高漲，所以很快就到達了目的地。

心理學家最後得出這樣的結論：當人們的行動有了明確目標，並能將自己的行動與目標不斷的加以對照，進而清楚的知道自己的行進進度和與目標之間的距離時，人們行動的動機就會得到維持和加強，自覺的克服困難，努力達到目標。

在我們的生活中到處都有路標，卻沒有目標。人生沒有目標就容易失去方向，如同無舵之船、無韁之馬，離成功只會愈來愈遠。

羅斯福總統夫人與薩爾洛夫將軍曾有這樣一次對話。

羅斯福總統夫人在本寧頓學院讀書時，打算在電訊業找一份工作，於是她的父親為她引薦了一位好朋友——當時擔任英國無線電公司董事長的薩爾洛夫將軍。

將軍熱情的接待了她，並認真的問：「想做哪一份工作？」

她回答說：「隨便吧。」

將軍神情嚴肅的告訴她：「沒有任何一份工作叫『隨便』。」

片刻之後，將軍目光逼人，以長輩的口吻提醒她：「成功的道路是目標鋪出來的。」

的確，如果人生沒有目標，就好比在黑暗中遠征。人生要有目標，一輩子要有一輩子的目標；一個時期要有一個時期的目標；一個階段要有一個階段的目標；一個年度要有一個年度的目標；一個月份要有一個月份的目標；一個星期要有一個星期的目標；一天要有一天的目標……，一個人追求的目標愈崇高，愈直接，他進步得就愈快，對社會也就愈有益。有了崇高的目標，然後矢志不移的努力就會成功，反之，將一無所成。

將這段結論用哲人的語言來表達，那就是：「偉大的目標構成偉大的心靈，偉大的目標產生偉大的動力，偉大的目標成就偉大的人物。」

192 隧道視野效應

一個人身處隧道，他看到的只是前後非常狹窄的視野。

評析：你的眼界有多寬，事業就有多大。

一個身處隧道中人，看到的只是前後非常狹窄的視野，這就是「隧道視野效應」。

一個人是只看到眼前的比較直接的「小利益」，還是能將眼光放長遠一些，發現隱藏的「大利益」，將直接決定公司的成功。

某大公司要招聘一名總經理助理，廣告刊登後，履歷表如雪片般飛來。經過公司的認真挑選，有50個人有幸被通知筆試。

筆試那天，在公司會議室裡，眾考生個個躊躇滿志，胸有成竹，都表現出志在必得的信心。考試開始，主考官將試卷發給每一位考生，只見試卷上的題目是這樣的：

綜合測試題（限時3分鐘）

1.請將試卷認真讀完。

2.請在試卷的左上角，寫上尊姓大名。

3.在你的姓名下面寫上中文拼音。

4.請寫出五種動物的名稱。

5.請寫出五種植物的名稱。

6.請寫出五種水果的名稱。

7.請寫出五座本國城市。

8.請寫出五座外國城市。

9.請寫出五位本國科學家的姓名。

10.請寫出五位外國科學家的姓名。

11.請舉出五本中國古典名著。

12.請舉出五本外國文學名著。

13.請寫出五個成語。

14.請寫出五句歇後語。

……

不少考生匆匆看了一眼試卷，馬上就拿起筆，「沙沙沙」的開始作答，氣氛有些緊張及凝固。

一分鐘……兩分鐘……三分鐘，時間很快就到了，除了有兩、三個人在規定的時間內交卷外，其他人都還忙著在試卷上作答。當主考官宣布考試結束，未按時交的試卷，一律作廢時，考場上像炸開了的鍋，未交卷的考生紛紛抱怨：「時間這麼短，題目又那麼多，怎麼可能按時交卷呢？」「對！題目又很冷僻！」

只見主考官面帶微笑，「很遺憾！雖然各位不能進入公司的複試，但不妨都將手上的試卷帶走，做個紀念。再認真看看，或許會對你們今後有所幫助。」說完，他很有禮貌的告辭了。

聽完主考官的話，不少人拿起手中的試卷繼續往下看，只見後面的題目是這樣的：

19.請寫出五個「認真」的同義詞。

20.如果你已經看完了題目，請只做第2題。

在我們的生活中，類似這樣的考生有許多。他們只把視野局限在一張紙上的一個小範圍內，卻不去看一下整張紙的全部內容，或紙張以外的東西，致使他們只能看到紙上的東西，甚至是一小部分。

這使我想起美國的一個攝製組僅用20美元，拍攝出一部中國農民生活記錄片的情節。

這個美國攝製組找到一位柿農，說要買1000顆柿子，請柿農將這些柿子從樹上摘下來，並演示一下貯存的過程，談好的價錢是1000顆柿子20美元。

柿農很高興的同意了，他找來一個幫手，一人爬到柿子樹上，用綁有彎鉤的長杆，看準長得好的柿子用勁一擰，柿子就掉了下來。下面的人就從草叢裡將柿子檢進一個竹筐裡。柿子不斷的掉下來，滾得到處都是，下面的人便手腳飛快的將柿子不斷的撿到竹筐裡，同時還不忘高聲和樹上的人話家常。在一邊的美國人覺得很有趣，全都拍了下來，接著又拍了他們貯存柿子的過程。

當美國人付了錢準備離開時，那位收了錢的柿農卻一把拉住他們說：「你們怎麼不把買的柿子帶走呢？」美國人說不好帶，也不需要帶，他們買這些柿子的目的已經達到了，這些柿子還是請他自己留著。

「天底下哪有這樣便宜的事情呢？」那位柿農心裡想。看著美國人遠去的背影，柿農搖搖頭感嘆道：「沒想到世界上還有這樣的傻瓜！」

那位柿農不知道，他的1000顆柿子雖然賣了20美元，但那幾位美國人所拍攝他們採摘和貯存柿子的紀錄片，拿到美國去卻可以賣更高的價錢。他也不知道，在那幾個美國人眼裡，他的那些柿子並不值錢，值錢的是他們那種獨特有趣的採摘、貯存柿子的生產與生活方式。

以最小的花費，卻換來了最大的收入。這不能說是美國攝製組的精明，而是因為他們的視野開拓，看得高遠。

你的眼界有多寬，你的事業就有多大。要看到事物的將來，就必須有高遠的眼光，然後堅定不移的去做，事業就已經成功了一半。明智的人總會在放棄微小利益的同時，獲得更大的利益。

193 布利斯定理

用較多的時間為一次工作做事前準備，這項工作所花費的總時間就會減少。

提出者：美國行為科學家艾德・布利斯

評析：一個善做準備的人，是距成功最近的人（拿破崙・希爾）。

世界上最可悲的一句話就是：「曾經有一個非常好的機會，可惜我沒有把握住。」遺憾的是，這種事情在許多人身上都發生過。其實，機會對我們所有人都是公平的，它可能降臨在我們每個人的身上，但前提是，在它到來之前，你一定要做好準備。

沒有準備的行動只能使一切陷入雜亂無章，最終面臨失敗的局面。一個缺乏準備的人，一定是一個過錯不斷的人，縱然具有超強的能力、千載難逢的機會，也不能保證獲得成功。

一個年輕的獵人帶著充足的彈藥、擦得光亮的獵槍去尋找獵物。雖然老獵手們都勸他在出門之前將彈藥裝進槍筒裡，但他還是帶著空槍走了。

「廢話！」他嚷道，「我到達那裡只要一個小時，哪怕我要裝100回子彈，也有的是時間。」

命運女神彷彿在嘲笑他的想法，他還沒有走過開墾地，就發現一大群野鴨游在水面上。以往在這種情形下，獵人們一槍就能打中六、七隻，夠他們吃上一個星期的。可是當這個獵人匆忙的裝好子彈後，野鴨突然發出一聲鳴叫，一起飛了起來，很快就飛得無影無蹤了。

獵人徒然穿過曲折狹窄的小徑，在樹林裡奔跑搜索，樹林是個荒涼的地方，他連一隻麻雀也沒有見到。不幸的事一樁接著一樁：突然之間，大雨傾盆而下，獵人渾身上下都是雨水，袋子裡也空空如也，無奈之餘，獵人只有拖著疲倦的腳步回家去了。

在看到獵物的時候才裝彈藥，連身為獵人最起碼的準備工作都沒有做

好，當然不可能有什麼收穫了。

準備才是成功的保證！

在2005年的西甲賽場上，出現了一位神奇的門將，他就是卡梅尼。那個賽季卡梅尼6次撲點球成功，而罰球者都是聲名顯赫的球員，如托雷斯、羅納度、巴普蒂斯塔和洛佩斯等。

如今，卡梅尼才20多歲，已經成了西甲不折不扣的「撲球大師」。對於撲射門球，卡梅尼有著自己獨特的見解：「罰射門球就像西方的決鬥，是兩個人之間的決鬥。要想戰勝對手，你就必須了解對手，了解對手使用什麼武器，知道對手會往哪個方向踢，會踢半高球還是低平球。」

當然，要做到這一點，卡梅尼付出了極大的努力。據他的老師，西班牙隊的守門員教練恩科馬透露，卡梅尼在每場比賽之前，都要觀看無數的錄影帶，尤其是對手罰點球的錄影帶。「在走上球場之前，卡梅尼其實早就知道，對方陣中誰會主罰射門球，主罰射門球的人是左腳還是右腳，喜歡往左邊踢還是往右邊踢。」

正因如此，西班牙俱樂部宣布，聯賽結束後的第一件事，就是為卡梅尼加薪並修改合約，全力保住這名天才門將。

一個如此年輕的球員能夠在高手如林的西甲聯賽中，得到這種別人夢寐以求的發展機會，這不僅是恩科馬教練的精心栽培，更重要的是，卡梅尼以充分的準備，為自己創造了一片天地。

許多人也許都對證券界的巨人巴菲特感到好奇，想知道他如何在瞬息萬變的股市中，敏銳的發現機會、把握機會。巴菲特曾經說過：「做一個有準備的投資人，而不是衝動的投資人。」其實，這句話就已經告訴我們答案了。

巴菲特對那些想在股市中賺大錢的年輕人的忠告是：先準備好足夠的會計知識，因為會計是一種通用的商務語言，透過會計財務報表，你會發現企業的內部價值，而衝動的投資人看重的只是股票的外部價格。還有，不要急於購買某間公司的股票，在這之前應該多瞭解這間公司。雖然有時你不可能親自去這間公司的總部考察，但你可以用電話進行了解，並認真閱讀他們公司的年報。

巴菲特認為，如果一間公司的年報讓你看不明白，這間公司的誠信度就值得懷疑，或者該公司在刻意掩藏什麼資訊，故意不讓投資者明白。

許多人都羨慕那些看起來似乎是一夜致富的人，感慨自己沒有得到那樣的機會。可是，大家都看到了他們成功的一面，卻沒有意識到在他們風光的背後，為達到目的所做的準備。

機會對於有準備的人來說，是通往成功之路的催化劑；但對於缺乏準備的人而言，卻是一顆包著糖衣的毒劑，在你還沉浸在獲得機會的興奮之中時，它可能會給予你致命的一擊。所以說，一個做好準備的人，就是一個已經預約成功的人。在工作中要時刻提醒自己，我準備好了嗎？我所做的準備是最適合我的嗎？我想當你得到的肯定答案愈多時，成功的可能性也愈高。

準備才是成功的保證！那麼，你做好準備了嗎？

194 蔡戈尼效應

人們之所以會忘記已完成的工作，是因為想完成的動機已經得到滿足；如果工作尚未完成，這同一動機便會使他留下深刻印象。

提出者：心理學家蔡戈尼

評析：人們天生有一種有始有終的內驅力，有人非一口氣將事情做完不可。將過強的「完成內驅力」減弱，可以使人一面做事，一面享受人生樂趣。

有位國王，天下盡在手中，照理來說，他應該滿足了吧！但事實並非如此。

國王也感到納悶，為什麼對自己的生活還不滿意，儘管他也曾努力的參加一些晚宴和聚會，但都無濟於事，總覺得缺少些什麼。

有一天，國王起個大早，決定在王宮中四處轉轉。當國王走到御膳房時，他聽到有人在快樂的咖著歌兒。循著聲音，國王看到一個廚子在唱歌，臉上洋溢著幸福和快樂。

國王感到奇怪，他問廚子為什麼如此快樂，廚子答道：「陛下，我雖然只是個廚子，但我一直盡我所能讓我的妻小快樂，我們所需不多，只要家裡有間草屋，肚裡不缺暖食便足夠了。我的妻子和孩子是我的精神支柱，而我哪怕只是帶一件小東西回家，都能讓他們滿足。我之所以天天快樂，是因為我的家人天天都快樂。」

聽到這裡，國王讓廚子先退下，然後向宰相詢問此事，宰相答道：「陛下，我相信這個廚子還沒有成為99族。」

國王詫異的問：「99族？什麼是99族？」

宰相答道：「陛下，您想確切的知道什麼是99族，請先做一件事情。在一個布包裡放進去99枚金幣，然後將這個布包放在廚子的家門口，您很快就會明白什麼是99族了。」

國王依照宰相所言，令人將裝了99枚金幣的布包放在那位快樂的廚子門前。

廚子回家的時候發現了門前的布包，好奇心讓他將布包拿到房裡，當他打開布包之後，先是感到驚詫，然後是狂喜：金幣！全是金幣！這麼多的金幣！廚子將布包裡的金幣全部倒在桌上，開始清點金幣，99枚？廚子認為不應該是這個數，於是他數了一遍又一遍，的確是99枚。他開始納悶：沒道理只有99枚啊！沒有人會只裝99枚，那麼還有一枚金幣哪裡去了？廚子開始尋找，他找遍了整間房間，又找遍了整個院子，直到筋疲力竭，他才徹底絕望，心情沮喪到了極點。

他決定從明天起加倍努力工作，早日賺回一枚金幣，使他的財富達到100枚金幣。

由於晚上找金幣太辛苦，第二天早上他起得有點晚，情緒也極壞，對妻子和孩子大吼大叫，責怪他們沒有及時叫醒他，影響了他早日賺到一枚金幣的宏偉目標。他匆匆來到御膳房，不再像往日那樣興高采烈，既不再唱歌兒，也不吹口哨，只是埋頭拚命苦幹，一點兒也沒有注意到國王正悄悄的觀

察著他。

看到廚子的心情變化如此巨大，國王大為不解，得到那麼多的金幣應該欣喜若狂才對啊？他再次詢問宰相。

宰相答道：「陛下，這個廚子現在已經正式加入『99族』了。99族是這一類人：他們擁有很多，但從來不會滿足，他們拚命工作，為了額外的那個『1』苦苦努力追求，渴望盡早實現『100』。」

心理學家說，人們天生有一種有始有終的內驅力，有人非一口氣將事情做完不可。請試畫一個圓圈，在最後留下一個小缺口，現在請你再看它一眼，你的心思會傾向於把這個圓完成。

據心理學家的解釋，這種「趨合」心理作用，是「如果起初不完美，到最後不免要導致完美的神經模式」的張力。關於趨合心理，曾有過這樣一段佳話：一位愛睡覺的作曲家的妻子為了使丈夫起床，便在鋼琴上彈出一組樂句的前三個和絃。作曲家聽了之後，輾轉反側，終於不得不起床，彈完最後一個和絃。趨合心理迫使他在鋼琴上完成他在腦中早已完成的樂曲。

1927年，心理學家蔡戈尼做了一個試驗：她讓138個兒童做一連串的工作，要求其中一半人將自己的事情做完，另一半則在中途停止。一個小時後，她測試的那些兒童有110人對未做完的工作，比對已完成的工作記得更清楚。這個試驗的結論是：人們之所以會忘記已完成的工作，是因為想完成的動機已經得到滿足；如果工作尚未完成，這同一動機便使他留下深刻印象，這種心態就叫作「蔡戈尼效應」。

對多數人來說，趨合心理和蔡戈尼效應的組合是流暢、和諧的發揮作用。只是有些人會走向兩個極端：不是慢吞吞的永遠不能完成一件工作，就是非得一口氣將事情做完不可。這些人都需要調整他們的「完成內驅力」。

一個從不將工作做完的人，至少能夠擴展自己的生活，而且可能生活得豐富多姿。但是一個非得將每件事都做完不可的人，生活卻可能不太有規律。

將過強的「完成內驅力」減弱，可以使人一面做事，一面享受人生樂趣。在工作方面，不做完不罷休的人可能是個工作狂，如果將這種態度緩和一下，不僅能使你在週末離開辦公室，還能讓你有足夠的時間，去應付因工

作壓力帶來的問題，例如自我懷疑，感覺自己能力不夠，或無法面對緊張等。

非做完不可的人為了避免半途而廢，很可能將自己困死在一份沒有前途的工作上。興趣一旦變成狂熱，就可能是一個警告信號，表示過分強烈的「完成內驅力」正漸漸主宰你的消遣活動。「我有個朋友強迫自己織完一件毛衣，」華爾德說，「現在，她雖然不喜歡那件毛衣，但卻覺得非穿不可。」所以，對於某些事，人們真的不應該害怕半途而廢。

怎樣才能將如同脫韁之馬的「完成內驅力」抑制住呢？只要你能認識到，「趨合心理」和「蔡戈尼效應」能夠制約你，那麼你在這場戰爭中就已經贏了一半。但即使做到這一步，要擊敗「完成內驅力」也很不容易，因為只要你正在做一件工作時，你就會覺得一口氣將工作做完並沒有什麼不對。傅勒說：「你必須在看事物的時候加上一個價值觀，告訴自己：『這個工作計劃不值得做。』」

195 分馬啟示

將欲廢之，必固舉之；將欲奪之，必固予之。

評析：只有先付出，才能有收穫。

有一個財主臨終前告訴三個兒子，家裡有十七匹馬可當遺產，大兒子得二分之一，二兒子得三分之一，三兒子得九分之一。

十七匹馬的二分之一是八匹半，難道要殺掉一匹馬分馬肉嗎？三個兒子百思不得其解，於是請來村裡的智伯幫助解決難題。

智伯想了又想，終於找出了答案：他從自己家裡牽來了一匹馬湊成十八匹，大兒子得二分之一是九匹，二兒子分三分之一是六匹，三兒子分九分之

一是二匹。九加六加二等於十七匹，還剩下一匹，就是智伯從家裡牽來的，自然又牽了回去。

這則故事中的深奧數學原理只能由數學家們去解釋，但它包含的生活道理卻給了人們深刻的啟迪。

一個男子在沙漠中行走了兩天，途中遇到風暴，一陣狂風吹過，男子已經無法辨別前進的方向。就這樣，他漫無目的地在沙漠中走了很久，最後食物和水都用完了。男子饑渴難忍，當他快支持不住的時候，突然發現一間廢棄的小屋，他拖著疲憊的身子走進了屋內。這是一間不通風的小木屋，屋面堆了一些枯朽的木材。他幾近絕望的走到屋角，卻意外地發現了一座抽水機。

男子興奮的上前汲水，可是無論他如何用力，卻還是抽不出半滴水來。男子頹然坐在地上，突然看見抽水機旁的牆壁上，掛著一個用軟木塞堵住瓶口的小瓶子，瓶上貼了一張泛黃的紙條，上面寫著：你必須用水灌入抽水機才能汲水！不要忘了，在你離開之前，請再將水裝滿！這個男子拔開瓶塞，發現瓶子裡果然裝滿了水！

男子實在渴得難受，恨不得立刻將那瓶水喝下去。他的內心十分矛盾：如果自私點，只要將瓶子裡的水喝掉，他就能活著走出這間屋子！如果依照紙條上所說，將瓶子裡唯一的水倒入抽水機內，萬一抽不出水，他就會渴死在這裡了。

「到底要不要冒險？」最後，男子決定將瓶子裡唯一的水，全部灌入看起來破舊不堪的抽水機裡。他抖著手，緩緩的汲水，果真湧出來了大量的水！他興奮的喝足水後，又將瓶子裝滿水用軟木塞封好，然後在原來那張紙條後面，加上自己的話：「*相信我，你會得到更多。*」

現實生活中，這樣的例子比比皆是。自己先拿出「一匹馬」將問題解決，再牽回這匹「馬」，甚至更多的「馬」。將欲奪之，必固予之，適當的付出不僅讓你毫髮未損，還會獲得豐厚的回報。尤其是在關鍵點上的投入，更能發揮四兩撥千斤的作用。

196 藍斯登原則

在你往上爬的時候，一定要保持梯子的整潔，否則你下來時可能會滑倒。
提出者：美國管理學家藍斯登
評析：走運時要做好倒楣的準備。進退有度，才不致進退維谷；寵辱皆忘，方可以寵辱不驚。

　　春風得意、意氣風發、躊躇滿志，這些形容詞應該是很讓人羨慕且心動的！的確，順風順水、功成名就之時，人的精神自然高昂，走路時背挺得筆直，眼睛也會格外有精神。就像著名作家馬克・吐溫所說：「出名要趁早啊！要不然快樂來得也沒有那麼痛快。」

　　在這種順遂的心情下，一些「小事」就「理所當然」的被忽略了。但是，這些當初被忽略的小事，很可能在後來的關鍵時刻，給人意想不到的打擊，甚至會導致前功盡棄。對此，美國管理學家藍斯登有一個精彩的比喻：「當你在往上爬的時候，一定要注意保持梯子的整潔，否則，當你下來的時候可能會滑倒。」如果一個人在「往上爬」的時候就想到「可能滑倒」的後果，他就會時時注意保持「梯子的整潔」，避免因為小地方的疏失所造成的重大傷害。

　　亞瑟利特爾公司的總裁塔瑪拉・埃里克森說過：「你應該問自己，你的戰略是否很靈活，足以應付最意想不到的局面。你應該考慮到荒謬絕倫的情況，並在計劃時將這些情況設想進去，這往往會發揮意想不到的巨大作用。」

　　有一天，一隻狐狸走到一個葡萄園外，看見裡面甜美的葡萄感到垂涎欲滴。可是因為葡萄園外有柵欄擋著，狐狸無法進去，於是牠決心絕食三日，減肥之後，終於可以鑽進葡萄園內飽餐一頓。但是當狐狸心滿意足的想離開葡萄園時，卻發現自己因為吃得太飽，怎麼也鑽不出柵欄。

　　相信任何人都不願做這樣的狐狸，任何事情在進行之前，必定要同時考

慮退路。飽帶乾糧，晴帶雨傘，點滴累積，水到渠成。有些東西今天似乎一文不值，但是有朝一日，也許就會身價百倍。

洛克菲勒告訴兒子：「走上坡的時候要對別人好一點，因為你走下坡的時候，一樣會碰到他們。」

帕金森在《管理藝術精粹》中說：「大多數組織在結構上像一座金字塔，當一個人向金字塔頂端爬去的時候，最重要的崗位愈來愈少。因此，一個剛被提升的管理者一定要特別謹慎小心，首先，他從前的多數同事深信自己應該得到這個職位，並且為自己沒有得到它而不快。但最重要的是：一個被提升的管理者，必須想盡辦法表現出謙遜，一定不能忘記他從前的共事者。」

有些不明智的管理者，一遇到表揚時必挺身而出，惟恐落人之後。殊不知，這只會增加員工對自己的嫉妒，導致自己「後院起火」的惡果。

早在先秦時期，老子就主張「不敢為天下先」，意思是不要與部屬爭名逐利，凡事搶先，否則必然失去部屬的支持，失去自己的地位，「金玉滿堂，莫之能守。」現代人確實應該仔細品味「不敢為天下先」的真諦，以減少人際間的傷害。

197 六度分離理論

不要對結識成功人士存有畏懼之心，因為你與任何陌生人之間所間隔的人不會超過五個，意即最多透過五個人，你就能夠認識任何一位陌生人。

提出者：美國社會心理學家米爾葛蘭

評析：任何人之間都可能建立起連繫，只要你積極投入人脈經營。

馬克思哲學有句話：「世界是普遍聯繫的。」人與人之間也存在著某種

千絲萬縷的聯繫，只不過這些聯繫有的像樹枒相交在雲裡，而有一些卻像根交織在地下。在茫茫人海中，一個人要聯繫到另外一個素不相識的人需要多少人，從感觀上覺得那難度簡直是與大海撈針無異。但透過科學實驗，我們得知人與人之間的距離短得可能遠超過你的想像，任意兩人之間的最短距離都不超過5個人。

這個理論告訴我們，在事業上，我們常常後悔沒能認識一位有權有勢的人物；在學業上，希望能結識你所學領域的一位專家；在生活上，希望與你擦肩而過的一個街頭女孩發生點故事等等錯過的故事，那距離感只不過是我們心理上的懷疑，以及沒有施行行動的恐懼和懶惰造成的。

這個理論叫做六度分離理論(Six Degrees of Separation)，也叫「小世界理論」，是1967年美國社會心理學家米爾葛蘭(Stanley Milgram)提出的。理論的核心內容就是：「你和任何一個陌生人之間所間隔的人不會超過五個，也就是說，最多透過五個人你就能夠認識任何一個陌生人。」根據這個理論，你和世界上的任何一個人之間只隔著五個人，不管對方在哪個國家，屬哪類人種，是哪種膚色。

2001年哥倫比亞大學社會學系的一個研究小組開始在網際網路上進行這個實驗。他們建立了一個實驗網站，終點是分布在不同國家的18個人(包括紐約的一位作家、澳大利亞的一名員警以及巴黎的一位圖書管理員等)，志願者透過這個網站把電子郵件發給最可能實現任務的親友。結果一共有384個志願者的郵件抵達了目的地，電子郵件大約只花了五到七步就傳遞到了目標手上。

微軟公司的研究人員為證實這種理論而專門開展實驗，他們隨意挑選了2006年的某一月，紀錄下當月所有透過微軟網路發送短信的用戶位址，分析了300多億條位址資訊，最終統計得出，多達78％的用戶僅透過發送平均6.6條短信，或者說透過6.6步，就可以和一個陌生人建立聯繫。

這個理論更是有力地證明了天涯若比鄰的人際關係，在六度分離理論中，這個原本很大的世界其實就是一個「小世界」，不管他待在鎂光燈照耀的舞台上，還是待在地球的某個角落裡，透過人脈形成的關係網，他們每個人其實都有可能成為我們的熟人。

　　按照六度分離理論，我們甚至可能跟歐巴馬、瑪丹娜、喬丹成為無話不談的朋友，難道真能這樣嗎？德國一家報紙做過一個實驗，一個德國烤肉店的老闆與著名影星馬龍‧白蘭度會存在聯繫嗎？從地理位置上看，一個在歐洲，一個在北美這簡直是天方夜譚，但一切就神奇的發生了。

　　為了幫助這個烤肉店的老闆能夠與馬龍‧白蘭度取得聯繫，德國報紙幫著他積極地尋找與排查有可能產生中間人作用的朋友，經過幾個月居然成功了。原來，這個烤肉店老闆的一個朋友住在加州，剛好這個朋友的同事是電影《這個男人有點色》的製作人的女兒在聯誼會上結拜的姐妹的男朋友，而馬龍‧白蘭度正是這部片子的主演。就這樣，這兩個身分、地位相差懸殊，看起來毫不相干的人，只經過幾個人就建立了人脈關係。

　　從這個故事，我們不難得出一個結論，不要對結識成功人士存有畏懼心理，認為自己高攀不上。任何人之間都可能建立起聯繫，就是這樣神奇，看似毫無聯繫的兩個人，說不定透過哪一條人脈就建立起了聯繫，而一個人的人脈越廣，就越能快捷地聯繫到所需要的人。

　　因此，每個人只要積極地投身於人脈經營，總會有辦法聯繫到自己想認識的人。只要我們有自信，有恆心，加強聯繫和溝通，我們就可以交到來自各行各業的朋友，來自世界各地的朋友。這種想法在十幾年前實現可能困難要大一些，但隨著交通工具的發展，通訊方式的發達，溝通手段的多樣化，聯繫到一個陌生人變得越來越容易，人和人之間的距離一步步變短，人和人之間的關係一步步密切。從你身邊人著手，將親戚、朋友、同學、老鄉的人際關係一一摸透能為己所用、為己所知，不說定就藏著一位你正千方百計想認識的人，相信能夠與任何一個與你有幫助的人達成聯繫，那你的事業將會如日中天。

國家圖書館出版品預行編目（CIP）資料

全世界都在用的智慧定律 / 林志暉作. -- 初版. --
新北市：華志文化，2012.05
　　面；　公分 . --（心理勵志小百科；7）

ISBN 978-986-88042-6-5（平裝）

1. 成功法

177.2　　　　　　　　　　　　　　　　101005342

Ⅵ 華志文化事業有限公司

系列／心理勵志小百科 ⓪⓪⑦

書名／全世界都在用的智慧定律

作　　者　　林志暉

執行編輯　　林雅婷

美術編輯　　黃美惠

文字校對　　陳麗鳳

企劃執行　　康敏才

總編輯　　黃志中

社　　長　　楊凱翔

出版者　　華志文化事業有限公司

電子信箱　　huachihbook@yahoo.com.tw

地　　址　　116台北市文山區興隆路四段九十六巷三弄六號四樓

電　　話　　02-29105554

總經銷商　　旭昇圖書有限公司

地　　址　　235新北市中和區中山路二段三五二號二樓

電　　話　　02-22451480

傳　　真　　02-22451479

郵政劃撥　　戶名：旭昇圖書有限公司（帳號：12935041）

電子信箱　　s1686688@ms31.hinet.net

版權所有　　禁止翻印

出版日期　　西元二○一二年五月初版第一刷

售　　價　　三○○元

Printed in Taiwan

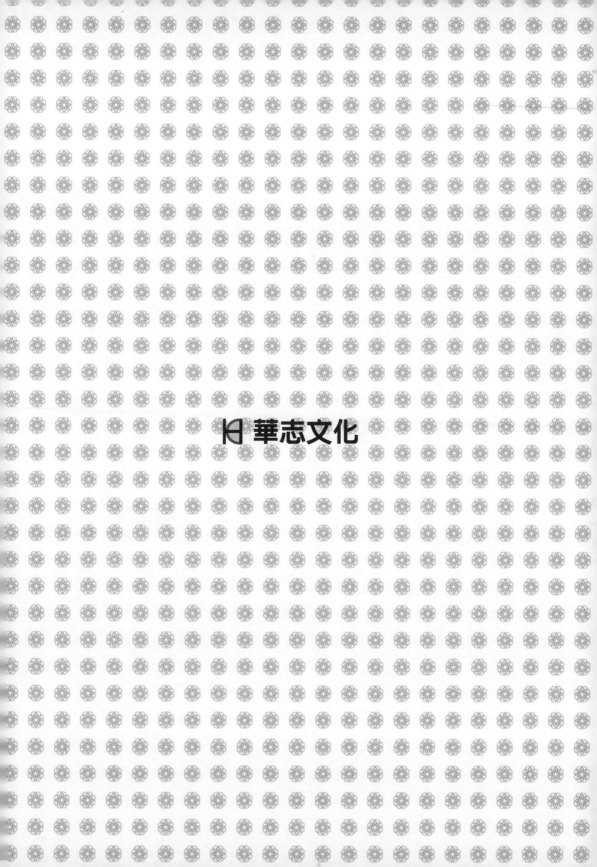

華志文化

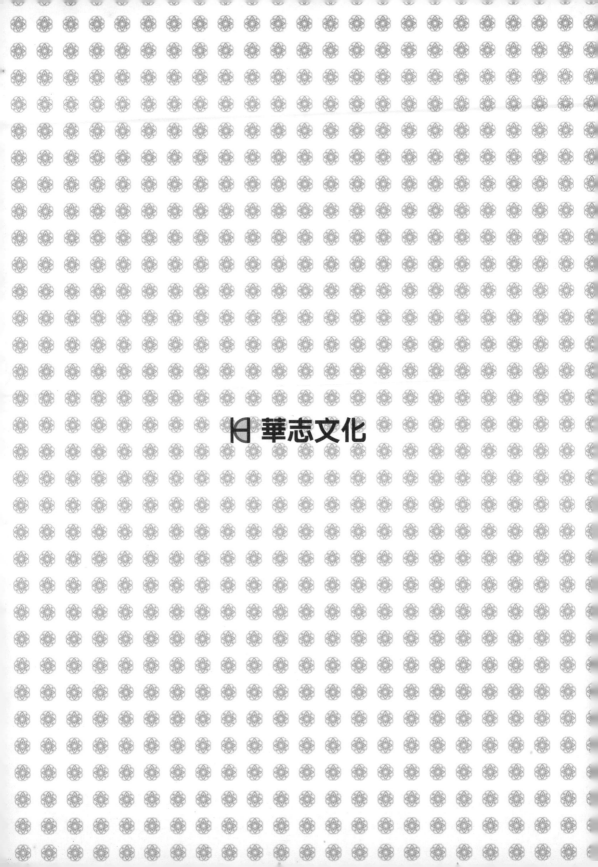